aruco

台北

Taipei

aruco Taiwan

aruco

こんどの旅行も、みんなと同じ、お決まりコース？

「みんな行くみたいだから」「なんだか人気ありそうだから」
とりあえず押さえとこ。そんな旅もアリだけど……
でも、ホントにそれだけで、いいのかな？

やっと取れたお休みだもん。
どうせなら、みんなとはちょっと違う、
とっておきの旅にしたくない？

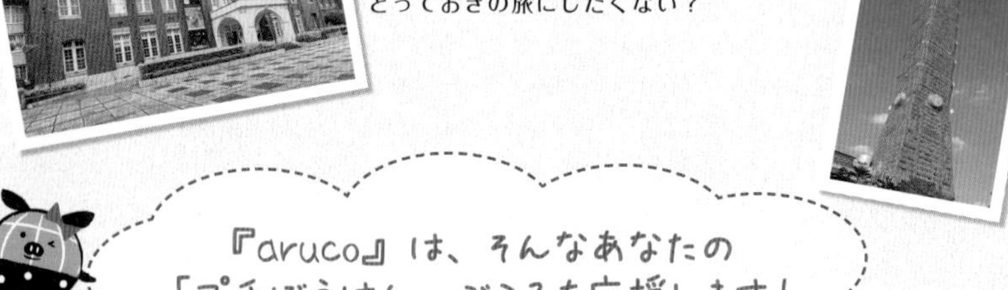
『aruco』は、そんなあなたの
「プチぼうけん」ごころを応援します！

★女子スタッフ内でヒミツにしておきたかったマル秘スポットや穴場のお店を、
思い切って、もりもり紹介しちゃいます！

★観ておかなきゃやっぱり後悔するテッパン観光名所 etc. は、
みんなより一枚ウワテの楽しみ方を教えちゃいます！

★「台北でこんなコトしてきたんだよ♪」
帰国後、トモダチに自慢できる体験がいっぱいです

そう、台北では、
もっともっと、
新たな驚きや感動が
私たちを待っている！

さあ、"私だけの台北"を見つけに
プチぼうけんに出かけよう！

arucoには、
あなたのプチぼうけんをサポートする
ミニ情報をいっぱい散りばめてあります。

女子スタッフが現地で実体験＆徹底調査☆本音トークを「aruco調査隊が行く!!」「裏aruco」でお伝えしています。

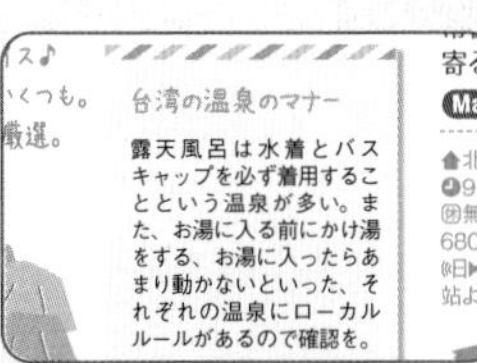

知っておくと理解が深まる情報、アドバイスetc.をわかりやすくカンタンにまとめてあります。

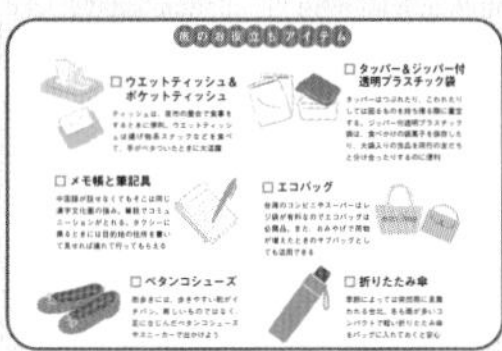

女子ならではの旅アイテムや、トラブル回避のための情報もしっかりカバー。

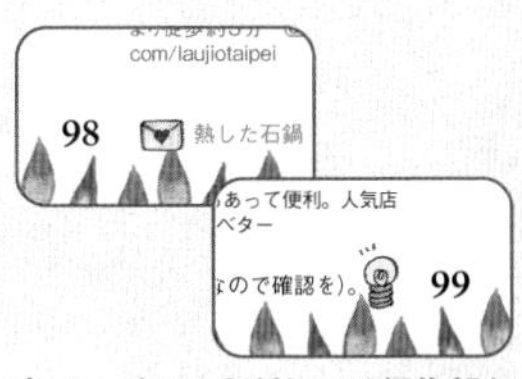

右ページのはみだしには編集部から、左ページのはみだしには旅好き女子のみなさんからのクチコミネタを掲載しています。

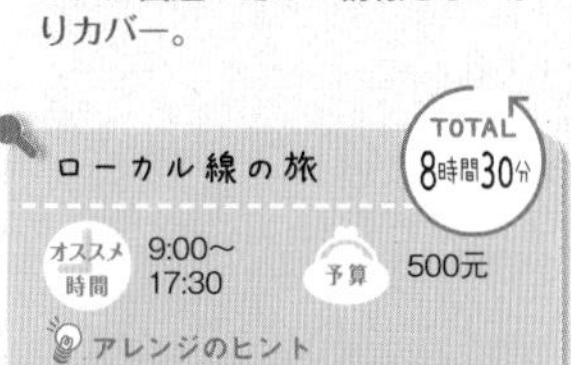

プチぼうけんプランには、予算や所要時間の目安、アドバイスなどをわかりやすくまとめています。

物件データのマーク

- 住所……住所
- 営業時間、開館時間(L.O. ラストオーダー)
- 休……休館日、定休日
- 料……予算、入場料、料金
- 交……交通アクセス
- ……鉄道
- ……バス
- ……バス停
- 予……予約の必要性
  ※予約は中国語対応の店が多いので、ホテルスタッフに頼もう!
- ……電話番号(台北の市外局番は02)
- URL…URL
- …E-Mail アドレス
- Card…クレジットカード
  A:アメリカン・エキスプレス、D:ダイナース、J:ジェーシービー、M:マスター、V:ビザ
- 席……座席数
- 室……部屋数
- 日…日本語メニューあり
- 日…日本語OK
- 他……他の店舗(支店)

別冊MAPのおもなマーク

- ●……見どころ、観光スポット
- S……ショップ
- R……レストラン、食堂
- B……ビューティスポット、マッサージ
- C……カフェ、スイーツ、茶藝館、テイクアウト
- H……ホテル

本書は正確な情報の掲載に努めていますが、ご旅行の際は必ず現地で最新情報をご確認ください。また掲載情報による損失などの責任を弊社は負いかねますので予めご了承ください。

■発行後の情報の更新と訂正について

発行後に変更された掲載情報は、『地球の歩き方』ホームページの本書紹介ページに「更新・訂正情報」として可能なかぎり案内しています(ホテル、レストラン料金の変更などは除く)。ご旅行の前にお役立てください。
URL book.arukikata.co.jp/travel-support/

台北でプチぼうけん！
ねえねえ、どこ行く？ なに食べる？

観光にグルメにお買い物、マッサージ。
うーん、やりたいことはキリがない！
ココ行っておけばよかった、
あれ食べとけばよかった……。
そんな後悔をしないように、
ピピッときたものにはハナマル印をつけておいて！

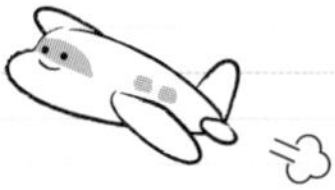

台北には
「おいしい、楽しい、
心地よい」がいっぱい！
Happyさがしの
旅へGO！

台北ラバー♥への最短コース！これはゼッタイ見たい！やりたい！

注目のホットエリア
中山から雙連へ街ブラ♪
P.22 →

チャイナドレスに着換えて
九份でレトロさんぽ
P.26 →

台北から日帰りで楽しめる！
基隆で絶景＆グルメ三昧
P.30 →

オールドタウン大稲埕で
買って食べて大満足！
P.36 →

ビンテージ雑貨も新鮮フードも！
市集でお宝探し♪
P.52 →

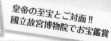

皇帝の至宝とご対面!!
國立故宮博物院でお宝鑑賞
P.64 →

MRTで夕日が美しい
ノスタルジックタウン、淡水へ
P.70 →

激安＆激うまの宝庫
饒河街夜市＆五分埔でテンションUP
P.40 →

最旬の台北を
しっかりチェック
しましょ♪

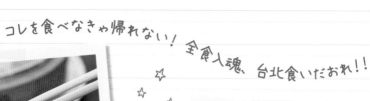

コレを食べなきゃ帰れない！ 全食入魂、台北食いだおれ！！

必食台湾No.1グルメ
小籠包の名店をチェック！！

P.78 →

超絶うまい！
台湾の米食文化を体験！

P.86 →

ハイハイ、
ダイエットは
帰国してから

ステキなレトロカフェで
のんびり旅時間

P.106 →

有名台湾料理店の
「究極の一皿」を食べ逃すな！

P.82 →

台湾夜遊びの超定番
士林観光夜市で小吃食べまくり

P.100 →

台湾スイーツのテッパン！
ボリューミーなかき氷

P.112 →

行列でも飲みたい！
台湾ドリンク図鑑☆

P.110 →

"運命の出合い"はその場でゲット！
とりあえず買っとけ☆

キュンキュンしちゃう！
花布雑貨にひとめぼれ
P.122 →

パイナップルケーキ
人気7ブランド実食対決！
P.130 →

楽しい！お買い得！
スーパーマーケットへGO！
P.132 →

たまには徹底的に、たっぷり自分をケアしてあげよう！
ほんわか台北で心もカラダも、癒やしましょ

癒やし上手の台北で
キレイをアップしちゃお
P.142 →

気持ちよくってキレイになれる
台湾式シャンプーにトライ！
P.138 →

占いはお悩み解消の糸口。
明日の自分に元気をプラス！
P.144 →

台湾美人がお手本
最旬コスメをGET！
P.146 →

Contents

aruco 台北

Let's go!

巻末
"取りはずせる"
別冊MAP
便利だね!

旅立つ前に まずチェック！

ざっくり知りたい台湾基本情報

これだけ
知っておけば
安心だね

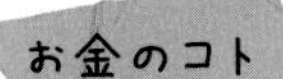

お金のコト

通貨・レート **1元＝約4.8円**（2024年5月現在）

台湾の通貨単位は元（ユエン、NT$　ニュータイワンドル）

両替 **手数料に気をつけて必要な分を**

円から元への両替は、空港や町なかの銀行でできる。手数料は銀行ごとに違うので必ず確認を。屋台をはじめ、支払いは現金のみの個人商店も多いため、現金もある程度は用意しておこう。国際ブランドのクレジットカードがあれば、現地ATMでのキャッシングも可能（金利には留意を）。

補足情報はP.184

交通費は日本より少し安い。デパートに並ぶ服や靴などのファッションアイテムは、日本とあまり変わらない

チップ

基本的に不要

物価 **日本より少し安い**

（例：(500ml)=20元～
＝85元～、＝20元～）

お金について詳細はP.184をチェック！

ベストシーズン

3月～4月、10月～11月

台北にはっきりとした四季はなく、長い夏季と短い冬季がある。春は晴天なら暑いくらい。5月中旬から6月中旬は梅雨。夏は、暑く日差しが非常に強いので紫外線対策は必須。冬は肌寒くなる程度だが、12月から2月にかけては冷え込むことも多い。

夏(8～9月)は台風シーズン！かなり蒸し暑い。

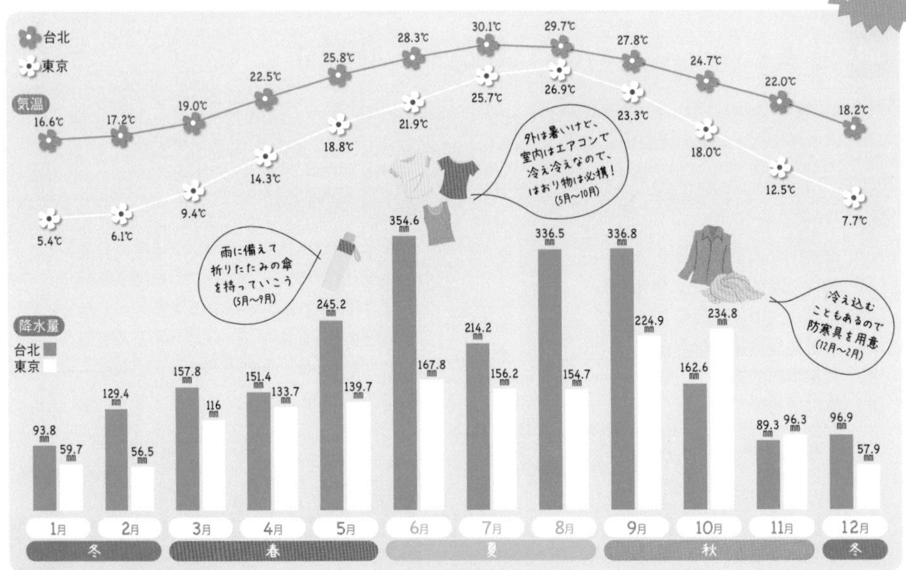
台北
東京
気温
降水量
外は暑いけど、室内はエアコンで冷え冷えなので、はおり物は必携！(5月～10月)
雨に備えて折りたたみの傘を持っていこう(5月～9月)
冷え込むこともあるので防寒具を用意(12月～2月)
冬
春
夏
秋
冬

月	台北 気温	東京 気温	台北 降水量(mm)	東京 降水量(mm)
1月	16.6℃	5.4℃	93.8	59.7
2月	17.2℃	6.1℃	129.4	56.5
3月	19.0℃	9.4℃	157.8	116
4月	22.5℃	14.3℃	151.4	133.7
5月	25.8℃	18.8℃	245.2	139.7
6月	28.3℃	21.9℃	354.6	167.8
7月	30.1℃	25.7℃	214.2	156.2
8月	29.7℃	26.9℃	336.5	154.7
9月	27.8℃	23.3℃	336.8	224.9
10月	24.7℃	18.0℃	162.6	234.8
11月	22.0℃	12.5℃	89.3	96.3
12月	18.2℃	7.7℃	96.9	57.9

データ：気温は平均気温の月平均値　東京：気象庁　台北：交通部中央氣象局

日本からの飛行時間
約1時間半～4時間
（成田⇒台北＝約3時間35分、羽田⇒台北＝約3時間35分、那覇⇒台北＝約１時間30分、福岡⇒台北＝約2時間30分、大阪⇒台北＝約3時間、札幌⇒台北＝約4時間など）

時差
－1時間

日本	1	2	3	4	5	6	7	8	9	10	11	12	13	14	15	16	17	18	19	20	21	22	23	0
台北	0	1	2	3	4	5	6	7	8	9	10	11	12	13	14	15	16	17	18	19	20	21	22	23

※サマータイムはなし

ビザ
90日以内の観光は必要なし
日本のパスポートであれば、パスポート残存有効期間＝台湾入国時に滞在日数以上。往復または第三国への航空（乗船）券の提示が必要。

言語
北京語
台湾語も話されている。ホテルでは英語や日本語が通じる。お年寄りの多くが日本語を解す。原住民はそれぞれ固有の言語をもっている。文字は繁体字（旧来の正字）を使用。

旅行期間
最低2泊3日は必要
台北近郊にも魅力的な町がたくさんあるので、できれば3～4泊したいところ。2泊3日でも、出発便を午前に、帰国便を夕方にするなど、できるだけ現地滞在時間を多く取ろう。

交通手段
MRT＆タクシーが便利
＋バスを利用すると行動半径が広がる。

詳細はP.182～183

台湾で使われている民國暦
台湾では独自の年号「民國」が使われている。中華民国が発足した1912年を紀元として制定されており、西暦マイナス1911が民國の年号となる。西暦2024年は民國113年。お菓子など食品の製造日や賞味期限が民國暦で表示されていることがある（→P.121）。

おもな祝祭日とイベント

1月1日	元日。中華民國開国記念日（祝日）（2025年は1/1のみ休日）
1月下旬～2月中旬	★旧暦大晦日（祝日）、★旧正月1月1～3日（祝日）（2025年1月29日、25日～2月2日は連休）
2月28日	和平記念日（祝日、2025年2月28～3月2日は連休）
2月上旬～3月上旬	元宵節（小正月）（2025年2月12日）
4月4日	児童節（祝日）
4月	★清明節（祝日）（2025年4月5日、4～6日は連休）
5月1日	國際勞動節（メーデー）（2025年5月1～4日は連休）
6月	★端午節（祝日）（2024年6月10日、8～10日は連休。2025年5月31日、30～6月1日は連休）
9月上旬～下旬	★中秋節（祝日、2024年9月17日、14～17日は連休）
10月10日	國慶節。中華民國誕生の記念日（祝日）（2024年は10～13日は連休）

★印は毎年日にちが変わる。記念日や祝日が土曜と重なった場合は金曜、日曜と重なった場合は月曜が振替休日となる。台北の店やレストランの多くが通常無休で営業しているが、旧正月（春節）の大晦日から数日は休業する店が多い。

台湾では太陽暦（新暦）と太陰暦（旧暦）が併用されている。旧暦の祝日は毎年日にちが変わるので注意！

トイレ
台湾の環境保護署は、水溶性トイレットペーパーを便器に流すことを奨励する政策をスタート。公的機関の公衆トイレでトイレットペーパーを流せるようになった。台北MRTの駅構内のトイレは水溶性トイレットペーパー。ただ、トイレ内に「請勿將衛生紙丟入馬桶內」という張り紙がある場合は流さずに、備え付けのゴミ箱に入れること。

台湾はとても親日的
台湾を旅していると日本語で話しかけられたり、親切にされることが多い。台湾の人々とのふれあいが旅をより思い出深いものに。

台北の詳しいトラベルインフォメーションは、P.173～をチェック！

3分でわかる！台北かんたんエリアナビ

台北市は東京23区の約半分の大きさ。
エリアごとにさまざまな表情をもち、雰囲気も異なる。
大まかに位置をつかんで町歩きをスタートしよう。

A 康青龍

個性的なスポットが集まる

カンチンロン

女子に人気の永康街、閑静な住宅街・青田街、台湾師範大学近くの龍泉街は、路地に雑貨店やカフェなど個性的な店が隠れていて、台北の今を体感できるエリア。

永康街でお買い物&ブレイク →P.152

B 信義イースト

注目度が高い最旬エリア

シンイーイースト

市政府站から國父紀念館を経て忠孝敦化站までの信義區～東區は、台北101に代表される新しい顔と歴史的スポットが混在する。デパートや大型モールだけでなく、こだわりショップが集まる注目度が高いエリア。

象山からNo1夜景をウオッチング →P.42
注目エリア信義區をぶらぶら♪ →P.156

C 大稻埕&迪化街

オールド&ニューがMIX

ダーダオチェン&ディーホアジエ

台北で最も歴史があるエリアのひとつ。ここ数年、乾物問屋街の迪化街を中心に現存する古い建築物を再生し、新たなスポットが続々誕生。目が離せない。

オールドタウン大稻埕にGO! →P.36
台北最古の問屋街迪化街でお宝探し →P.158

D 台北車站

台湾一のターミナル駅

タイペイチェーヂャン

台北のメインステーション「台北車站」は、MRTと台鐵の駅があり、地下街が発展。駅周辺も一段とにぎやかになり、グルメも楽しめる。

台湾イチのターミナル駅台北車站周辺をてくてく →P.164

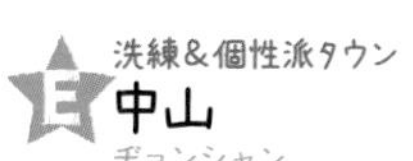

洗練&個性派タウン
E 中山
チョンシャン

高級ホテルやデパートが並ぶエリア。MRT中山站周辺の路地には個性派ショップ&カフェなど話題の店が続々開店。若者文化の発信地、最旬トレンドエリア。

おしゃれタウン 中山～雙連を攻略！ →P.22

中山&赤峰街で気分がアガル夜を楽しむ →P.162

にぎやか&パワフルな繁華街
F 西門町
シーメンディン

西門町で食べて買って♪ →P.154

渋谷のようなにぎやかタウン。プチプラファッションやキャラクターグッズの店が集まる。紅樓前で開かれる週末市も必見！

町ごとに違った顔があるんだよ！
基隆河
松山空港
J
南京東路
B
國父紀念館
敦化南路
信義路
台北 101
台北はね…
新しく開発されたエリアと古い昔ながらの地域が共存する町。観光やショッピング、グルメスポットは、ほぼ中央に集中している。移動は、東西南北、主要ルートを網羅しているMRTがスムーズ。

浅草的オールドタウン
G 萬華
ワンホア

萬華で下町人情に触れる →P.160

台北で一番早く開かれたエリアで、かつては交易地として栄えた。龍山寺付近は、いつもお年寄りが集まっている。甘味店など老舗も多く浅草的。

文化の香り漂う学生街
H 公館
ゴングァン

國立台湾大学のキャンパスをぐるり♪ →P.56

MRT新店線公館站周辺、國立台湾大学を中心としたエリア。カフェやファストフード店、古書店などが点在し、文化の香り漂うキャンパスタウン。

夜市&問屋街をぶらり
J 松山
ソンシャン

MRT松山站近くに衣料問屋街の五分埔と饒河街夜市があり、にぎやかな夜を楽しめる。また、洗練されたお店が集まるセレブなストリート・富錦街もこのエリア。

激安&激うまの宝庫 饒河街夜市&五分埔へ！ →P.40

庶民的な夜市と高級住宅地
I 士林・天母
シーリン・ティエンムゥ

故宮博物院でお宝を鑑賞 →P.64

士林夜市を攻略しちゃお☆ →P.100

市街北部、中心部を少し離れたエリアに位置する。台北イチ大きな士林夜市と高級住宅地として知られる天母などがある。故宮博物院もこのエリア。

いまいちばんホットなニュースをピックアップ！

aruco 最旬 TOPICS

ニューオープンや台北初上陸など
いま注目したいショップやホテルの
最旬情報をギュッとまとめてお届け！

1 注目のリノベスポットが新登場！「榕錦時光生活園區」（ロンジンシーグワンショフオユエンチュウィ）

2022年9月オープン。台北市政府文化局が推進する「老房子文化運動計畫（古民家文化運動計画）」の一環で、民間と協力して日本統治時代に建てられた「台北刑務所官舎」をリノベーション。雑貨やベーグルを扱う人気店「好,丘」やカフェ、レストランなどが入り、話題のスポットに。

1.「好,丘」が入店する「On The Road在路上」 2.店の裏側にある壁は臺北監獄南圍牆遺蹟 3.遊歩道はバリアフリー

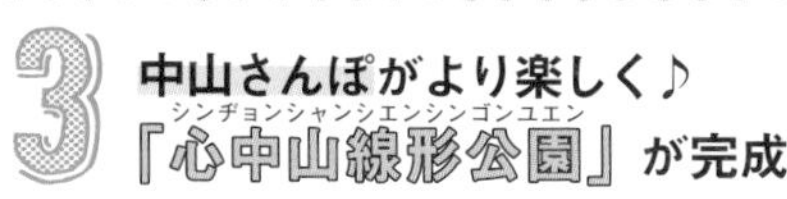

榕錦時光生活園區
ロンジンシーグワンショフオユエンチュウィ

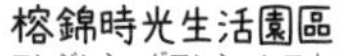
Map 別冊P.11-C3 台北車站南部

大安區金華街167號 ☎2321-8896 11:00～20:00（店舗により異なる。屋外は24時間開放）休無休 Card J.M.V.（店舗により異なる）交MRT中和新蘆線・淡水信義線「東門」站3番出口より徒歩約10分
URL rongjintimes.com

2 「鼎泰豐」（ディンタイフォン）が大型店舗を出店 アプリ＆クレカで便利に！

1.小籠包は、1階の厨房でていねいに調理 2.専用アプリで待ち時間やメニューをチェック可能 3.信義本店にはないエレベーターを完備

2020年に開店した新生店は、MRT東門站から徒歩3分ほどの白い4階建ての自社ビル。外光が入り込む明るい店内はテーブル間隔もゆったり。バリアフリーのトイレも導入。クレジットカードでの支払いもOKとなり、いっそう利用しやすくなった。

データは→P.78

3 中山さんぽがより楽しく♪「心中山線形公園」（シンチョンシャンシエンシンゴンユエン）が完成

MRT中山站と雙連站を結ぶ約550mの遊歩道が「心中山線形公園」として整備され、2020年春に完成。コンセプトは「都市の中で自然に滞在する」。中山站4番出口の屋根はテラスになっており、公園を一望できる。直進すれば雙連站1番出口裏へ。

中山站4番出口上のテラスは、待ち合わせにも便利

データは→P.24

4 大稻埕を模したレストラン街がフォトジェニック！「遠百信義A13」（ユエンバイシンイー）

おしゃれエリア信義に2019年12月に開業した「遠百信義A13」は、地下4階、地上14階、総面積1万3000坪を誇る大型デパート。大稻埕の町並みが再現された4階レストラン街が話題に。地下3階には、フードコート「FOOD OPERA」がある。

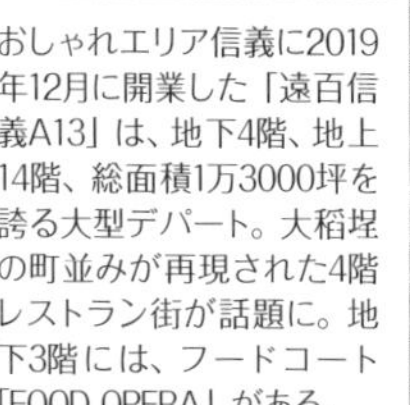

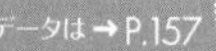
データは→P.157

5 「桃園国際空港」2タミがリニューアル。ますます便利に

第2ターミナル5階に2019年末、フードコートや無料シャワールーム、24時間営業のセブンイレブンなどが誕生した。南側モールには、台湾初となる空港ターミナル内宿泊施設「町・草休行館」が開業。現在、2025年運用開始を目指して第3ターミナルを建設中。

詳細は→P.172

1. 大稲埕をイメージした町並みをフロア全体に再現した5階（南側） 2. 充電コンセントもある南側フードコート 3. クレカをかざすだけでOK

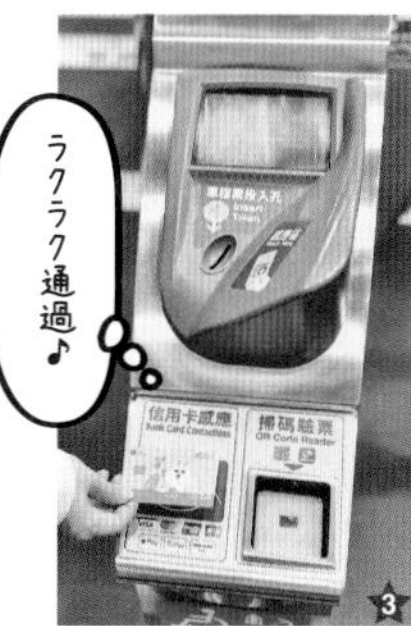

桃園大眾捷運股份有限公司提供

桃園空港MRTがクレカで乗車OKに！

桃園空港MRTは、クレジットカードで改札を通過できる「タッチ＆ゴー」サービスを2020年1月にスタートした。カード券面に「タッチ決済対応マーク」がある非接触型のJCB、Visa、MasterCardに対応。切符を購入することなくさくっと乗車できる。

6 日台の交流が深まる 日系ホテル続々オープン

2021年9月MRT忠孝新生站近くに藤田観光㈱が運営する「ホテルグレイスリー台北」が開業。248室の客室は25㎡あり、独立型バスルームを完備。近くには前年、三井ガーデンホテル初の海外進出となる「三井ガーデンホテル台北忠孝」がオープンしている。また、JR東日本グループとして海外初出店となる「ホテルメトロポリタン プレミア 台北」が2021年8月に開業。日系ホテルが続々台湾に誕生し、日台の交流がますます深まっていく。

1. ゴジラが描かれたホテルグレイスリー台北 2. ホテルメトロポリタン プレミア 台北の上質な客室 3. 三井ガーデンホテル 台北忠孝の大浴場

詳細は→P.166～168

7 台湾の新しい翼「スターラックス航空」が誕生

スターラックス航空（星宇航空）は、元エバー航空会長で現役のパイロットでもあるK.W. Chang氏が設立したフルサービスキャリア。機内は、イメージカラー「澄んだほうじ茶の色」を基調に、シートは「自宅の心地よさ」をコンセプトにデザイン。2023年6月現在、台北と札幌、仙台、東京、大阪、福岡、那覇を結んでいる。

1. AIRBUS A321 NEO 2. 限定カクテル「SFギャラクシー」は那覇線以外で提供
3. 機内食は全クラスでオンライン予約ができる

8 1938年台中で創業した老舗「幸發亭蜜豆冰（シンファーティンミードウビン）」が迪化街に移転

台中で1938年に創業した当初は手押し車で販売していた「幸發亭蜜豆冰」が2022年、迪化街に移転。看板メニューの「蜜豆冰」は、緑豆と花豆、旬のフルーツなどトッピングした贅沢な氷。
※2024年5月現在、クローズ。

データは→P.38

烏龍茶付きです

ミルクテイストの「雪綿冰」とザクザクの「刀削冰」、2タイプから選べる

メニュー内容はコラボするホテルにより変わる。天井もガラス張りで明るい

贅沢なひととき

9 ダブルデッカーバスで優雅にアフタヌーンティー♪

高級ホテルとコラボしたアフタヌーンティーが楽しめる2階建てレストランバスが運行中。ワイドな車窓から台北の街を眺めながら、リッチな午後時間を過ごせる。ランチやディナータイムの運行もある。

臺北雙層餐車 タイペイシュアンツォンツァンチェー TAIPEI RESTAURANT BUS

Map 別冊P.13-D2 信義イースト（乗車場所）

☎8791-6557[運行時間] 11:30ランチニュー、14:00アフタヌーンティーメニュー、17:00・19:30ディナーメニュー 休月 予乗車希望日の3日前までに要予約 料ランチ1テーブル2340元～、アフタヌーンティー1980元～、ディナー3320元～ ※予約は2名以上～※乗車日4日前までのキャンセルには10%の手数料が必要。3日前～当日のキャンセル料は100% Card A.J.M.V. 日▶少し 席26 交MRT板南線「市政府」站3番出口よりすぐ URL taipeirestaurantbus.com

10 ファミマがコーヒー専門店「Let's Café PLUS」を開業

全家便利商店（ファミマ）が2022年12月に初のコーヒー専門店を開業。日本の「UCC」と協力し、ドリンクと軽食を提供している。台湾茶を使ったアレンジティー（120元～）も楽しめる。シナモンロールやケーキなどスイーツ、サンドイッチなどフードも充実。

1. サラダ165元～、サンドイッチ130元～など 2. 中山北路沿いにあり、店内はシンプル

落ち着ける♪

Map 別冊P.15-D1
中山

🏠中山區中山北路二段71號 ☎2581-7356 ◔7:00～21:00 休無休 Card J.M.V. 交MRT淡水信義線「雙連」站1番出口より徒歩約5分 URL nevent.family.com.tw/letscafe-plus/

陽明山の緑に彩られた木造の豆留森林店。旗艦店はフードメニューも充実している

豆留文青データは→P.106

11 cama caféのおしゃれな2つの旗艦店でブレイク

台湾のコーヒーチェーンcama caféの旗艦店「CAMA COFFEE ROASTERS 豆留森林」は陽明山にある。2022年には、松山文創園區にふたつ目の旗艦店「CAMA COFFEE ROASTERS 豆留文青」を開店。

Map 別冊P.5-D1 台北市街図

🏠士林區格致路70號 ☎2861-1218 ◔9:00～19:30、土・日～20:00 休無休 Card J.M.V. 交MRT淡水信義線「剣潭」站3番出口すぐのバス停より紅5バスに乗車、「文化大学」下車徒歩約1分 URL camacoffeeroasters.com

12 個性的なミュージアム&シアターが登場

台北市内にユニークなミュージアムやシアターがオープンし、話題を呼んでいる。台湾のヒストリーに触れられる鉄道博物館と世界唯一の月経博物館、斬新なデザインのアートセンターだ。3つの新しいスポットは旅行者にも魅力的。台湾リピーターにもぜひ足を運んでみてほしい。

ショップや食堂も！

世界唯一の「月経」をテーマにしたミュージアム 開館

2022年6月に開館した小紅厝月經博物館は、月経への意識を変え、知識を普及しようと取り組む若者たちによる非営利団体「小紅帽」が運営。身体と月経について、各国の月経教育教材など月経を知るための常設展があるほか、季節ごとにテーマを変えた展示も行う。

小紅厝月經博物館

シアオホンツオユエジンボーウーグアン/
The Red House Period Museum

Map 別冊P.7-C1 圓山

小紅帽 With Red

住大同區重慶北路三段335巷40號 ☎2592-5382 ⏰11:00～18:00 休金～日（最新情報はInstagramで確認）料無料 交MRT淡水信義線「圓山」站2番出口より徒歩約10分 URL www.instagram.com/periodmuseum.tw/

鉄道ファンでなくても楽しめる！台北駅近くに鉄道博物館が開館

2020年7月開館。日本統治時代の1914年築の建物の1階は鉄道文化常設展、2階では駅舎や車庫、信号所などやトンネル、橋などの建築物などが解説とともに展示されている。

國立臺灣博物館 鐵道部園區

グオリータイワンボーウーグアン ティエダオブーユエンチュィ/
NATIONAL TAIWAN MUSEUM Railway Department Park

Map 別冊P.17-C1 台北車站周辺

住大同區延平北路一段2號 ☎2558-9790 ⏰9:30～17:00（入場は16:30まで）休月、旧暦大晦日・元日 料100元 Card A.J.M.V. 交MRT松山新店線「北門」站2番出口より徒歩約3分 URL www.ntm.gov.tw/jp/content_178.html

オランダの建築事務所OMAが手がけた

ンは→P.91

斬新なデザイン

斬新なデザインが目を引く台湾パフォーミングアートセンター

2022年7月開館。MRT剣潭站近くに建つ舞台芸術に特化した複合施設。キューブ型の建物から3つのシアターが突き出て目を引く。

臺北表演藝術中心

タイペイビアオイエンイーシューヂョンシン/
TAIPEI PERFORMING ARTS CENTER

Map 別冊P.16-A1 士林

住士林區劍潭路1號 ☎7756-3888 ⏰12:00～21:00 休月 料入場無料（チケット料金は公演により異なる）Card A.J.M.V. 交MRT淡水信義線「劍潭」站3番出口より徒歩約2分 URL www.tpac-taipei.org

台湾一広い店内には、台湾産ジュースやクラフトビールが飲めるカフェも併設

→P.133

13 2023年5月31日、オープン！台湾最大の無印良品 松高旗艦店

信義の「微風松高」1～2階にあり、710坪の広々とした店内には、台湾限定アイテムやオリジナル商品が大充実。「良品市場」には台東の農産品を揃えている。

Map 別冊P.13-D2 信義イースト

住信義區松高路16號 微風松高1F、2F ☎2722-3351
⏰11:00～21:30、木・金・土・祝前日～22:00 休無休 Card J.M.V.
交MRT板南線「市政府」站3番出口より徒歩約4分
URL www.muji.com/tw/

台北2泊3日 aruco的 究極プラン

プチぼうけん しちゃうぞ！

週末に1日プラスして台北へひとっ飛び。グルメ＆ショッピングはもちろん、旬な町歩きやオシャレカフェでチルタイムも、という欲張りな女子たちに、arucoがおすすめする究極の旅プラン。台北はこうして回れば満足度120%！

Day1 人気タウン中山＆赤峰街をチェック 夜市の後はマッサージして夜食！

ホテルにチェックインしたら中山へ。
永康街でお買い物＆グルメを楽しんで。

13:00 桃園空港/松山空港に到着

バス・MRT・タクシー

14:30 ホテルにチェックイン

15:30 **中山＆赤峰街**をてくてくショッピングクルーズ P.22-25,162
「誠品生活南西」「Muura」「vacanza club」

いろいろお買い物を楽しめる！

17:00 **「榕美樹館」**豆花で小休止 P.25

徒歩約10分

18:00 **「寧夏夜市」**で食べ歩き P.35,102

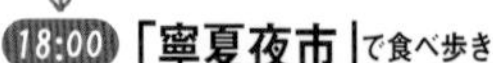

徒歩約22分

20:00 **「再春健康生活館」**で足マッサージ P.140

MRT約6分＋徒歩

21:00 **「小李子清粥小菜」**で夜食 P.93

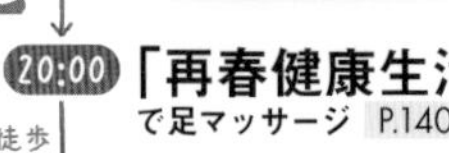
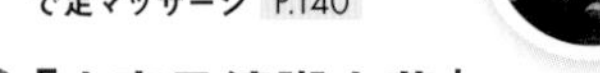

おかずのバリエーション豊富です♪

23:30 ホテル到着

Day2 午前は、レトロタウン九份をおさんぽ♪ 午後は台北101でランチ＆展望台観光

フォトジェニックな九份をぶらぶら。
「台北101」からシティビューを満喫！

7:30 ホテルを出発

8:00 ローカルな**「味鼎」**の蛋餅＆豆漿で台湾朝ごはん P.89

台湾的モーニングを味わって！

徒歩約13分

9:00 MRT忠孝復興站近くのバス停から九份行きバスに乗車

バス約80分

10:30 九份到着。老街さんぽをスタート！ P.26-29

徒歩約8分

10:45 **「阿柑姨芋圓」**で絶景を眺めながらスイーツをパクリ P.27

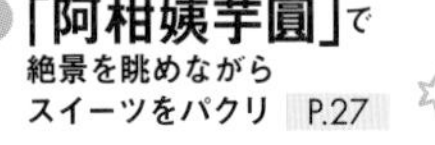

徒歩約3分

11:30 情緒ある豎崎路や**「昇平戲院」**で写真をパチリ！ P.29

MRT約1分

12:00 **「阿妹茶樓」**の台湾茶とお茶請けでまったり P.27

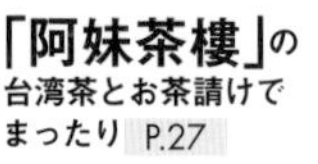

徒歩約7分

13:00 バスに乗り、台北市内へ

バス約80分

14:30 西門站で下車しMRTで台北101/世貿站へ。

MRT約14分

15:30 **「台北101 美食街」**で遅めのランチ P.92

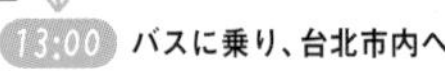

メニューと店が豊富で迷っちゃう

徒歩すぐ

16:30 **「台北101展望台」**
からビューを満喫 P.156

天空から
望む台北は
絶景です!

徒歩
約15分

18:00 **「松山文創園區」の「CAMA COFFEE ROASTERS」**
でブレイク P.106,136

ほかにはないドリンク楽しんで♪

徒歩
+
MRT
約11分

18:00 **「永康街」**でショッピング P.152-153
「來好」P.123、124
「BAO GIFT」P.125
「LiMA旗艦店」P.153
「小茶栽堂」P.123、152

永康街は楽しい町

徒歩
約5分

19:00 **「鼎泰豐 新生店」**で
極上小籠包を堪能 P.78

やっぱり
はずせない!
名店の小籠包

MRT
約8分

20:00 **「全聯福利中心 台北東門店」**
でおみやげを入手 P.132

KAVALAN

MRT
約11分
+
徒歩

21:00 **「渣男 Taiwan Bistro」**
で台湾テイストのカクテル P.105

23:30 ホテル到着

Day3 最終日は台湾式シャンプーでスッキリ! オールドタウン大稻埕を散策して帰国

台湾式シャンプーでキレイになって
オールドタウン大稻埕を散策→帰国の途へ。

7:00 ホテルをチェックアウトし、荷物を預ける

8:00 **「瑞安豆漿大王」**で
アツアツ小籠包 P.81

MRT
約9分

スッキリ

9:00 「小林髮廊 總店」で
台湾式シャンプー
P.138

MRT
約13分
+
徒歩

かわいい
雑貨が揃った
町を歩こう

10:30 レトロな
「大稻埕」をてくてく
「小花園」、「BUWU布物設計」 P.36-39
「永樂市場」、「梁山泊壹零捌」 P.125

徒歩
約7分

12:00 古民家カフェ**「預見日好」**でラストランチ P.97

レトロな
空間でランチ
楽しんで

徒歩
+
MRT
約7分

13:00 **「POYA 寶雅 中山店」**で
ビューティグッズをGET P.135,146,147

気になる
コスメたち

バスまたは
MRT・
タクシー

14:00 ホテルへ戻って
荷物をピックアップ、空港へ

バスまたは
MRT・
タクシー

夕方 桃園空港/松山空港発で日本へ帰国

こんなおみやげ買っちゃいました

YONSHIN

「永心鳳茶」の
パイナップルケーキ
300元 P.131

「永樂市場」の「聖欣布行」
で花布バッグ 250元
P.122

「小茶栽堂」の
ティーバッグ
220元
P.122,152

「梁山泊壹零捌」で
台湾製靴下
230元
P.125

「繡珍森活」の刺繍バッチ
120～140元 P.126

2日目をテーマでアレンジ！

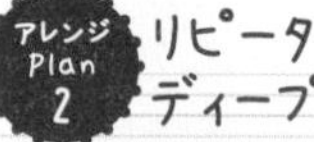

台北をテーマで旅するおすすめプラン。
映え写真が撮れるフォトジェニックコースと
リピーター向けディープな台北コースの2プラン。

アレンジPlan 1 映えスポットを巡る♪ フォトジェニック台北コース

- **8:30** ホテルを出発
- **9:00** 「洪瑞珍」士林店(土日10:00〜)の三明治で朝ご飯 P.95
  - バス約10分
- **9:30** 「國立故宮博物院」でお宝鑑賞ミュージアムショップで旅の記念グッズを購入 P.65
  - バス約10分＋MRT約2分
- **13:00** 話題の「臺北表演藝術中心」併設の「ACME」でランチ P.91

  - MRT約2分
- **14:30** 「MAISON ACME 圓山別邸」で撮影タイム P.68
  - MRT約5分
- **16:00** 「咖啡瑪榭 中山店」のビジュアルスイーツでおやつタイム P.117

  - 徒歩すぐ
- **17:00** 「心中山線形公園」あたりをぶらぶら♪ P.24

  - 徒歩すぐ
- **17:30** ドリンクショップ「坪林手」のティーでリフレッシュ P.24
  - 徒歩約5分
- **18:30** フォトジェニックな鍋屋「這一小鍋」でひとり鍋ディナー P.96

  - 徒歩約6分
- **20:00** 「貨室甜品」のかき氷でクールダウン P.24
  - 徒歩約6分
- **21:00** 「金興發生活百貨」でキュートな雑貨をお買い物 P.134

  - MRT
- **22:00** ホテル到着

アレンジPlan 2 リピーターにもおすすめ！ ディープな台湾と出合うコース

- **7:00** 「劉媽媽飯糰」の台湾おにぎりで朝食 P.89

  - MRT約3分＋バス約8分
- **8:00** 「福和観光市集」でお宝探し♪ P.52
  - 徒歩10分＋バス約5分＋MRT約10分
- **10:30** 西門町で台湾B級グルメ食べ歩き
  - 「梁山泊小籠湯包」でたぷたぷ小籠包 P.80
  - 「天天利美食坊」で目玉焼きのせ魯肉飯 P.91
  - 「師園鹽酥雞」で台湾から揚げ P.94

  - MRT約16分
- **15:00** 「臺灣新文化運動紀念館」を見学 P.69
  館内のカフェ「八斤所」でまったり P.106

  - 徒歩すぐ
- **17:30** 「家樂福」桂林店でおみやげを大人買い P.132

  - MRT約20分
- **19:30** 臨江街夜市で食べ歩き P.103
  「正好鮮肉小籠湯包」でネギ小籠包 P.81

  - MRT約4分
- **21:00** 「解解渴有限公司」の愛玉でデザートタイム P.43
  - MRT
- **22:00** ホテル到着

アレンジPlan 3 少し足を延ばして基隆でグルメ三昧！

台北から電車やバスで40分ほどの歴史ある港町・基隆。グルメ夜市で食べ歩きも楽しんで。 P.30-33

とびっきりの感動が きっと待ってるから 飛び出せ！プチぼうけんへ

楽しい＆おいしいがいっぱいの魅力あふれる町、台北。
短いステイでも台北を満喫して、大満足できる旅をしたい！
そんなよくばりな旅好き女子たちに、多彩なプランをラインアップ。
arucoがおすすめする14のプチぼうけんで町へ飛び出そう！

プチぼうけん 1

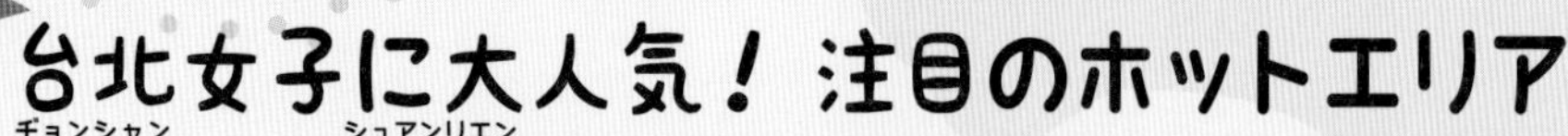

台北女子に大人気！ 注目のホットエリア 中山（チョンシャン）から雙連（シュアンリエン）まで街ブラ♪

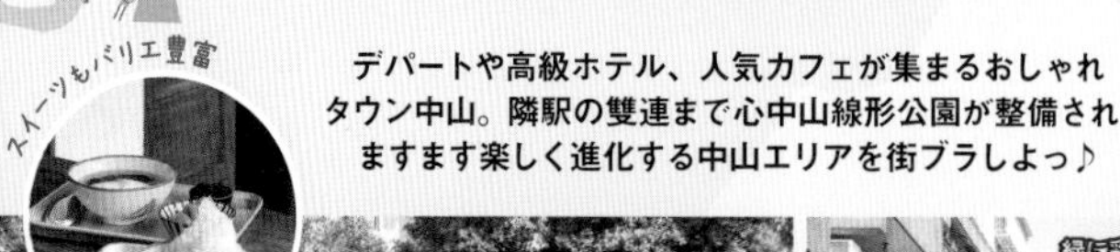

スイーツもバリエ豊富

デパートや高級ホテル、人気カフェが集まるおしゃれタウン中山。隣駅の雙連まで心中山線形公園が整備され、ますます楽しく進化する中山エリアを街ブラしよっ♪

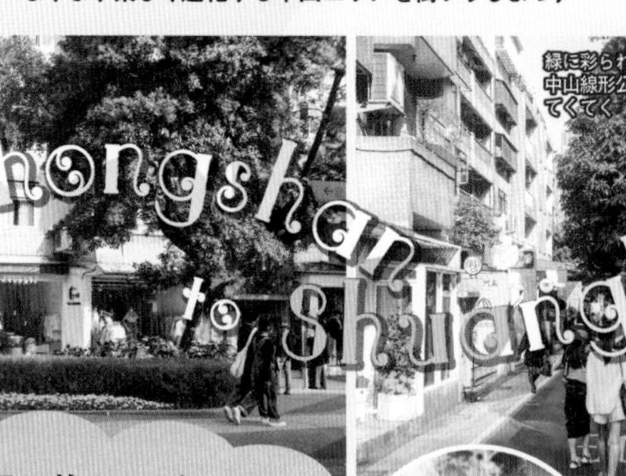

緑に彩られた心中山線形公園をてくてく

「蜜菓拾伍」で台湾フルーツいっぱいのスイーツを

中山～雙連を街ブラ♪

TOTAL 3時間

オススメ時間 13:00～　予算 お買い物次第

グルメ＆ショッピング三昧
誠品生活南西と台北之家をチェックしたら、心中山線形公園の両サイドにあるグルメやショップをクルーズ。女子ならではの街ブラを満喫しちゃいましょ。

グルメも買い物もスイーツも欲張って楽しんじゃお！

MRT「中山」站からすぐの「誠品生活南西」から「雙連」站近くの台湾カステラ屋さんまで、名物グルメやスイーツを味わいつつ気ままにぶらぶら。もちろん、ショッピングも楽しんで♪

「好人好室」カフェで待ってるにゃ

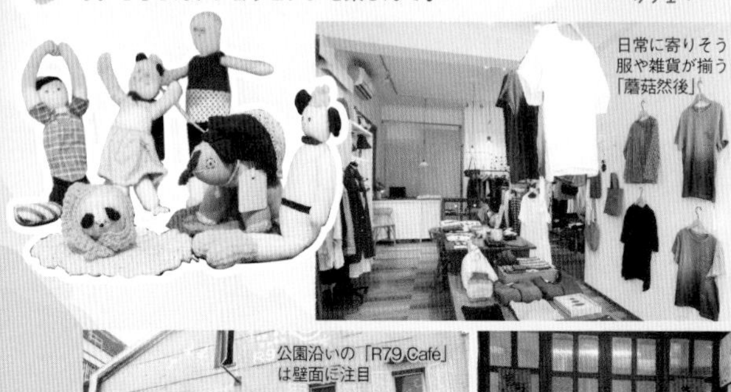

日常に寄りそう服や雑貨が揃う「蘑菇然後」

公園沿いの「R79 Café」は壁面に注目

「坪林手」で渇いたノドを潤して

「榕美樹館」のスタッフ

「Muura」の陳思妤さん

「Muura」の陳亭妤さん

↑P.24-25

SHOPPING

1 神農生活 シエンノンションフオ

良質な台湾フードが揃う

調味料や麺、ドライフードなど、台湾で長く愛されてきた良質な食品を扱っている。おみやげ選びにぴったり。

Map 別冊P.15-C2 中山

中山區南京西路14號 誠品生活南西4F ☎2563-0818 11:00～22:00、金・土～22:30 休無休 Card J.M.V. 交MRT淡水信義線・松山新店線「中山」站1番出口よりすぐ URL www.majitreats.com

1. 台湾全土から選んだ食材が並ぶ　2.芝初胡麻拌麵醬（麺用ゴマソース）159元　3.ドライグアバ、ライチ各99元　4.ドライオクラ150元　5.紅茶（リーフ）130元

プチぼうけん1

中山から雙連まで街ブラ♪

arucoの推し！

1.食習紅燒牛肉麵380元　2.紅燒豆腐牛仔魚（豆腐とアゴナシの醤油煮込み）380元

GOURMET

2 神農生活×食習 シエンノンションフオ×シーシー

ヘルシーな台湾家庭料理

台湾の家庭で食べられている料理を中心に、小菜、スープをセットにした定食スタイルで提供。メインは肉や魚、麺類がある。

Map 別冊P.15-C2 中山

中山區南京西路14號 誠品生活南西4F ☎2563-0818 11:00～22:00、金・土～22:30 休無休 Card J.M.V. 日少し 席50 交MRT淡水信義線・松山新店線「中山」站1番出口よりすぐ URL www.majitreats.com

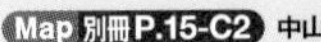

CULTURE

3 台北之家 ダイベイジージア

中山北路のランドマーク

映画館、カフェ、ショップがある複合施設を見学。元はアメリカ大使館だった。白い建物は、中山のシンボル的存在。

Map 別冊P.15-C～D2 中山

中山區中山北路二段18號 ☎2511-7786 休 Card 施設・店舗により異なる 交MRT淡水信義線・松山新店線「中山」站3番出口より徒歩4分 URL www.spot.org.tw

1.シャツ860元、ビスチェ450元、デニム750元　2.ジャケット980元、ニット350元、スカート880元、バッグ450元

SHOPPING

4 Muura ムラ

シンプルファッションがお買い得

コットン素材のアイテムを中心に、シャツやジャケット、パンツ、バッグなどをラインアップ。シンプルで価格もお手頃。

Map 別冊P.15-C2 中山

中山區中山北路二段20巷25號 ☎2531-6147 13:30～21:50、金・土13:00～22:20 休無休 Card J.M.V. 交MRT淡水信義線・松山新店線「中山」站3番出口より徒歩4分 URL www.muura.com.tw

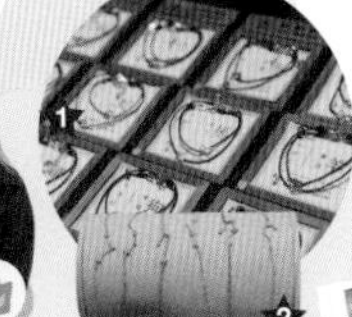

SHOPPING

5 vacanza club ヴァカンザクラブ

バー「A Train」とコラボ

リーズナブルでかわいいアクセサリーを扱うショップ。特にイヤリングはバラエティ豊富。店内にカフェを併設している。

Map 別冊P.15-C2 中山

大同區南京西路25巷4-1號 ☎2749-3027 13:00～22:00、カフェ13:00～20:30、金・土～21:00 休無休 Card J.M.V. 交MRT淡水信義線・松山新店線「中山」站4番出口より徒歩4分 URL www.vacanza.com.tw

1.ブレスレット「祈願」シリーズ各850元　2.3.豊富な商品からお気に入りを見つけて

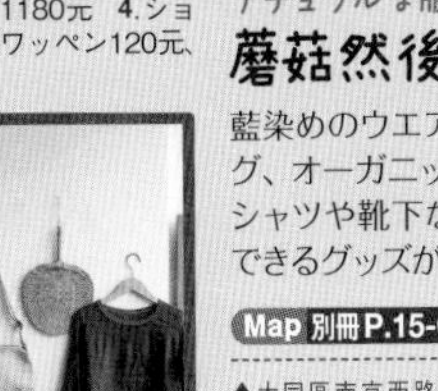

arucoの推し！

1.オーガニックコットンのTシャツ780元～　2.Tシャツ680元　3.人気No.1の大型トート1180元　4.ショルダー1580元　5.ワッペン120元、150元

SHOPPING

6 蘑菇然後 モーグーランホウ

ナチュラルな服とグッズ

藍染めのウエアと帆布のバッグ、オーガニックコットンのTシャツや靴下など、長く愛用できるグッズが揃っている。

Map 別冊P.15-C2 中山

大同區南京西路25巷18號 ☎2556-1656 13:00～20:00 休旧暦大晦日から3日間 Card J.M.V. 交MRT淡水信義線・松山新店線「中山」站R7番出口より徒歩1分 URL www.mogu.com.tw

1.甘い香りが漂う店内
2.シナモンロール80元

CAFE

7 焼きたてシナモンロール Miss v Bakery ミスブイ・ベーカリー

シナモンロール（原味肉桂巻）が人気のカフェ。「幸せになれるスイーツを食べてもらいたい」とニューヨーク育ちのオーナーが開業した。

Map 別冊P.15-C1 中山

大同區赤峰街49巷22號 2559-7391 11:00～19:30 休旧正月 料100元～ Card不可 日▶少し 席32 交MRT淡水信義線「雙連」站1番出口より徒歩約3分 URL missvbakery.cyberbiz.co

GOURMET

8 進化した屋台グルメ・麺線 面線町 ミエンシェンディン

そうめんに似た細麺をとろみスープで煮た麺線は庶民的な台湾グルメ。具材たっぷりの進化した麺線を食べてみて！

Map 別冊P.15-C1 中山

大同區赤峰街49巷25號 0932-055-466 11:30～19:30 休月・火 Card不可 席8 交MRT淡水信義線・松山新店線「雙連」站R11番出口より徒歩3分

arucoの推し！

海王子愛三寶160元はカキやイカなど新鮮な海産物がいっぱい

DRINK

9 ティードリンクでブレイク 坪林手 ピンリンショウ

坪林や木柵、南投などの茶葉を使ったドリンクを気軽に楽しめる。砂糖を加えない純粋なティードリンクは7種。紅茶や烏龍茶のラテもある。

Map 別冊P.15-C1 中山

大同區赤峰街53巷23號 2559-5939 11:00～20:00、金・土～21:00 休無休 Card不可 交MRT淡水信義線「雙連」站1番出口より徒歩3分 URL www.facebook.com/pinatshiu/

おすすめは坪林産の包種茶M50元（無糖）。アイスティーの氷はお茶でできている

1.バラ色の玫瑰奶茶氷150元 2.貨室招牌花生醬刨冰190元

SWEETS

10 無添加の自家製氷が人気 貨室甜品 フォシーティエンピン

ピーナッツクリームやミルクジャム、ローズミルクティーなど、自家製の具材を使った氷が味わえる。

すべて手作りです

Map 別冊P.15-C1 中山

大同區赤峰街71巷34號 なし 13:00～21:30、土・日12:30～ 休月 Card不可 席15 交MRT淡水信義線「雙連」站1番出口より徒歩約2分 URL www.facebook.com/orshavedice

NEW SPOT

月1回程度開催されるクリエイターズマーケットは大人気

クリエイターズマーケットも！ 心中山線形公園 シンヂョンシャンシエンシンゴンユエン

中山站と雙連站をつなぐ「心中山線形公園」。2020年にオープン以来、多彩なイベントが開かれている。

Map 別冊P.15-C1～2 中山

中山區中山北路二段 なし 24時間 休無休 交MRT淡水信義線・松山新店線「中山」站4番出口またはMRT淡水信義線「雙連」站1番出口よりすぐ

arucoの推し!

SWEETS

11 フルーツのシフォンケーキ♡ 蜜菓拾伍 ミーグオシーウー

シフォンケーキの虜になったオーナーが研究、日本でも学び、シフォンケーキのカフェを開店。旬のフルーツを使ったケーキは5～6種ある。

Map 別冊P.15-C1 中山

大同區赤峰街77巷3號 ☎2550-6505 13:30～20:00 休月～金 Card不可 《日》 席25 交MRT淡水信義線「雙連」站1番出口より徒歩約2分 URL www.facebook.com/Migos.Cakes/

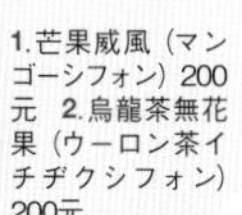

1.芒果威風（マンゴーシフォン）200元 2.烏龍茶無花果（ウーロン茶イチヂクシフォン）200元

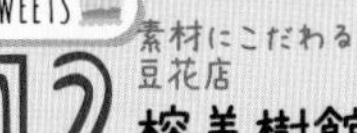

SWEETS

12 素材にこだわる豆花店 榕美樹館 ロンメイシューグワン

60年もの間、老舗豆花店を経営していたおじの豆花を継承。具材も自家製で添加物不使用。「よい思い出となる体験を」がモットー。

Map 別冊P.15-C1 中山

中山區民生西路66巷21號 ☎2523-3459 12:00～21:00 休月、旧正月4日間 Card A.J.M.V. 席25 交MRT淡水信義線「雙連」站1番出口より徒歩3分 URL www.instagram.com/ronmuseum/

濃い豆乳です!
arucoの推し!

1.ピーナッツ ピーナッツ120元。雲林産のピーナッツを使用 2.シグネチャー榕豆花90元＋トッピング（さつまいも団子、小豆各20元）

地下もおさんぽ

アジア最長のブックストア 誠品R79店 チェンピンR79ディエン

中山站直結の地下、R7からR9のふたつの出口につながる全長300mに誠品書店が入っている。文具や台湾グッズも扱っている。

Map 別冊P.15-C1～2 中山

大同區南京西路16號B1 中山地下街B1-B48號店舗 ☎2563-9818 11:00～21:30 休無休 Card J.M.V. 交MRT淡水信義線「中山」站または「雙連」站より直結 URL meet.eslite.com

ティラミス140元とキャラメルラテ190元

CAFE のんびり時間を楽しめるカフェ

13 好人好室×七二聚場 ハオレンハオシーチーアルジューチャン

築60年の古い建物の3階。インテリアデザイナーのオーナーがリノベは最小限に。読書をしたくなる落ち着いたカフェ。

Map 別冊P.15-C1 中山

中山區中山北路二段72巷18-1號 3F ☎2522-1280 11:00～19:00 休水 料120元～ Card不可 席26 交MRT淡水信義線「雙連」站1番出口より徒歩約2分 URL www.facebook.com/hoursinhouse

14 GOURMET 具材たっぷりの涼麺 小良絆涼面専門店 シアオリアンバンリアンミエンヂュアンメンディエン

伝統的な台湾の涼麺に具材をプラス。麺もソースも研究を重ねた進化系涼麺はやさしい味わい。ゴマ、日本式辣油、酒醸豆乳の3種。

Map 別冊P.15-C1 中山

大同區赤峰街81號 ☎0935-194-300 11:30～14:00、17:30～20:00、土12:30～15:00、17:00～20:00 休日・月、旧正月 Card不可 《日》少し 席4（屋外3） 交MRT淡水信義線「雙連」站1番出口より徒歩約2分 URL www.facebook.com/bancoldnoodle

ていねいに作ってます

手前が酒醸豆乳涼麺90元

SHOPPING

15 ふわっふわの台湾カステラ 双連現烤蛋糕 シュアンリエンシエンカオダンガオ

日持ちは常温で1日、冷蔵で3日

原味（オリジナル）、起司（チーズ）、芝麻（ゴマ）など日替わりで販売。1斤（600g）当たり140～170元。小さなサイズは55元。

arucoの推し!
双連

Map 別冊P.6-B2 中山

大同區民生西路169-1號 ☎2553-4392 10:00～20:30 休日、旧正月7日間 Card不可 交MRT淡水信義線「雙連」站2番出口より徒歩3分

プチぼうけん 2

チャイナドレスで歩きたい♡ 九份（ジォウフェン）で心ときめくレトロさんぽ♪

ノスタルジックな風景が広がる九份。フォトジェニックなスポットが数多くある九份は、映える写真が撮れる町。
レトロな町並みに似合うチャイナドレスで散策を楽しんじゃおう♪

レトロな町でタイムスリップ

レトロタウン九份さんぽ TOTAL 4時間

オススメ時間 14:00～18:00　予算 2000元～

おさんぽアドバイス
「CHIPAO」でチャイナドレスに着替えておさんぽスタート。九份名物を味わえる店や眺めのいい茶藝館など、レトロタウンを満喫しちゃおう。夕暮れの幻想的な風景を撮影するなら15:00頃には到着しておこう。

arukikata_aruco

夕暮れの九份はロマンティック♥
#九份 #Chiufen #夕暮れ #Twilight

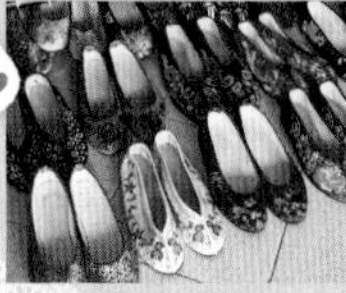

チャイナドレスで九份をおさんぽしましょ♪

かつてゴールドラッシュに沸いた金鉱の町、九份。映画『悲情城市』のロケ地となり、ノスタルジックな町並みが人気を集め、にぎわいを取り戻した。フォトジェニックなレトロタウン九份をチャイナドレスでおさんぽしましょ。

淡水　陽明山　金山　野柳　基隆　瑞芳　九份　台北車站

九份へのアクセス

🚃／台鐵台北車站から東部幹線で「瑞芳」車站下車（自強號／特急76元／所要約40分）。駅を背に左約300m（5分）のバス停から基隆客運825、台北客運965金瓜石行きバスで 「九份」（九份派出所）または 「九份老街」下車（15元／所要約15～20分）。
🚌／バス停「捷運忠孝復興站」Map 別冊P.12-A2 から基隆客運金瓜石行き快速バス1062（101元）、またはMRT「西門」站2番出口近くのバス停「捷運西門站」Map 別冊P.16-A2 から台北客運金瓜石行き快速バス965（90元）で 「九份」（九份派出所）または 「九份老街」下車／所要約1時間30分）

1 100着以上のチャイナドレス CHIPAO

迷っちゃう♥

チーパオ

CHIPAOとは、中国語の旗袍＝チャイナドレスのこと。レンタルのドレスは100着以上あり、サイズはS～5XL。ミニとロングがある。レンタル料は1日1200元（靴／22～27cmとバッグのレンタルを含む）。貴重品以外の荷物はお店で預かってくれる。

Map 別冊P.19-D2 九份

新北市瑞芳區汽車路34號　☎096-624-6913
1400～19:00　休無休　Card不可　日　交「九份老街」下車徒歩約1分　予要予約（Facebook/Instagramで予約）　URL www.facebook.com/chipao.jiufen/

町へgo!

絶景にうっとり♪

台湾茶＋スイーツでほっこりできるのはこの4店！

arukikata_aruco

海悦楼のテラスは絶景スポット！ 手前が有名な阿妹茶樓
#九份 #Chiufen #ナイスビュー #Nice View

必食！ 九份名物のイモ団子

2 阿柑姨芋圓

アーガンイーユィユエン

九份名物の芋圓とは、数種のイモの粉を練って団子にした、モチモチ系スイーツ。冷・温の2タイプがあり、ボリュームたっぷり。

Map 別冊P.19-C2 九份

新北市瑞芳區豎崎路5號 ☎2497-6505 ⏰9:00～20:30、土・日～21:00 休無休 Card不可 ¥100 交「九份老街」下車徒歩約8分

芋圓は55元。シロップ仕立てまたはかき氷で

arukikata_aruco

WOW!

阿柑姨芋圓で芋圓＋絶景を満喫！
#九份 #Chiufen #名物 #Local Specialty

九份名物の甘味といえばコレ！

View

深い緑と海広がる景色は感動的

View

プチぼうけん 2

九份で心ときめくレトロさんぽ♪

ベストビュー☆スポット！

3 海悦樓茶坊

ハイユエロウチャーファン

テラスからすばらしい眺望が楽しめる茶藝館。台湾茶各種やキンモクセイのスムージー「春醸桂花蜜露」160元がおすすめ。

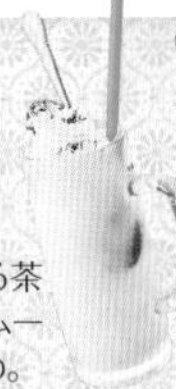

Map 別冊P.19-C2 九份

新北市瑞芳區豎崎路31號 ☎2496-7733 ⏰9:00～21:00 休旧正月 Card不可 日▶少し 交「九份派出所」下車徒歩約7分

arukikata_aruco

Cool

阿妹茶樓のお茶請け♥
#九份 #Chiufen #Tea Time

View

絶景テラスで極上ティータイム

特等席のテラスでまったり

4 水心月茶坊

シュウイシンユエチャーファン

テラスから絶景を見渡せる茶藝館。烏龍茶チーズケーキ150元や凍頂茶梅80元と台湾茶でのんびり。

Map 別冊P.19-C2 九份

新北市瑞芳區輕便路308號 ☎2496-7767 ⏰13:30～19:00 休無休 CardA.D.J.M.V. 日▶少し 交「九份派出所」下車徒歩約7分

arukikata_aruco

Nice!

水心月茶坊の絶景テラス！
#九份 #Chiufen #絶景 #Marvelous View

九份のシンボル

5 阿妹茶樓

アーメイチャーロウ

築100年以上の建物を使った茶藝館。2F席からも景色が見渡せるがおすすめは3Fのテラス席。お茶は1人300元で4種のお茶請け付き。

Map 別冊P.19-C2 九份

新北市瑞芳區市下巷20號 ☎2496-0833 ⏰11:00～21:00、土・日10:00～22:00 休無休 Card不可 日▶少し 交「九份派出所」下車徒歩約7分 URL www.a-meiteahouse.com/ja

いっぱい楽しも♪

写真を撮りながら 九份老街をぶらぶら歩き＆名物グルメをハシゴ♪

ノスタルジー感じる♪

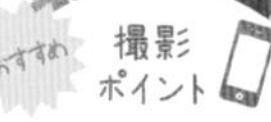

arukikata_aruco

デニムに似合う九份の木製サンダル
#九份 #Chiufen #サンダル #Sandals

A セミオーダーできるサンダル 九份木履手創館

ジョウフェンムージーショウチュアングアン

木製のサンダル専門店。背筋が伸びる健康サンダルは790元。紅木製サンダルは1800元。好きな木台と甲の部分を選んでセミオーダーもできる。

Map 別冊P.19-D2 九份

新北市瑞芳區基山街31巷1號 ☎2496-6480 11:00～18:00 休無休 Card J.M.V. 日少し 「九份老街」下車徒歩約3分

おすすめ撮影ポイント
海悦樓茶坊への通路は阿妹茶樓を中心にした写真を撮るのに絶好。三脚使用の場合は海悦樓茶坊のテラスがイチオシ。

B 台湾版草餅を召し上がれ 阿蘭 アーラン

1950年から続く老舗菓子店。人気商品は、草餅。あんこだけでなく、5種類の餡があり、切干大根とエビが入った菜脯粿が大人気。作りたてを味わってみて。

arukikata_aruco

九份名物、阿蘭の菜脯粿（後）と芋粿粢各20元
#九份 #Chiufen #スイーツ #Sweets

おみやげ屋さんで発見!

インスタにアップしよっ♪

Map 別冊P.19-C2 九份

新北市瑞芳區基山街90號 ☎2496-7795 9:00～18:00、土・日～20:30 休無休 Card 不可 「九份老街」下車徒歩約5分

阿妹茶樓でパチリ♪

門 福山宮 瑞雙公路 基山街 九份木履手創館 阿珠雪在燒 セブン-イレブン 九份老街バス停 CHIPAO 見晴らし台 汽車路 金瓜石へ WC

arukikata_aruco
九份スタイルのクレープはパクチー入り！
#九份 #Chiufen #パクチー #coriander

ピーナッツテイストのクレープ

C 阿珠雪在燒

アーヂューシュエヅァイシャオ

カンナで削ったピーナッツキャンディとアイスクリームをクレープのような生地にのせて巻いた個性派スイーツ、花生捲＋冰淇淋50元が大人気。

Map 別冊P.19-C2 九份

新北市瑞芳區基山街20號 ☎2497-5258 10:00～19:00、日～20:30 休無休 Card不可 交「九份老街」下車徒歩約3分

arukikata_aruco
レトロかわいい☆昇平戲院
#九份 #Chiufen #劇場 #Theater

日本統治時代の映画館

D 昇平戲院

ションピンシーユエン

ゴールドラッシュで沸いていた1934年に建てられ、台湾最大規模を誇った。現在は、映画や九份の資料を展示している。

昭和レトロな雰囲気♪

Map 別冊P.19-C2 九份

新北市瑞芳區輕便路137號 ☎2496-2800 9:30～17:00、金・土～18:00 休第1月（祝日は開館）、旧暦大晦日・元日 料無料 交「九份老街」下車徒歩約8分

九份國小
聖明宮
阿柑姨芋圓 2
基山路
見晴らし台
輕便路
九份古早丸店
F 九份茶坊
5 阿妹茶樓
3 海悦樓茶坊
九份金礦博物館
昇平戲院 D
4 水心月茶坊
豎崎路
派出所
九份（九份派出所）バス停
瑞芳へ

おすすめ 撮影ポイント

豎崎路の急な階段の両脇には茶藝館などが並ぶ。軽便路に下りる数段上あたりで記念撮影を。人が少ないときを見計らってパチリ。

arukikata_aruco
九份茶坊で高山烏龍茶をゴクリ
#九份 #Chiufen #茶藝館 #Tea Salon

創作スイーツとお茶でゆるり

F 九份茶坊

ジョウフェンチャーファン

120年もの歴史ある木造家屋をリノベーションした茶藝館。台湾各地から厳選したお茶をいただける。烏龍茶を混ぜ込んだチーズケーキなど、オリジナルスイーツも美味。ティータイムをのんびり楽しんで。

Map 別冊P.19-C2 九份

新北市瑞芳區基山街142號 ☎2496-9056 12:00～19:00 休無休 料ミニマムチャージ1人250元、茶水費120元 予人数が多い場合は要予約 Card A.D.M.V. 日 交「九份派出所」下車徒歩7分 URL www.jioufen-teahouse.com.tw

ごゆっくりくつろいで

arukikata_aruco
烏龍茶チーズケーキはさっぱりテイスト♥
#九份 #Chiufen #チーズケーキ #cheesecake

九份老街散策のアドバイス

- 天気が変わりやすく、雨が多い。季節を問わず雨具は必携。
- 坂道や階段が多いのでスニーカーなど歩きやすい靴で。
- 混雑時はスリに注意を。バッグはしっかり携えて。
- 日没後、台北行きバスは混雑するので早めの行動を。

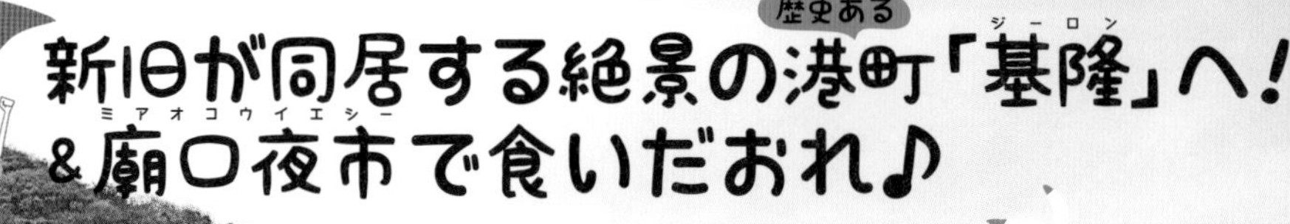

新旧が同居する歴史ある絶景の港町「基隆（ジーロン）」へ！&廟口夜市（ミアオコウイエシー）で食いだおれ♪

基隆は古くから今に続く重要な国際港。"OLD"と"NEW"が同居する新感覚エリアの港町をひと巡り！ 美食夜市で有名な廟口夜市もGO！

絶景もグルメも楽しんじゃお

潮風を感じながら基隆の名所をぶらぶら。各地から持ち込まれた食文化がここ基隆でミックスされ、基隆だけのグルメに進化。食べ歩きも同時に楽しもう。

SNSにアップしよ♪

基隆 TOTAL 8時間〜

オススメ時間 9:00〜22:00　予算 1000元〜

傘を携帯しよう
「雨の町」の異名もある基隆散策には傘の携帯を。台北からバスや列車で基隆まで約50分で到着。朝8時頃台北を出発して、遅くても22時頃には基隆を出よう。

淡水　金山　野柳　基隆　九份　陽明山　台北車站

台北からのアクセス
🚃／台鐵「台北車站」から西部幹線で「基隆」車站下車（41元／所要約45分）
🚌／國光客運台北車站バスターミナル Map別冊 P.17-C2 から國光客運1813などで「基隆火車站（海洋廣場）」下車（56〜59元／所要約40分）

駅に隣接する便利な國光客運基隆站（バスターミナル）

路線バス利用法
市内を走るバス「基隆市公車」。1回15元（現金／悠遊卡。夜間バス18元）。悠遊卡は乗車＆下車時にカードをタッチ。101、102、103は時刻表あり。他路線は15〜20分間隔で運行。URL www.klcba.gov.tw
郊外での流しのタクシーは多くないので、店や施設の人に頼んで手配してもらうかUberアプリ（→P.183）の利用を。

タクシーも活用して

奇岩と海の絶景だ〜

D 和平島公園

港町に溶け込む建物

正濱漁港　正濱路口　中正路正濱路口

B C F

I

おみやげ探しも楽しい

廟口夜市で食べまくり

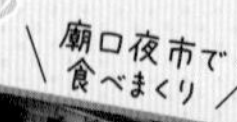

八斗子漁港

E 八斗子（台北線1579）

昔の発音はきいるん

H

台鐵基隆車站 A

基隆港

衛生福利部基隆醫院

G　K　L　J

彫刻家、朱銘の作品も

基隆 Keelung

0　N　500m

基隆ってどんなところ？
台北の北約30kmに位置する、基隆港のある港湾都市。旧名は雞籠。雨が多いことから雨都などの別名もある。歴史的にも日本やオランダに深い関わりを持つ。有名な廟口夜市に加えて映えスポットやカフェも増え、観光客も増加。

A 9:00

国光客運基隆バスターミナル

國光客運基隆站

グオグアンクーユィンジーロンチャン

國光客運専用のバスターミナルは台鐵駅に隣接。対面にある路線バス「基隆市公車」乗り場から出発！

Map 別冊P.18-A2

台鐵の駅

「基隆市公車總站」より基隆市公車101、102、109、新北市公車791バスで約20分（15元）、「正濱路口」下車徒歩1分

基隆名物 焼きたてちくわで朝おやつ

家族でちくわを手作り。焼きたて1本25元

B 9:20

フワフワでいい香り♡

今に受け継がれる日本発のちくわ

涂大手工碳烤吉古拉

トゥーダーショウゴンタンカオジーグーラー

「吉古拉」（ジーグーラー）は新鮮な魚のすり身を炭火で焼き上げた焼きちくわ。香ばしくてモチモチの食感をぜひ味わいたい。

Map 別冊P.18-A1 基隆

基隆市中正區正濱路27號 0910-173-800 7:00～11:00 休月・火、旧正月 料25元～ Card 不可 交「正濱路口」下車すぐ URL www.facebook.com/chikuwa.27.tu

プチぼうけん3 新旧が同居する港町「基隆」

徒歩すぐ

カラフルハウス撮影ポイント

C 9:30

人気のビューポイント

正濱漁港觀景台

チョンビンユィガン グアンジンタイ

正濱漁港の色彩屋（カラフルハウス、P.30上の写真）の撮影スポット。停泊する漁船を入れて雰囲気ある写真を撮ろう。

徒歩約15分

園内のカフェ「藍食」で基隆のシーフードを

タクシー約10分

基隆嶼が見えるね～

奇岩を見られる自然公園

D 10:00

海を見ながら散策を

和平島地質公園

フーピンダオディーヂーゴンユエン

「キノコ岩」と呼ばれる奇岩や海蝕による「千畳敷」が見られる自然公園。園内の海水プールも人気。

Map 別冊P.18-A1 基隆

基隆市中正區平一路360號 02-2463-5452 5～10月8:00～19:00、11月～4月～18:00 休無休 ※悪天候時は休業 料120元 Card J.M.V. 交基隆市公車101、102、205、802バスで「和平島公園」下車徒歩約6分 URL www.hpigeopark.org

E 11:30

基隆の海産物を調味料に

心干寶貝

シンガンバオベイ

基隆近海で取れるヤリイカ（小巻）やとびこのうま味が凝縮した調味料。ヤミツキになるおいしさ。

名物 とびこ入りXO醬をゲット

基隆みやげにどうぞ！

Map 別冊P.18-B1 基隆

基隆市中正區北寧路311-5號B1 02-2469-2107 10:00～18:00 休旧正月 Card J.M.V. 交基隆市公車103、新北市公車791バスで「八斗子」下車徒歩約1分 URL www.tst868.com.tw

漁期が短いトビウオの魚卵と貝柱のXO醬450元

小巻の漁期は4～11月。弾力あるイカ380元

試食OK。おつまみやご飯のおかずになるほか、万能調味料にも

港を眺めながら小休止
風が気持ちいい！

🚌「八斗子」より基隆市公車103、新北市公車791バスで約10分（15元）、「中正路正濱路口」下車徒歩約2分

ちくわのせカレー風味パイ（180元）

F 12:30

カラフルハウスの一角のカフェ

圖們咖啡
トゥーメンカーフェイ

漁港に面したカフェ。基隆名物ちくわのパイ（吉古拉咖哩鹹派）も人気。窓際の席を確保して。

抹茶アイスとパイ生地の抹茶燒餅冰淇淋150元でクールダウン

Map 別冊P.18-A1 基隆

基隆市中正區中正路551號 ☎02-2462-8727 ⏰11:00～18:00 休木、旧正月 料100元～ Card不可 席30 交📍「中正路正濱路口」下車徒歩約2分 URL www.instagram.com/tuman.coffee.kel

🚌「中正路正濱路口」より基隆市公車101、104、新北市公車791バスで約10分（15元）、「基隆市公車總站」下車すぐ

駅前の見どころチェック

高台から基隆港を望む
安全と平和を見守るわ

タクシー約5分

G 13:45

憩いの広場でリラックス

海洋廣場
ハイヤングアンチャン

基隆港に面した駅前の広場。1934年完成の歴史的建造物「海港大樓」にも接する。市内には日本家屋も点在、探してみて。

車窓から見える日本統治時代の建物

Map 別冊P.18-A2 基隆

基隆市仁愛區忠一路 ⏰24時間 休無休 料無料 交「基隆車站」より徒歩約1分

H 14:15

港を見守る観音像

中正公園
ヂョンヂェンゴンユエン

港を見下ろす丘の公園。頂上に立つ観音像は高さ22.5mで町のシンボル。

Map 別冊P.18-B2 基隆

基隆市中正區壽山路 ⏰24時間（大佛禪寺5:00～18:00） 休無休 料無料 交📍基隆市公車107、202、203、204、205バスで「衛生福利部基隆醫院」下車徒歩約10分

OR

圓通寶殿で参拝を

仏像が彫られている洞窟内。ひとりしかとおれない場所もある

I 14:15

海蝕洞の寺院

仙洞巖
シエントンイエン

奥行き約80mの洞窟寺院。清朝時代から菩薩像などを祀る。今も参拝客が絶えない。

Map 別冊P.18-A1 基隆

基隆市中山區仁愛街1號 ⏰8:00～16:00 休無休 料無料 交📍基隆市公車301、302、304バスで「仙洞巖」下車すぐ

タクシー約10分

徒歩約7分

タクシー約10分

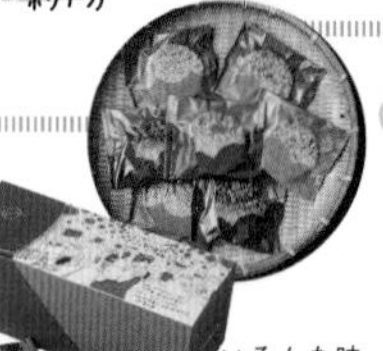
地元の愛され銘菓をおみやげに
冷やしてもおいしいよ

いろんな味の基隆版おこし。1個から買える（28元～）

J 15:30

創業50年以上

泉利米香
チュアンリーミーシアン

甘い味やしょっぱい味のおこしは基隆みやげの定番。棒状のおこしもあっておやつにもぴったり。

Map 別冊P.18-B2 基隆

基隆市信義區信二路219號 ☎02-2423-1698 ⏰9:00～21:00 休無休 料28元～ Card J.M.V. 交📍基隆市公車107、202、203、204、205バスで「衛生福利部基隆醫院」下車すぐ URL ricecookie.com.tw

富狗橋。田寮河に架かる橋には十二支の名前が。各橋も人気の撮影場所

徒歩約10分

K 16:30

レトロな映えカフェ♡

香港スタイルのオシャレカフェ

曙。初見咖啡X暮。相見酒廊

シュー　チュージエンカーフェイ　ムー　シアンジエンジョウラン

香港から来た女性に店主がひと目惚れ。そんな甘い物語のあるカフェで香港スイーツやドリンクをいただこう。

味のある港町に来てね

Map 別冊P.18-A2 基隆

基隆市仁愛區愛一路103之1 2F 02-2427-1882 13:00～22:00、金～24:00、土12:30～24:00、日12:30～22:00（バー「暮。相見酒廊」の営業は金～日のみ）休 火、旧正月 料 200元～ Card 不可 席 20 交「基隆車站」より徒歩約7分 URL www.facebook.com/chujiancafe

ドリンク各種200元、タルト100元。アルコールは350元～

プチぼうけん3

新旧が同居する港町「基隆」

最後は名物美食夜市へGO!

何食べよう迷うなあ～

徒歩約6分

L 18:00

ご当地グルメの宝庫

廟口夜市

ミアオコウイエシー

歴史ある廟「奠濟宮」の前で発展した、台湾有数のグルメ夜市。愛三路から愛四路の間の仁三路沿いに70軒ほどの屋台が並ぶ。台湾名物のほか、日本統治時代に普及した練り物や中国の福建料理などを食べ歩こう。

Map 別冊P.18-A2 基隆

基隆市仁愛區仁三路 12:00頃～翌1:00頃 休 旧正月 Card 不可 交「基隆車站」より徒歩約10分

1873年建立、基隆で最大の廟。せっかくなので参拝してみて

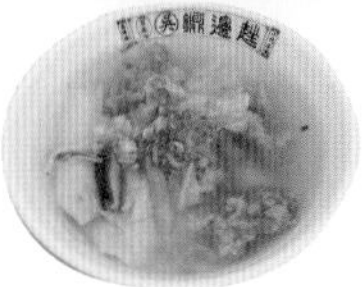

No.27-2 吳家
鼎邊趖 65元
廟口夜市の名物。米粉の薄い麺入りスープ

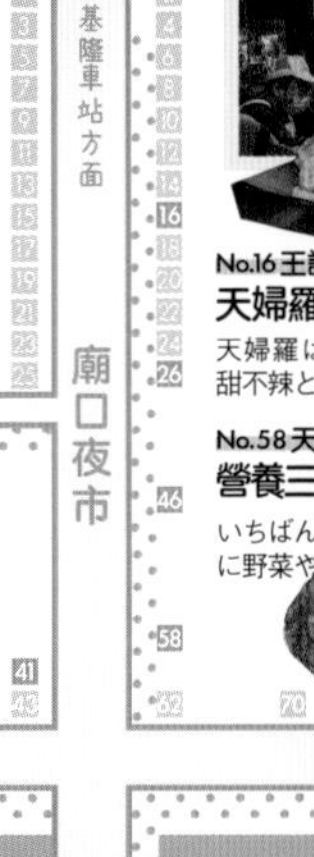

No.41 陳記
泡泡冰 50元
かき氷とシロップをミックスした名物アイス

シーフード入りで美味

No.16 王記
天婦羅 40元
天婦羅は揚げた練り物。甜不辣と書くこともある

No.58 天盛舖
營養三明治 60元
いちばん人気！ 揚げパンに野菜や煮卵を挟んで

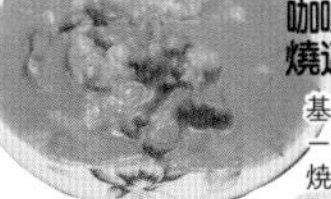

No.26 豆簽焿
豆簽焿 75元
基隆名物。黒目豆から作る麺をとろみスープで

No.46 珠記咖哩飯
咖哩飯 70元
燒邁 30元
基隆っこはカレー味が大好き。焼売も一緒に

\1食500円+α！/ 安うま台湾グルメを24時間で制覇しちゃお！

安くておいしいローカルフードがあふれる町、台北。予算1食500円前後でお腹もお財布も大満足。コスパ最強の台湾グルメをあれこれ食べてみよう！

TOTAL 12時間～

食べまくり1DAYプラン

オススメ時間 24時間　予算 150元～

おなかをすかせて食べ歩こう

いろいろ食べたい気持ちとおなか具合を考えて、食べ歩いてみて。完食できないときは無理せずに。2人以上なら、シェアするのもおすすめ。

これだけ食べれば大満足！ローカルB級グルメ巡り

台北っこが足繁く通う地元で評判の安うまグルメ。朝から晩まで滞在中に食べ尽くそう！

Start 9:00 朝イチはつみれと春雨スープでほっこり

80元
ローカル度☆☆☆
ボリューム☆☆☆

エビの殻ベースのスープで食べる春雨。春雨だけ、つみれスープだけも選べる

芹菜（セロリ）& 蔥（ネギ）

魚丸（つみれ）

冬粉（春雨）

仁愛魚丸冬粉
レンアイユィワンドンフェン

50年近くつみれと春雨スープを売る小さな店。薄い塩味スープは黒胡椒がアクセント、自家製辣菜を加えて食べるのが定番。

Map 別冊P.12-A2 信義イースト

大安區復興南路一段340巷32號　☎2702-3322　営5:30～14:00　休無休　料50元～　Card不可　席15　交MRT淡水信義線・文湖線「大安」站1番出口より徒歩約4分

自家製辣菜（辛いキャベツ）

MRT約10分＋徒歩約15分

10:00 デザートはヘルシーな手作り豆花

45元
ローカル度☆☆☆
ボリューム☆☆☆

豆花は3種類のトッピングを選ぶ。ホットかアイスも選べる

阿斌芋圓
アビンユィユエン

豆花のトッピングは店主の林さんが毎日手作り。シンプルだからこそていねいに作られていておいしいと、評判の店。

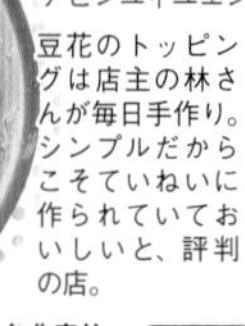

Map 別冊P.17-C1 台北車站周辺

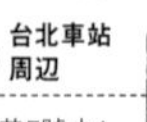

大同區長安西路220巷5號之1　☎2555-6079　営10:00～15:30　休日、旧正月　料45元　Card不可　席10　交MRT淡水信義線・板南線「台北車站」站台北地下街Y15出口より徒歩約3分

MRT約9分＋徒歩約10分

MRT約6分＋徒歩約15分

12:00 四川ワンタン&あえ麺の辛うまランチ

宜賓の名物「燃麵」は汁なし麺65元。味の決め手は芽菜（漬物）！

70元
ローカル度☆☆☆
ボリューム☆☆☆

辛い油で食べる手作りワンタン「紅油抄手」。ツルっと食べられる

天府麵庄
ティエンフーミエンヂュアン

四川省宜賓の味を提供。香り高い辛い油の自家製紅油やショウガを効かせた白油、厳選した花椒を使う庶民的な四川料理店。

Map 別冊P.12-B2 信義イースト

大安區光復南路290巷51號　☎2721-7846　営11:30～14:00、17:30～20:00（売り切れ次第）　休月、旧正月　料60元～　Card不可　席17　交MRT板南線「國父紀念館」站2番出口より徒歩約4分

テイクアウトします 外帶（ワイダイ）

ここで食べます 內用（ネイヨン）

or 12:00 ボリューミーな絶品ローストガチョウのせご飯

150元
ローカル度☆☆☆
ボリューム☆☆☆

家鴻燒鵝
ジアホンシャオア

ローストガチョウのほか、広東式燒味（ローストした味付き肉類）の専門店。焼き窯併設で本格的な味が食べられる人気店。

Map 別冊P.7-D2 台北車站北部

中山區興安街53-4號　☎2518-1802　営11:00～20:30　休無休　料100元～　Card不可　席50　交MRT松山新店線・文湖線「南京復興」站1番出口より徒歩約5分　URL www.facebook.com/SiuMeiXingan

タクシー約10分

14:00 デカ盛りかき氷でクールダウン

永吉店は → P.112

65元
ローカル度☆☆☆
ボリューム☆☆☆

大方冰品（光復店）
ダーファンビンピン　グアンフーディエン

かき氷のトッピングの量が多いことで人気。冬期は温かいスイーツにメニューチェンジ。

Map 別冊P.5-D3 台北市街図

信義區信義路六段99號 ☎2726-0558 11:00～22:30 休旧正月 料50元～ Card不可 席15 交MRT板南線「永春」站4番出口より徒歩約8分 URL www.facebook.com/dafun1988

愛文マンゴーの旬のみ登場（5月後半～8月後半が目安）。160元

1～4種類のトッピングを指さして選ぶ。65元

タクシー約10分

タロイモあん

サツマイモあん

55元
ローカル度☆☆☆
ボリューム☆☆☆

16:00 台湾産野菜あんの人形焼

犬首燒 チュアンショウシャオ

犬の顔の形をした人形焼。あんに台湾産野菜を使う。おやつにちょうどいい。

Map 別冊P.8-B3 松山區

松山區南京東路五段23巷6弄1-1號 ☎0972-818867 月・火・木14:00～19:30、水・金11:30～、土13:30～18:30、日13:00～17:00 休日、旧正月 料55元～ Card不可 交MRT松山新店線「南京三民」站1番出口より徒歩約3分

大腸包小腸はご飯でソーセージを挟んだB級スナック

プチぼうけん 4

安うま台湾グルメを24時間で制覇！

21:00 ラス2はハズせない夜市グルメを食べまくり！

夜市の定番、蚵仔煎（カキ入りオムレツ）。プリプリのカキがゴロゴロ入って激うま！

80元～
ローカル度☆☆☆
ボリューム☆☆☆

寧夏夜市 → P.102

満腹！ 吃飽了！（チーバオラ）

MRT約10分＋徒歩約15分

or

タクシー約8分

MRT「雙連」站より徒歩約8分

MRT「北門」站より徒歩約5分

18:30 魯肉飯＆おかずで夜定食

魯肉飯（小）35元にスープ、おかずなど合わせても600円以下！

125元
ローカル度☆☆☆
ボリューム☆☆☆

北北車魯肉飯
ベイベイチェールーロウファン

女子も入りやすい魯肉飯の専門店。味も定評あり。小さいポーションのスープやおかずもあって、利用しやすい。

Map 別冊P.17-D1 台北車站周辺

中正區公園路20巷21號 ☎0970-316-948 11:30～20:30 休日、旧正月 料35元～ Card不可 席14 交MRT淡水信義線・板南線「台北車站」站M6番出口より徒歩約3分

惣菜も手作りしていますよ～

タクシーも活用してね

小管的店
シアオグアンダディエン

ツツイカ目の幼体「小管」を使う汁ビーフンやおじやの専門店。イカのうまみを存分に堪能できる。

Map 別冊P.13-D2 信義イースト

信義區虎林街164巷9號 ☎0983-289-737 17:30～20:30 休日・祝、旧正月 料55元～ Card不可 席24 交MRT板南線「永春」站4番出口より徒歩約3分

18:30 イカのうまみのパンチにノックダウン！

130元（小）
ローカル度☆☆☆
ボリューム☆☆☆

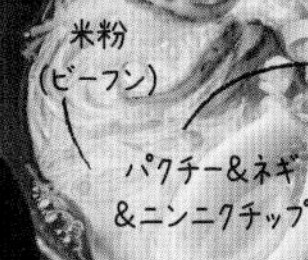

米粉（ビーフン）

パクチー＆ネギ＆ニンニクチップ

イカ

辛味ラードを加えて自分好みの辛さで食べる。スープと麺のバランスが◎

Goal!

辛味ラード

高菜漬

牛スジ肉

23:00 シメは台湾名物牛肉麺

100元（小）
ローカル度☆☆☆
ボリューム☆☆☆

富宏牛肉麵
フーホンニォウロウミエン

コスパが最高と、地元の人もイチオシの24時間営業の牛肉麺。絶妙なスープの濃さはヤミツキに。

Map 別冊P.10-A1 西門町

萬華區洛陽街67-69號 ☎2371-3028 24時間 休無休 料50元～ Card不可 席30 交MRT松山新店線「北門」站1番出口より徒歩約5分

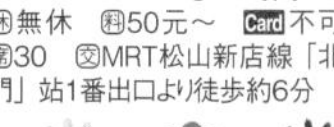

プチぼうけん 5

レトロ♥かわいいオールドタウン 進化し続ける「大稲埕(ダーダオチェン)」にGO！

ステキな町だワン！

台北市西部、淡水河に沿って広がる「大稲埕」は、老舗が集う迪化街を含む歴史あるエリア。古い建物をリノベーションしたショップやレストランが次々と生まれ、進化が止まらない！

迪化街商圏

Hottest RetroTown

迪化街のシンボル的存在

レトロビルはフォトジェニック

お買い物が楽しい

迪化街は毎日にぎやか

慈聖宮の境内でランチを

Dadaocheng

迪化街最古の建物は茶葉店

雑貨店も数多い

SNS映えする町ね！

夕暮れ時の淡水河♥

MRT北門站から大橋頭站へ迪化街メインストリートを北上しよっ♪

古いビルをリノベ〜ションし、カフェや雑貨店などが次々と開店。迪化街を含む大稲埕エリアはますますレトロかわいく進化中。MRT北門站から徒歩6分ほど、迪化街のメインストリートをMRT大橋頭站に向かって北上するコースは、魅力的なスポットがいっぱい。お気に入りが必ず見つかる大稲埕さんぽにGO！

大稲埕てくてくプラン

TOTAL 4時間〜

オススメ時間 13:00 〜

予算 お買い物次第

MRT北門站から大橋頭站へ

女子ゴコロを魅了する雑貨店やカフェを訪ねて南から北へてくてく。昼過ぎからサンセットまでおさんぽしましょ♪

「大稲埕」とは？

100年以上前、ここで稲籾を干したことから「大稲埕」に。清代末期〜日本統治時代には淡水河畔が貿易港として繁栄。1885年以降に外国人居住地が設置され、洋館や領事館が建てられた。日本統治時代には、茶葉や乾物、漢方薬材・布地の問屋街として栄え、現在もそのにぎわいを伝えている。

1936年創立の手作り靴店

A 小花園 シャオホアユエン

シューズ

1936年に上海で創立、1949年に台湾で開業。台湾の職人が作る靴は、中敷きを入れて歩きやすく改良。かわいいだけではなく実用性も高い。

Map 別冊P.14-A3 大稲埕

大同區南京西路237號 ☎2555-8468 ◷9:30～19:00 休旧暦大晦日 Card J.M.V. 交MRT松山新店線「北門」站3番出口より徒歩約6分 URL www.garden1936.com

1. デザインは多彩 2. 靴、スリッパ各1090元 3. 刺繍入りバッグ180元、2つで300元

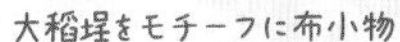

大稲埕をモチーフに布小物

B BUWU布物設計 ブーウーシェージー

バッグ

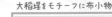

台湾女子ふたりが布の段階からデザイン。大稲埕をモチーフにデザインした柄の布を使ったポーチやバッグなどが豊富。

Map 別冊P.14-A3 大稲埕

大同區迪化街一段32巷2號2樓 ☎2552-6129 ◷11:00～18:00、土10:30～ 休月、火、水、旧暦大晦日から5日間 Card J.M.V. 交MRT松山新店線「北門」站3番出口より徒歩約7分 URL buwudesign.format.com

プチぼうけん5

進化し続ける「大稲埕」にGO！

1. 人気No.1のバッグ1380元 2. 小銭入れ各220元 3. 帽子1480元 4. 餃子型ポーチ各490元 5. カラフルな商品が多数 6. ティッシュケース690元

おさんぽサイコー！

A B シアオイーチェン 小藝埕 D E

南京西路 ←MRT北門站 迪化街一段

C

タイペイシアハイチェンホアンミアオ 台北霞海城隍廟 →P.49

1. 3階には仕立て屋さんが 2. 2階では花布雑貨も

台湾最大級の布市場

C 永樂市場 ヨンラーシーチャン

雑貨

2階には生地を扱う店が数多く並ぶ。台湾花布（→P.122）はここで入手がおすすめ。1階には油飯（おこわ→P.95）の人気店も。

Map 別冊P.14-A3 大稲埕

大同區迪化街一段21号 ☎2556-8483 ◷10:00～18:00（店舗により異なる） 休日、祝、旧正月（店舗により異なる） Card J.M.V. 交MRT松山新店線「北門」站3番出口より徒歩約7分

大稲埕歩きの前に立ち寄ろう

D 大稲埕遊客中心 ダーダオチェンヨウクーヂョンシン

案内所

中国語、英語、日本語の無料パンフレットが充実。2階はレトロ喫茶風、3階はたくさんのランタンが下がる空間があり映える写真が撮れる。

Map 別冊P.14-A3 大稲埕

大同區迪化街1段44號 ☎2559-6802 ◷9:00～18:00 休旧正月 交MRT松山新店線「北門」站3番出口より徒歩約7分 URL www.travel.taipei/zh-tw/information/servicecenter

1. エリアガイドやグルメ情報などパンフが充実 2. 1階は案内所 3. ランタンが彩る3階 4. 3階は学校風コーナー

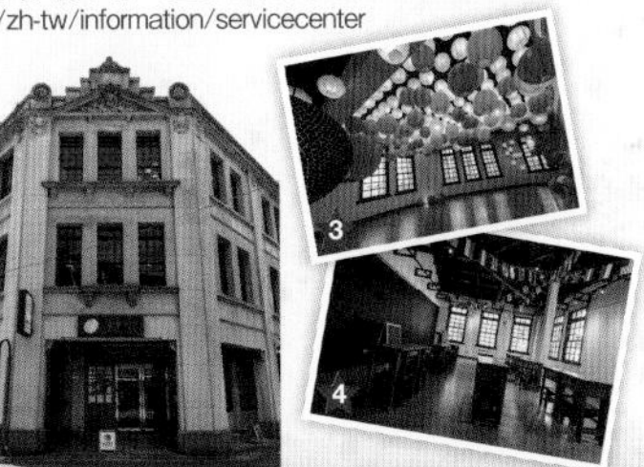

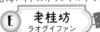

1. メモノート各100元 2. ポーチ200元 いずれも80年前の広告がモチーフ

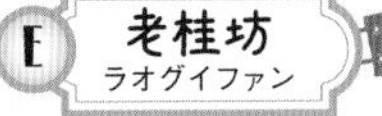

台湾メイドのオリジナルグッズ

E 老桂坊 ラオグイファン

雑貨

オーナーの祖父がコレクションしたマッチやたばこの広告などをモチーフにした雑貨は、すべて台湾製で90%がオリジナル。

Map 別冊P.14-A3 大稲埕

大同區迪化街一段46巷12號 ☎2555-9355 ◷10:00～18:00、火11:00～17:00、木13:00～17:00 休月 Card M.V. 交MRT松山新店線「北門」站3番出口より徒歩約8分 URL www.facebook.com/LauGuei/

1. お昼時は混雑するので開店と同時が狙い目　2.擔仔麺50元＋滷鴨蛋20元、祖傳肉燥飯55元、奥が黄金蝦巻200元　3.1階の客席

台南の老舗でランチ

F 度小月 ドゥシアオユエ 食堂

擔仔麵をはじめ、台南名物が味わえる。サクサクの黄金蝦巻はエビのうま味たっぷり。1、2階席のほか、店の前には屋外席もある。

Map 別冊P.14-A2 大稻埕

大同區迪化街一段112號　☎2556-6246　🕘11:30～20:30、土・日～21:30　㊡無休　Card A.J.M.V.　㊖64　🚉MRT中和新蘆線「北門」站3番出口より徒歩約10分　URL noodle1895.com/ja/

CMロケ地＆迪化街最古の建物

G 臻味茶苑 ジェンウェイチャーユエン 茶葉

福山雅治が登場し、話題を呼んだ台湾観光協会のCMが撮影されたお茶屋。迪化街最古の古建築を再生した建物は必見。

Map 別冊P.14-A2 大稻埕

大同區迪化街一段156號　☎2557-5333　🕘お昼頃～20:00頃　㊡旧正月5日間　Card A.J.M.V.　🚉MRT中和新蘆線「大橋頭」站1番出口より徒歩約11分　URL www.chen-wey.com.tw

1. 阿里山烏龍茶1000元、紅玉紅茶800元、凍頂烏龍茶800元　2.大稻埕で最古　3.お茶の試飲サービスもある

ナイロンバッグは35元～。カゴバッグもあり

台湾バッグが豊富

H 高建桶店 ガオジエントンディエン 雑貨

台湾や東南アジア各地で作られた木製品やバッグを扱っている。ナイロン製の台湾バッグが大小あり、頑丈なのでエコバッグにぴったり。

Map 別冊P.14-A2 大稻埕

大同區迪化街一段204號　☎2557-3604　🕘9:00～19:00　㊡旧正月　Card 不可　🚉MRT中和新蘆線「大橋頭」站1番出口より徒歩約10分

民生西路　←MRT北門站　迪化街一段　歸綏街

1. ティーバッグ各190元　2.庭を望むティールーム　3.レモンムースケーキ160元、シュークリーム160元（5個）　4.ティーバッグ各200元

台湾茶でチルタイム

K 迪化半日 ディーホアバンリー 茶器 カフェ

100年以上歳月を重ねてきた建物をリノベーション。入口あたりには茶器とお茶を扱うショップ、奥に台湾茶を楽しめるティールームを併設している。

Map 別冊P.14-A2 大稻埕

大同區迪化街一段133號　☎2552-8081　🕘9:30～18:00　㊡火、旧正月　Card J.M.V.（ティールームは不可）　🚉MRT中和新蘆線「大橋頭」站1番出口より徒歩約11分　URL www.dihua-halfday.com

台中の老舗が迪化街に登場

L 幸發亭蜜豆冰 シンファーティンミードウビン カフェ

招牌蜜豆冰は、店名にもなっている看板メニュー。氷はザクザクした刀削冰かふわふわの雪綿冰、いずれかをチョイスできる。
※2024年5月現在、クローズ。

Map 別冊P.14-A2 大稻埕

大同區迪化街一段196號　☎2553-7787　🕘11:30～18:30　㊡水、旧暦大晦日から4日間　Card J.M.V.　㊖68　🚉MRT中和新蘆線「大橋頭」站1番出口より徒歩約10分　URL www.facebook.com/singfating

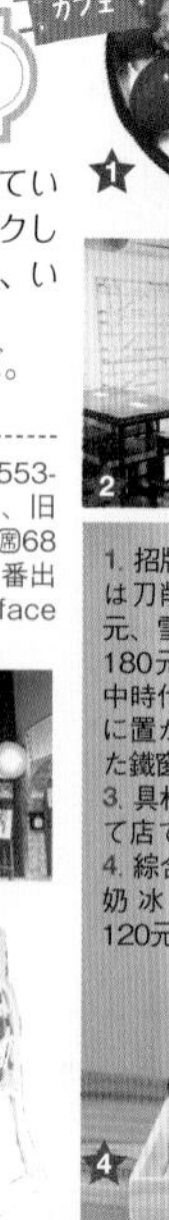

1. 招牌蜜豆冰は刀削冰150元、雪綿冰180元　2.台中時代から店に置かれていた鐵窗花　3.具材はすべて店で仕込む　4.綜合三豆牛奶冰（剉冰）120元

ドライフルーツが大充実

I 富自山中 フーヅーシャンヂョン 食品

台湾産の食材各種が揃う。なかでもおみやげに最適なマンゴーやパイナップル、グアバ、トマトなどのドライフルーツが充実している。

Map 別冊P.14-A2 大稲埕

大同區迪化街一段220號 ☎2557-8605 9:00～18:00 休日、旧正月 Card不可 日少し 交MRT中和新蘆線「大橋頭」站1番出口より徒歩約9分 URL www.fullmountain.tw

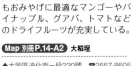

1. ジューシーな愛文ドライマンゴー230元
2. ドライグアバ160元
3. ドライトマト150元
4. ドライパイン170元
5. 手作りの黒糖140元

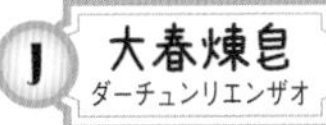

1. 大春百年石鹸は2種の植物エキスが使われている。450元 2. 肌や髪にやさしいソープが種類豊富に揃っている

ナチュラルなソープ

J 大春煉皂 ダーチュンリエンザオ 石鹸

日本統治時代に日本人が立ち上げた「大春煉皂」ブランドを引き継ぐ老舗。天然素材を使ったナチュラルな石鹸を扱っている。レトロなパッケージも◎

Map 別冊P.14-A2 大稲埕

大同區迪化街一段190號 ☎2550-0013 9:00～18:00 休旧暦大晦日から4日間 Card J.M.V. 日少し 交MRT中和新蘆線「大橋頭」站1番出口より徒歩約10分 URL www.dachuns.com

ちょっと足を延ばして

「大稲埕慈聖宮小吃街」で和みご飯

ダーダオチェンズーシェンゴンシアオチージエ

迪化街から徒歩6分ほどの慈聖宮小吃街には、台湾料理の屋台が並ぶ。料理は慈聖宮の境内にあるテーブル席で味わえる。

Map 別冊P.14-B1 大稲埕

大同區保安街49巷17號 ☎なし 8:30頃～15:00頃（店舗により異なる）休店舗により異なる Card不可 交MRT中和新蘆線「大橋頭」站2番出口より徒歩約6分

1. 粥や麺線、スープなど台湾グルメの屋台 2. テーブルは各店の指定あり 3.「阿蘭」の魩仔魚（シラス）炒飯70元

1. レトロかわいい店内 2. ティーセットは150元と手頃 3.4. 大稲埕でも老舗中の老舗

1895年創業の老舗菓子店

M 李亭香 リーティンシアン カフェ

130年近い歴史をもつ菓子店には、カフェスペースが併設されており、一日中台湾式アフタヌーンティーが楽しめる。

Map 別冊P.14-A1 大稲埕

大同區迪化街一段309號 ☎2587-8716 内線10 10:00～19:00 休旧正月1日 Card M.V. 席14 交MRT中和新蘆線「大橋頭」站1番出口より徒歩約5分 URL leetingxiang.liteshop.tw

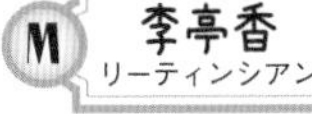

1世紀を経た建物で台湾料理を

N 稲舍Rice&Shine ダオシャー 食堂

110年前に建築された米問屋をリノベ。ひとりでも楽しめる定食スタイルの台湾料理を提供。台湾産の米を店で毎日精米している。

Map 別冊P.14-A1 大稲埕

大同區迪化街一段329號 ☎2550-6607 12:00～17:00、17:30～21:00 休旧暦大晦日から4日間 サ10% Card J.M.V. 席70 交MRT中和新蘆線「大橋頭」站1番出口より徒歩約5分 URL www.ricenshine329.com

1. 紅燒肉（ナツメ入り牛頬肉の煮込み）客飯380元 2. 金沙蝦球（エビボールから揚げ）客飯380元、定食は8種類ほど 3. 中庭もある 4. 洋風れんが造りの建物

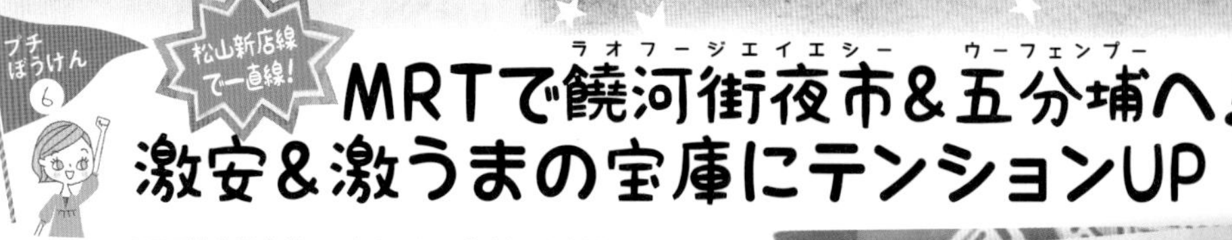

MRTで饒河街夜市（ラオフージエイエシー）&五分埔（ウーフェンプー）へ！ 激安&激うまの宝庫にテンションUP

MRT松山新店線でアクセスしやすくなった松山エリア。台北一長い饒河街夜市やファッション問屋街の五分埔へ繰り出して、にぎやかな街を散策！

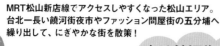

夜は饒河街夜市で口福満腹食べ歩き♪

松山慈祐宮の横から西に延びる饒河街。約600mの一直線の夜市で、道の中心と両側に屋台や店が並ぶ。食べ物から雑貨まで幅広い屋台が集結。

饒河街夜市 ラオフージエイエシー

Map 別冊P.9-D3 松山區

松山區饒河街 17:00頃～翌1:00頃 休旧正月 Card 不可 交MRT松山新店線「松山」站5番出口より徒歩約1分、台鐵「松山」車站より徒歩約3分

饒河街夜市❶から Start!

スリに気をつけてGO！

西側の八徳路四段にある門が目印

ローカル度 ★
行列度 ★★★
おすすめ度 ★½

爆漿燒烤杏鮑菇（シャオカオシンバオグー）の燒烤杏鮑菇
（小）50元、（大）100元

台湾産エリンギのグリル。エリンギに味付けしてレモンを搾って。ヘルシー！

ローカル度 ★★½
行列度 ★★½
おすすめ度 ★★½

芭樂先生のグアバジュース
50元～

台湾産グアバにレモン果汁や甘草を加えた生ジュース。ビタミン補給に

ロマンティック♪

ライトアップされた彩虹橋

見て～乗ってみる？

コイン式遊具は子どものマストアイテム

ローカル度 ★★
行列度 ★
おすすめ度 ★★

屋台のフレッシュジュース 40元～

新鮮な台湾産フルーツや野菜をその場で搾る生ジュースをゴクリ

男子もやるよ

紀老師挽臉養生名店の挽臉 250元

ローカル度 ★★★
行列度 ★★★
おすすめ度 ★½

細い糸をからめて産毛を抜く挽臉。順番待ち必至の人気店

ローカル度 ★★★
行列度 ★★½
おすすめ度 ★★★

易屋軒命理の神鳥占い 300元

詳細は…→P.145

氏名と生年月日を伝えて、占いたい項目を選択。神鳥が3枚札を選び、それを元に占う

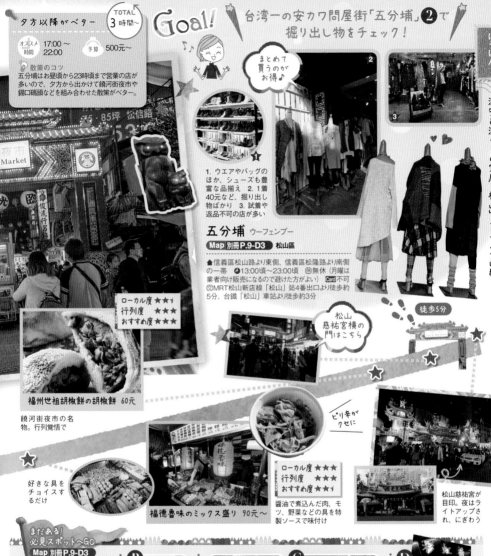

夕方以降がベター

TOTAL 3時間〜

オススメ時間 17:00〜22:00　予算 500元〜

散策のコツ
五分埔はお昼頃から23時頃まで営業の店が多いので、夕方から出かけて饒河街夜市や錫口碼頭などを組み合わせた散策がベター。

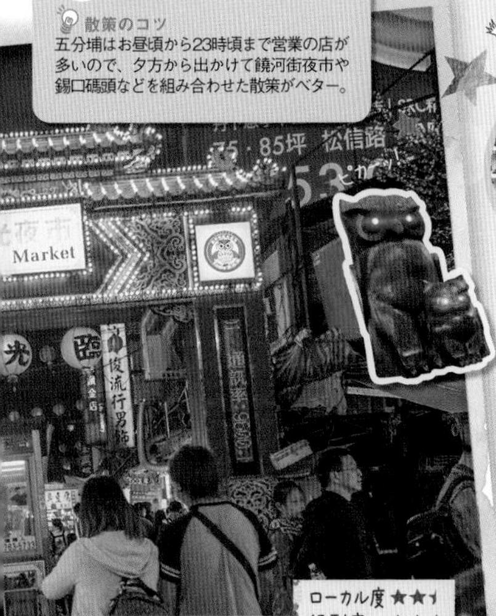

Goal! 台湾一の安カワ問屋街「五分埔」❷で掘り出し物をチェック！

まとめて買うのがお得♪

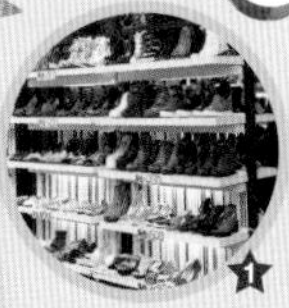

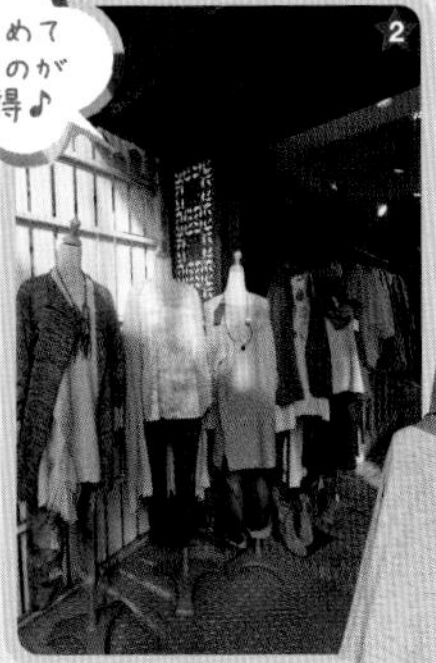

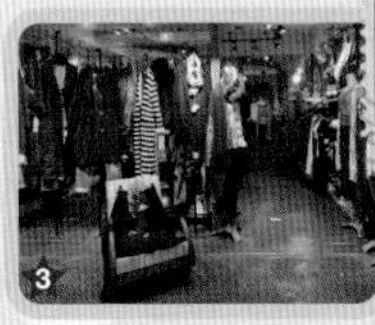

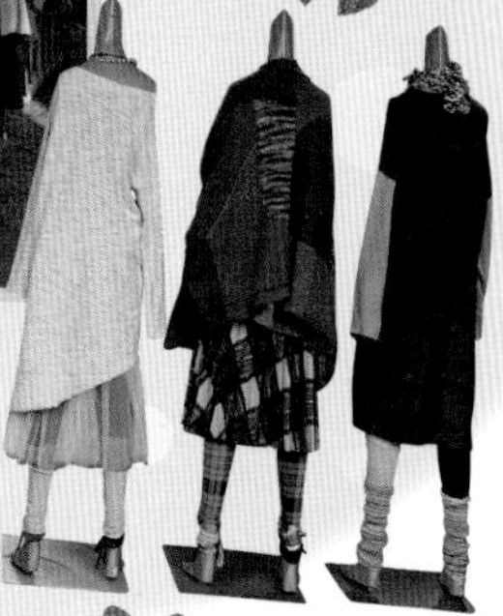

1. ウエアやバッグのほか、シューズも豊富な品揃え　2. 1着40元など、掘り出し物ばかり　3. 試着や返品不可の店が多い

五分埔 ウーフェンプー

Map 別冊P.9-D3　松山區

信義區松山路より東側、信義區松隆路より南側の一帯　13:00頃〜23:00頃　休 無休（月曜は業者向け販売になるので避けた方がよい）　Card 不可　交 MRT松山新店線「松山」站4番出口より徒歩約5分、台鐵「松山」車站より徒歩約3分

プチぼうけん 6

激安&激うまの宝庫「松山」エリアへ一直線！

ローカル度★★☆　行列度★★★　おすすめ度★★★

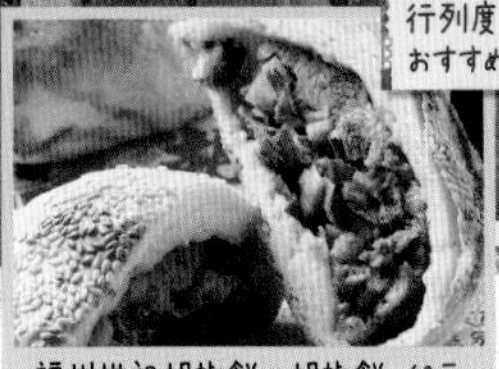

福州世祖胡椒餅の胡椒餅 60元

饒河街夜市の名物。行列覚悟で

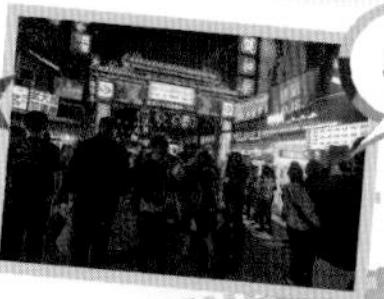

松山慈祐宮横の門はこちら

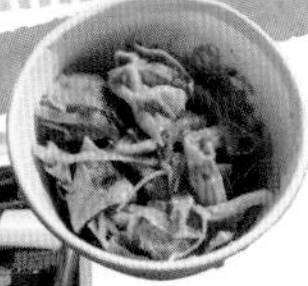

徒歩5分

ピリ辛がクセに

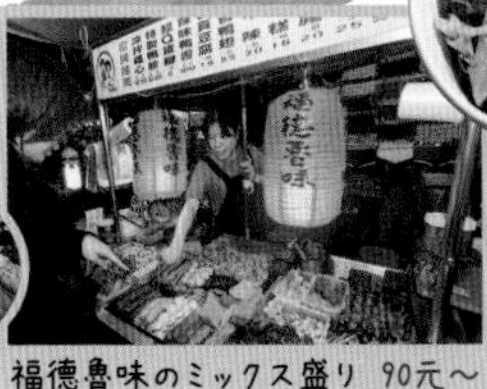

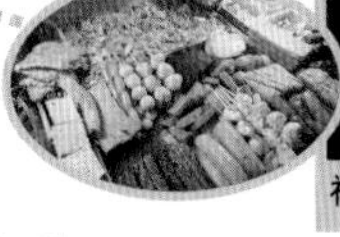

好きな具をチョイスするだけ

福徳魯味のミックス盛り 90元〜

ローカル度★★★　行列度★★★　おすすめ度★★☆

醤油で煮込んだ肉、モツ、野菜などの具を特製ソースで味付け

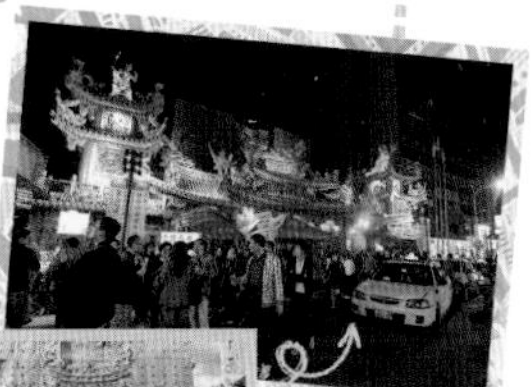

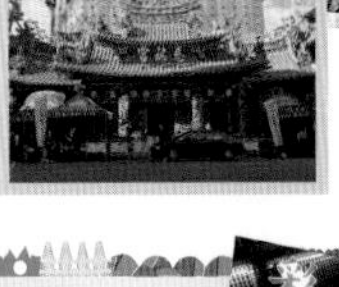

松山慈祐宮が目印。夜はライトアップされ、にぎわう

まだある！必見スポットへGO
Map 別冊P.9-D3

A

ランドマークとなった松山車站のモダンな駅舎。商業モール「CITYLINK」がある。

B

同じ地名で交流のあった愛媛県松山市より贈呈のからくり時計、祈福機械鐘。毎正時は必見！

C

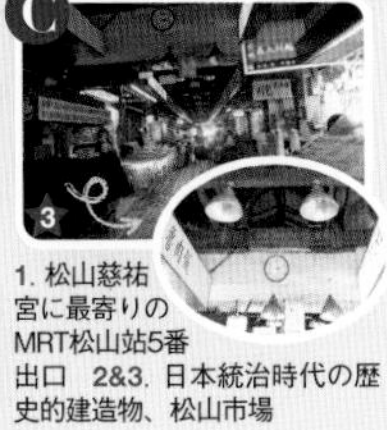

1. 松山慈祐宮に最寄りのMRT松山站5番出口　2&3. 日本統治時代の歴史的建造物、松山市場

D

遊歩道のある錫口碼頭。錫口は松山の旧名。彩虹橋もここから眺める

E

プチぼうけん 7

カメラマンのアドバイス付き

「台北101」のベスト撮影スポットはココ！象山からNo.1夜景をウオッチング☆

台北市内の絶景を撮影して写真をSNSにアップ。
ベストポジションは、標高183mの象山。
晴天に恵まれれば、美しいサンセットと夜景を堪能できる。
とびきりのナイトビューに出合えるスポットを目指そう！

カラーは日替わり♪

微風南山 48階建て

arucoカメラマンの撮影アドバイス

- スマホもコンデジもフラッシュをオフに！
- 三脚を使うと写真が1ランクアップ
- 三脚を立てる場所を確保するため、日没の1時間前には六巨石に到着しておく

★日没時間をチェック！
www.cwb.gov.tw/V7/astronomy/sunrise.htm

夕方、山登りをスタート！101の絶景にうっとり～♪

夕景から夜景へ移り変わるビューを眺めるには、日没の1時間前には撮影スポットの「六巨石」に到着しておきたい。MRT象山站から登山口までは徒歩10分程度。登山口から六巨石まで階段を上り続ける。

GO! 象山親山歩道（シアンシャンチンシャンブーダオ）の歩き方

Map 別冊P.13-D3 信義イースト

NEW! 看板
象山親山歩道 Xiangshan Hiking Trail 200m

1

MRT象山站2番出口を出る
MRT象山站の2番出口を出、前の「中強公園」沿いの道へ。

2

中強公園沿いの道をまっすぐ進む
公園に沿って8分ほど直進。突き当たったら左折する。

3

10分ほどで登山口に到着
「象山歩道」という石碑が目印。階段を上り始める。

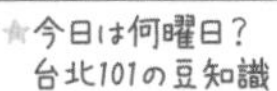

●高さ508m
●ライトはレインボーカラー
曜日によって色が変化

データは→P.156

※旧正月やクリスマスなどはスペシャルなイルミネーションに。

プチぼうけん

象山からNo.1夜景をウオッチング☆

キラキラ台北シティ

No.1夜景を激写！

ハイキングの前後に立ち寄って♪

ぷるぷるつるん 愛玉で小休止を♪

登山口前にある台湾スイーツ・愛玉の店。ツルっと食感の愛玉は、山登りの前後にぴったり。パイナップル、パッションフルーツなどの4つのテイスト。50元～。

解解渴有限公司 ジエジエクーヨウシエンゴンスー

Map 別冊P.13-D3 信義イースト

信義區信義路五段150巷22弄65號 ☎2758-3232 ⏰11:00～22:00、土9:00～21:00、日9:00～22:00 休無休 Card不可 交MRT淡水信義線「象山」站2番出口より徒歩約9分 URL www.facebook.com/mt.elephant

阿里山 野生愛玉

世界一のパンは おやつ＆おみやげに

世界一のパン職人・呉寶春氏のベーカリー。パンの世界大会で受賞した荔枝玫瑰麵包370元のほか、パイナップルケーキなどおみやげ向きスイーツもある。

呉寶春麥方店 台北信義旗艦店

ウーバオチュンマイファンディエンタイペイシンイーチージエンディエン

Map 別冊P.13-D3 信義イースト

信義區信義路五段124-126號 ☎2723-5520 ⏰10:30～20:00 休毎月中旬の木曜 Card J.M.V. 交MRT淡水信義線「象山」站2番出口より徒歩約1分 URL www.wupaochun.com

台北No.1夜景を撮影

TOTAL 3時間

オススメ時間 日没1時間前～

予算 ドリンク代程度

台北 No.1 ビューに大感動！
象山は低山なので侮りがちだが、実際登るとかなりキツイ。でもそんな辛さも吹き飛ぶ絶景が眼下に広がり、大感動！

象山に登るゾウ！

4 ひたすら階段を上る（約30分）

急な階段もあり、キツイので休憩をとりながら上ろう。

5 晴天の日は展望台が大混雑

晴天だとコース途中にある展望台が大混雑している。

6 六巨石に到着。撮影開始！

展望台から約10分、目的の六巨石に到着。撮影場所を確保！

象山登山のオキテ

- トイレは象山站か登山口近くの公衆トイレですませておこう
- 水の携帯を忘れずに
- 階段が続く。急勾配の階段もあるので足元はスニーカーで
- 夜間の下りは足元に気をつけて

プチぼうけん 8

コレを食べなきゃ帰れない!? 台湾人が愛してやまないソウルフードたち

屋台から食堂まで街にあふれる台湾フード。なかでも、台湾っこが毎日でも食べたいソウルフードを探してみた。食べれば心が和む、台湾人が愛してやまない名物フードたちを食べ比べ！

どっちにトライする？ ソウルフード対決3本勝負

漢字を見ると、直接的なネーミングが多い台湾の食べ物。クセになる臭いからうまうま肉まで、気になるフードにトライ！

台湾ソウルフードの探求　TOTAL 1時間

オススメ時間　昼〜夜　予算　100元〜

食べたいものにトライ
食堂や夜市の屋台で食べられる。脂っこいものも多いので、胃袋と相談して食べ歩きを。食べきれない場合や口に合わない場合は、無理せず、残してOK。

いったい何モノ!? おもしろネーミング対決！

VS.

どっちも食べてみた〜い

下水湯 シアシュゥイタン

チャレンジ度 レベル 4

下水！

鶏の砂肝や豚のモツのスープ。ショウガやネギを効かせて

「下水」とは、食用となる動物のモツのこと。日本人がこの文字を見るとまずは驚く。台湾では臓物は一般的な食材。ちなみに汚れた水は"汚水"

棺材板 グアンツァイバン

チャレンジ度 レベル 1

かんおけ！

台南名物。こんがりと揚げた食パンが棺桶に見えることからこの名前が。食べる時はナイフ&フォークなのもおもしろい

揚げた食パンの中をくりぬき、クリームシチューを詰めて

台湾人にとってのソウルフードとは？

台湾の小吃（軽食）は、廟や港の近くで発展した食べ物。"安い・おいしい・早い"が基本スタイル。また、先祖や神様への信仰心が篤く、家族との団らんを重んじるから、行事のたびに大人数で食べられる"うちの味"が誕生。子供の時の思い出や故郷の風景が大きく影響して、その人のソウルフードが決まるのよ。

Amberさん
イタリアで料理を勉強後、料理スタジオをオープンしたの。グルメならまかせて！

ソウルフード満喫！ 知っ得 中国語講座

「くっさ〜！」
▲好臭!
ハオチョウ

「ムリ〜！ もう食べられない」
▲我放棄了! 吃不下去
ヲーファンチーラ! チーブシアチュイ

「すっごいプルップル！」
▲Q度好高!
キウドゥーハオガオ

「少しでいいです」
▲我要一點就可以
ヲーヤオイーディエンジョウクーイー

プチぼうけん 8
台湾人が愛してやまないソウルフードたち
Battle 2
チョー強烈
クセになる!?
臭い対決!
VS.
チャレンジ度 レベル 5
炸臭豆腐 チャーチョウドウフ
臭豆腐を油で揚げたもの。甘辛醤油につけてキャベツの漬け物と一緒に食べる。噛むと鼻の奥からアンモニア臭が突き上げてくる!
くっさ~!
臭豆腐って
野菜の発酵汁(臭水)、酪酸菌や納豆菌を加えたつけ汁に豆腐を漬ける。漬けおく長さで臭みを調節。豆腐自体は発酵していない。
油で揚げれば臭いが気にならない!? いえ、臭いデス!
炸臭豆腐はトライしやすくてオススメ
陳祖平さん
週に1回は臭豆腐を食べているの。辛いスープで煮た麻辣味が超オススメ!
チャレンジ度 レベル 3
帯皮羊肉爐 ダイピーヤンロウルウ
ゴホッ!
ヤギ肉も漢方スープも食べ慣れないと臭いが気になる
帯皮羊肉はヤギ肉のこと。土羊もヤギ。ヤギ肉を漢方薬の當歸やショウガなどでじっくり煮込んだ料理。ヤギ肉や漢方の臭いが強烈
A
戴記臭豆腐專賣店 獨臭之家
ダイジーチョウドウフチュアンマイディエン ドゥーチョウヂージア
臭みレベル別の臭豆腐が食べられるから初心者でもトライしやすい。最も臭い15級はクリーム状。上の炸臭豆腐は12級(75元)。かなり臭い。
Map 別冊P.13-D1 信義イースト
信義區永吉路120巷3弄2號 2760-7661 11:30～22:00 休火、旧正月 料35元～ Card不可 席30 交MRT板南線「市政府」站4番出口より徒歩約10分
Battle 3
トリ vs.トリ
うまうま!!
肉モノ対決!
VS.
チャレンジ度 レベル 4
麻油雞 マーヨウジー
お酒とゴマ油の味が際立ち、濃厚な味。滋養強壮に最適
鶏肉を、たっぷりの酒、ゴマ油、ひねショウガ、氷砂糖で煮込んだスープ。脂っこくて濃厚な味。産後の女性の必食メニュー
チャレンジ度 レベル 2
鹽酥雞 イエンスージー
台湾式フライドチキン。鶏肉やぼんじり(鶏のしっぽの肉)、鶏皮、カリフラワーなどの野菜を一緒に油で揚げ、チリパウダーで味付けして食べる
屁股
ピーグー
ぼんじり
潘虹安さん
会社帰りに近所の屋台でよく買うのが鹽酥雞。屁股は台湾女性の大好物なの♡
台湾ソウルフードをエンジョイ!
夜市で定番のジャンクフード。ぼんじりのうま味にハマる

食べてみなきゃわからない！
チャレンジ度レベル別 必食ソウルフード20
まだまだある、台湾のソウルフード。台湾でしか食べられないものをメインにチョイス。夜市やお店で見かけたらLet's try!
大好物、臭豆腐♪
張文亭ちゃん
チャレンジ度 レベル5
やっぱり 臭豆腐 チョウドウフ
呉佳蓉さん
臭豆腐の臭みがいい香り
涼拌臭豆腐（13級）40元。臭豆腐のサラダ。臭いは強烈、食べるとブルーチーズみたい
A
清蒸臭豆腐65元。臭豆腐を蒸してからスープ仕立てに。飲み込む時にプーンとくる
A
海苔やネギで臭みを弱めて
夜市で見かける麻辣臭豆腐40元～。辛いスープで煮ているがやはり臭い。台湾では人気の味付け
夜市 →P.100
チャレンジ度 レベル4
ブタの血系
夜市 →P.100
H
豬血湯55元。豚の血のスープ。少し甘くてダシの効いたスープでニラと一緒に食べる。生臭さはなくて食べやすい。鉄分補給、代謝アップに
レバーより食べやすい
豬血糕は豚の血をもち米に入れて蒸したもので40元～。甜麺醤を塗ってピーナッツ粉やパクチーをまぶして食す。右はアヒルの血を使った鴨血糕
ブタの血って
豚は捨てるところがなく、血の一滴まで食用にされる。豚の血は静置すれば自然に固まるのでこれを切って味を調えて食べる。
G
虱目魚肚湯130元。虱目魚は閩南語で「サバ(ラ)ヒー」といい、ミルクフィッシュという小骨の多い汽水魚。台湾南部の人の大好物
チャレンジ度 レベル3
内臓系・スープ系etc
豬耳朵 チュウ アール ドゥオ 豚耳
堂安保
花干 ホア ガン 厚揚げ
太腸 ダー チャン 豚の大腸
肝腱 ガン リエン 豚のレバー
海帯 ハイ ダイ 昆布
豬舌頭 チュウ シェートウ 豚のタン
E
滷味拼盤220元～。ビタミンAや鉄分が豊富な動物の臓物を食べて栄養補給。醤油に中華スパイスを入れて煮込んだもの
四神湯75元。豚の小腸とハトムギのスープ。本来は茯苓などの漢方薬を使うが、コスト面からハトムギを代用
C
薏仁 イーレン ハトムギ
小腸 シアオチャン 小腸
モツ大好き♪
劉筱瑋さん
頭から尾まで食べられる
G
虱目魚肚粥170元。虱目魚の身は乳白色で、ほんの少し酸味を感じる味が独特。小骨はペッペッと吐き出して

チャレンジ度 レベル1~2

何かをかける系etc

肉粽65元。角煮や煮たまごの卵黄、しいたけなど具もたっぷりでボリューム大！

米粉湯もおいしいわヨ！

王さん

米粉湯（→P.85）もソウルフード。"安・旨・早"の代表食

魯肉飯30元。豚肉のそぼろかけご飯。濃厚なタレで煮たそぼろ肉がご飯にぴったりの優れもの

ピーナッツ入りで少し甘い

涼麵45元。"安・旨・早"の代表。ピーナッツソースや麺の弾力にこだわるのが台湾人気質

割包は、厄落としとして旧暦12月16日（尾牙）に食べる。家族との思い出の象徴

割包 →P.51

碗粿50元。台南名物。米粉の汁に豚肉やエビを入れて味付けしてお碗ごと蒸すだけ。朝食やおやつ的存在。甘いとろみ醤油ソースで食べる

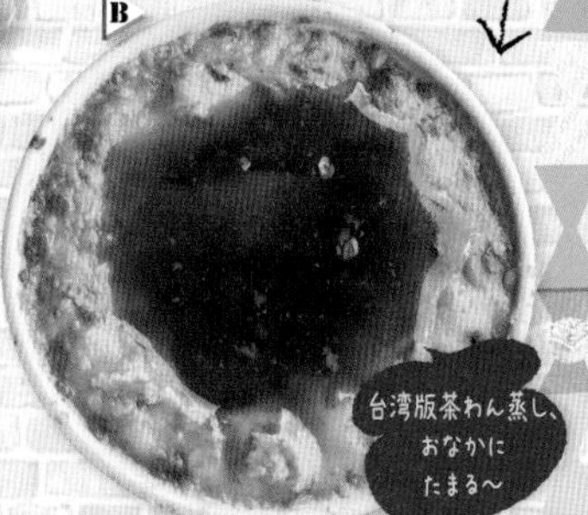

肉圓 →P.87

肉圓40元～。サツマイモ粉の皮で、味付けした豚肉や野菜のあんを包み、低温油で調理したもの

台湾版茶わん蒸し、おなかにたまる～

潤餅40元～。お正月や清明節に食べる、台湾風生春巻き。家族を思い出すソウルフード

本来は残りモノを巻いたの～

ボクは涼麵だなぁ

張さん

今ドキ事情 10代～30代のソウルフードはこんなのも

若い世代には、台湾がルーツではない、ファストフードが懐かしい味、思い出の味だったりするそう

タピオカミルクティー（→P.110）も台湾ならではの飲み物。台湾で飲まないと本当の味ではないとか

ほんのり甘い台湾のマヨネーズ。これも台湾ならではの味で、欠かせない調味料

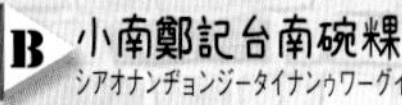

B 小南鄭記台南碗粿
シアオナンチョンジータイナンウワーグイ

Map 別冊P.16-B1 萬華

住萬華區和平西路三段174號之1號 ☎2306-0935 営10:00～21:00 休旧正月 料40元～ Card不可 席20 交MRT板南線「龍山寺」站1番出口よりすぐ

C 阿桐阿寶四神湯
アートンアーバオスーシェンタン

Map 別冊P.6-B2 台北車站北部

住大同區民生西路151-153號 ☎2557-6926 営11:00～翌5:00 休端午節の後約5日間・旧正月 料45元～ Card不可 席20 交MRT淡水信義線「雙連」站2番出口より徒歩約5分

D 三元號
サンユエンハオ

Map 別冊P.14-B3 大稻埕

住大同區重慶北路二段9-11號 ☎2558-9685 営9:00～21:00 休毎月2回（不定期）・端午節・中秋節・旧正月 料40元～ Card不可 席30 交MRT淡水信義線・松山新店線「中山」站5番出口より徒歩約10分

E 村子口
ツゥンヅコウ

Map 別冊P.12-B1 信義イースト

住松山區八德路三段12巷52弄34號 ☎2579-6455 営11:30～14:00、16:30～20:00 休土・日 料100元～ Card不可 席65 予夜は要予約（1週間前まで） 交MRT板南線「忠孝敦化」站8番出口より徒歩約5分

F 陳家涼麵
チェンジアリアンミエン

Map 別冊P.8-B3 松山區

住松山區南京東路五段123巷29號 ☎2766-0171 営6:00～翌1:30 休日 料25元～ Card不可 席20 交MRT松山新店線「南京三民」站1番出口より徒歩約3分

G 3元6虱目魚粥
サンユエンリョウシームーユィヂョウ

Map 別冊P.7-D2 台北車站北部

住中山區龍江路191號 ☎2517-1929 営9:00～20:00 休日・旧正月 料30元～ Card不可 席20 交MRT松山新店線・文湖線「南京復興」站1番出口より徒歩約5分

H 大鼎豬血湯
ダーディンヂューシュエタン

Map 別冊P.7-C1 台北車站北部

住中山區吉林路319號 ☎2586-2201 営10:30～20:30 休無休 料35元～ Card不可 席25 交MRT中和新蘆線「中山國小」站4番出口より徒歩約6分

プチぼうけん 9

ご利益別☆ 台北最強の神様詣で&開運フードで最高の幸せをGET♡

恋愛運、健康運、金運、仕事運を祈願する地元の人たちから信仰や支持を集める、台北最強のご利益別パワースポット&開運フードを紹介。台北で願掛け三昧して、幸運をGET！

神様に供えてね

開運ハッピー

TOTAL 2時間

オススメ時間 9:00〜18:00の間

予算 300元

参拝のヒント
日本語可能なボランティアがいる場合は参拝方法を尋ねてみて。混雑時はスリに注意。撮影は参拝の邪魔をしないよう。

恋愛運

龍山寺の月下老人

良縁、恋の成就を願うなら迷わず来ておくれ

まずは縁結びの神様 月下老人にお参り

月下老人ってこんな神様

月下老人（月老とも）とは、唐の時代の伝奇小説に登場する老人で縁結びの神様。運命の婚姻相手が書かれた婚姻簿と、縁のある人たちの足を結ぶための赤い糸（求紅線）をたくさん持っていた。婚姻簿に書かれた内容をもとに、夫婦になる男女の足の小指に赤い糸を結ぶのが月老の役目。月老のご神像は右手に杖を、左手に婚姻簿を持ち、長いひげとふっくらしたほっぺが特徴的。他の神様と比べると小さいサイズなのは、みんなの願いを聞いてすぐに赤い糸を結べるように低い姿勢でいる、という説もある。

月下老人の参拝方法

いち早く月老に良縁祈願をしたくても、月老に直行せずに、まずは境内の神様全員にP.49を参考にして参拝を。月老参拝後、筊杯を3回投げてイエス（表と裏）が出なかったら時機を改めて再訪しよう。

一 「私とご縁のある人とめぐり合えますように」と祈願

二 神殿にある赤い半月型の筊杯を手に取り、下に落とす

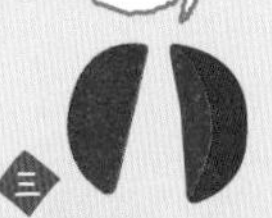

三 表と裏が出たら、一の願いが聞き届けられた証拠

3回落としても出なければまだ祈願時機ではないので次回再トライを

四 神殿前の箱の中から「求紅線」をもらい大切に持ち帰る

中国語は→別冊P.22

婚活女子の強～いミカタの三大廟へGO!

プチぼうけん

神様詣で＆開運フードで最高の幸せをGET♡

龍山寺
ロンシャンスー

恋愛と安産、最強の神様に本気の祈願

1738年建立の台北最古の仏教寺院。本尊の観世音菩薩など100体以上の神仏を有する。良縁の神「月老」と安産の神「註生娘娘」が人気。運命の赤い糸は祈願者全員もらえる。

Map 別冊P.16-B1 萬華

萬華區廣州街211號 ☎2302-5162
6:00～21:30 休無休 〔旧〕 交MRT板南線「龍山寺」站1番出口より徒歩約3分 URL www.lungshan.org.tw

占いは → P.144

参拝方法はキチンと！→P.48下

これで恋愛運アップ！

月老に祈願してゲットした赤い糸は天公爐にかざして念押し

台北霞海城隍廟
タイペイシアハイチェンホアンミアオ

既婚者にもご利益、"愛"の廟

邪気を払い天災を鎮める土地の守護神「城隍」が本尊。良縁の神「月老」のほか、浮気封じ、夫婦円満の神「城隍夫人」も祀られているので既婚者にもおすすめ。

Map 別冊P.14-A～B2 迪化街

大同區迪化街一段61號 ☎2558-0346
7:00～19:00 休無休 〔旧〕 交MRT松山新店線「北門」站3番出口より徒歩約10分 URL tpecitygod.org

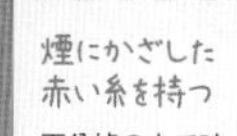

煙にかざした赤い糸を持つ

これで恋愛運アップ！

天公爐の上で時計周りに3度回して、肌身離さずにいると良縁に恵まれる

一般的な参拝方法

大気汚染を懸念して、行天宮と龍山寺では参拝時の線香使用が禁止に。線香は1本までという廟もあるので、参拝時に周囲を見て確認を。大きな廟ならボランティアがいて参拝方法を教えてくれる。

一 廟の近くでお供えの生花や金紙を購入。なくても可

二 ひざをついて神様に参拝に来たことを伝える。ひざまづかなくても可

三 女性はてのひらを上に向けて3回おじぎ。二と三をセットで3回行う

四 線香OKの参拝なら祈願しながら香炉に線香を挿す

五 二や三を省いても可。自分の素性と祈願を念じて

六 参拝後、願いがかなうかどうかを占ってみよう

籤竹占い（おみくじ）の詳細は → P.145

金運

關渡宮

グアンドゥーゴン

金運アップの神様専用ルームで祈願

1661年建立の台湾北部最古の媽祖廟。正殿の後ろにある「財神洞」の専用ルームには金運アップの各神様がズラリと鎮座して、圧巻。

Map 別冊P.4-A2 關渡

北投區知行路360號 ☎2858-1281
7:00～21:00 休無休 《日》 交MRT淡水信義線「關渡」站1番出口より徒歩約15分
URL www.kuantu.org.tw

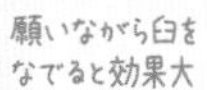

願いながら臼をなでると効果大

元寶（中国の古銭）の形に似た臼をなでて、硬貨をお賽銭するとお金がたまる

文比財神など金運アップの神が大集結

これで金運アップ!

仕事運

行天宮

シンティエンゴン

地元民の絶大な信仰を集める

主尊は三国志の英雄、關羽。信義に厚く、商売繁昌の神様"關帝"として絶大なる信仰を集める。武将としても高名で、勝負運アップにも◎。

Map 別冊P.7-C2 台北車站北部

中山區民權東路二段109號 ☎2502-7924
4:00～22:00 休無休 《日》 交MRT中和新蘆線「行天宮」站3番出口より徒歩約5分
URL www.ht.org.tw

占いは → P.144

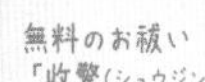

無料のお祓い「收驚(ショウジン)」

魂を呼び戻し、落ち着かせてくれる無料のお祓い。仕事の集中力アップにも

私のパワーを信じなさい

これで仕事運アップ!

健康運

大龍峒保安宮

ダーロンドンバオアンゴン

健康祈願ならここへ

1742年から存在する古刹。実在した名医が「保生大帝」として祀られている。安産や子育ての神様「註生娘娘」や「池頭夫人」なども人気。

Map 別冊P.7-C1 圓山

大同區哈密街61號 ☎2595-1676
6:00～21:00 休無休 《日》日本語ガイドあり（要予約） 交MRT淡水信義線「圓山」站2番出口より徒歩約8分 URL www.baoan.org.tw

神様のパワーグッズを着用

売店で買えるエコバッグ（120元）やお守り（60元）

健康運アップ、無病息災ならおまかせ

これで健康運アップ!

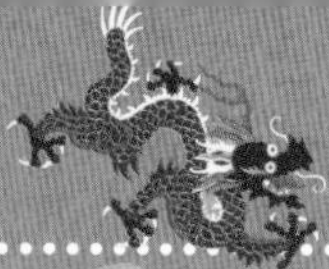

開運フードでさらに運気UP!!

プチぼうけん 9

神様詣で&開運フードで最高の幸せをGET♥

餃子（ジィアオ ズ）★餃子

元時代の通貨の形に似ていることから、財運アップの食べ物として人気。発音からは"子をもうける"意味があてられ、子孫繁栄の食べ物としても有名。

1. クロレラを皮に練りこんだ干貝水餃子5個～（1個9元）
2. 黄ニラが香る招牌水餃子5個～（1個7元）

巧之味手工水餃

チアオチーウェイショウゴンシュゥエイジアオ

水餃子の専門店

新鮮な素材で毎日手作りする水餃子は、シンプルなおいしさが評判。作るそばから売れる。モチモチ皮の水餃子を食べれば幸せ気分に！

Map 別冊P.11-C1 台北車站南部

中正區濟南路二段6號　☎2321-4693　11:00～19:00　休日、旧正月　予35元～　Card不可　日　席40　交MRT中和新蘆線・板南線「忠孝新生」站5番出口より徒歩約4分

鳳梨（フォンリー）★パイナップル

輪切りの形がお金に見える、鳳梨の台湾語の発音と、繁栄の意の単語"旺來"が似ていることから、台湾では縁起フルーツと言われる。

鳳梨酥実食対決は→P.130

1&2 パイナップル栽培の盛んな台湾。パイナップルを使った鳳梨酥も縁起モノとして贈答用に大活躍！

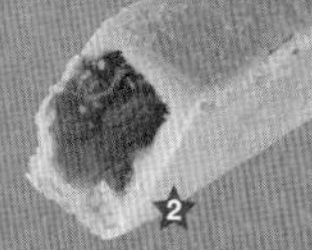

麺綫（ミエン シエン）★台湾にゅう麺

細くて長い麺綫は、"長寿"を意味している。"いつまでも健康な足""厄を蹴飛ばす"を意味する豚足をプラスして、縁起をかついで健康と開運を祈願。

1. 豬腳麺線140元。麺線はスーパーなどで30元ほど

阿水獅豬腳大王

アーシュゥエイシーヂュージアオダーワン

健康と長寿を願って食べる豚足

1970年、台中で創業。煮込み用の鍋には、創業以来継ぎ足され続けたタレと豚足が山盛り。

※2024年5月現在、クローズ。

大安區忠孝東路四段235-1號　☎2752-1997　10:00～20:00　休旧正月　予100元～　Card不可　席70　交MRT板南線「忠孝敦化」站2番出口より徒歩約5分　URL www.assfood.com.tw

割包（グアバオ）★中華バーガー

口の形に見える割包には1年の悪運を食べるという意味がある。台湾では毎年旧暦12月16日に食べて厄を落とし、新年の運気アップを祈る習わしがある。

萬福號

ワンフーハオ

台湾式ハンバーガー

味がしみて軟らかい豚肉が美味。60元

80年以上の歴史をもつ老舗。豚バラ肉を丸一日寝かせて熟成させ、脂のうま味を最大限に引き出してから煮込む。香草やピーナッツ粉を挟んで食べる。

Map 別冊P.14-B3 大稻埕

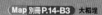

大同區重慶北路二段29號　☎2556-1244　10:00～14:30、15:30～19:30　休不定休　予60元～　Card不可　席30　交MRT淡水信義線・松山新店線「中山」站5番出口より徒歩約10分

粽子（ゾンヅ）★台湾チマキ

端午節に食べることで一家団らんの象徴とされているチマキ。魔除けの意味もあり、転じて円満を願う気持ちも込められている。"家庭の味"がわかる食べ物。

府城肉粽

フーチョンロウゾン

一個のボリューム大の肉入りチマキ

セルフサービスで簡単な日本語も通じる。目の前で作っているので指さし注文でもOK。肉粽80元。

Map 別冊P.16-A2 西門町

萬華區西寧南路84號　☎2389-3233　11:00～翌2:00　休無休　Card不可　席25　交MRT板南線・松山新店線「西門」站1番出口より徒歩約4分

蘿蔔（ルオボーガオ）★台湾ダイコン

台湾語での大根"菜頭"が、幸先のいいという単語"彩頭"に発音が似ている。大根餅を食べて運気アップ！

味鼎

ウェイディン

データは→P.89

Love & Happyに効く！

開運アイテムもチェック

パワーストーンブレスレットや縁起物の開運アイテムを身につけて、運気アップを後押ししちゃおう。

→P.118

紅豆湯圓（ホンドウタンユエン）

丸い形の食べ物は"円満""団らん"を意味する縁起フード。おいしくいただいて、開運を。

三六食粑

サンリォウシーバー

丸い形の食べ物も縁起モノ

Map 別冊P.16-B1 萬華

萬華區三水街92號　☎2306-3765　8:30～21:30　休旧暦大晦日から4日間　予45元～　Card不可　席20　交MRT板南線「龍山寺」站1番出口より徒歩約2分

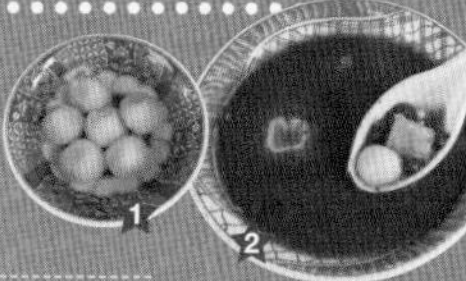
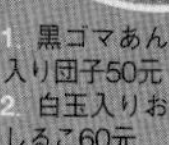

1. 黒ゴマあん入り団子50元
2. 白玉入りおしるこ60元

プチぼうけん 10

一期一会あふれるマーケットでお宝探し 週末は市集(シージー)へGO

「市集」とは定期的に立つ市（マーケット）のこと。そのとき、その場所だからこそ出会える人・モノにはトキメキと発見がいっぱい！散歩がてら楽しんでみて。

ワクワクどきどきトレジャーハント！

市集が立つ、にぎわうのはおもに週末。ゆるりと見て回る一見さん、気合十分な常連さんたちに交じって見て回るだけでも楽しい。大体飲食物も売っているので、美食を味わいつつのんびり探索しよう。

マーケット巡り

TOTAL 1時間30分～

オススメ時間 土・日 9:00～15:00　予算 300元～

散策のコツ
まずは気になっているエリアをサーっと見て、目ぼしい物やブースをチェック。ただし蚤の市は一期一会なので出合ったそのときにゲットするのもあり。

真剣！
ワイワイガヤガヤ
arucoチョイスはコレ！

1・9. 魯肉飯が評判の「天佑傳統美食」 2. 通路が広くて見やすい 3・4. 謎なモノが並ぶカオス感もおもしろい！ 5. 高価な骨董も 6. レトロな陶器に夢中 7. 小腹がすいても安心 8. おじさんたちも楽しそう 10. まさに何でもアリ

左上：大同の皿2枚100元　左下：野菜柄の皿50元　右：海老柄の皿80元

バスを降りたら横断歩道から道路を渡り、駐車場を通って市集に入る。この入口が目印

福和橋　横断歩道　トイレ　市集入口　駐車場　食品エリア　蚤の市エリア　★シティバスF522「福和公園」駅

食品エリア。ここを通り抜けて蚤の市エリアへ

巨大な青空蚤の市！

福和觀光市集

フーホーグァングァンシージー

土・日 5:00～12:00

蚤の市と伝統的な食品市場が合体した巨大な市集。蚤の市エリアでは骨董や生活雑貨、本、工具、家具にお茶、釣具など多彩なものが入り混じり見ていて飽きない。平日もあるが週末の方がにぎやか。

Map 別冊P.5-C3 台北市街図

新北市永和區福和橋 5:00～12:00（ブースにより異なる） 休月 Card不可 MRT中和新蘆線「頂溪」站 1番出口より駅前の新北市シティバスF522路線（乗車無料）に乗り「福和公園」（8番目）下車徒歩約2分 URL www.facebook.com/people/福和觀光市集/100076297420549/

アクセスポイント ／MRT中和新蘆線「頂溪」站 1番出口を出て道路に向かって右手側に行くとバス停の表示板があり、ここからバスに乗車する。バスの運行時間は6:20～23:00で始発から9:00までは10分間隔で発車。バスは小さなミニバス。降車時は車内のボタンを押して意思表示を。

あっちも見よっ！

土・日 10:00〜18:00

台湾各地の農産品を販売

花博農民市集

ホアボーノンミンシージー

arucoチョイスはコレ!
おいしい麺をぜひ!
自慢のレモンとオレンジをどうぞ

左：はちみつレモン150元
中央：ドライオレンジ100元
右：パクチーヌードル220元

1. ゲームコーナーでは子供たちが大はしゃぎ！ 2. おいしそうなフードもあり食欲を誘う 3. この日は彰化特集。現地からやってきた名産品がどっさり 4. 生産者直売で果物は新鮮そのもの 5. 作り手と直接話せるのも魅力

圓山駅からすぐの花博公園が会場。産地直送の野菜やフルーツを中心に、ハチミツやコーヒーなど、豊富な台湾物産が並ぶ。雑貨やゲーム屋台なども出店。フードコートもあり、半日たっぷり楽しめる。

Map 別冊P.7-D1 圓山

中山區玉門街1號 圓山花博公園
2720-8889 土・日10:00〜18:00
Card不可 日▶少し MRT淡水信義線「圓山」站1番出口より徒歩約1分 URL www.expofarmersmarket.gov.taipei

花博公園
TAIPEI EXPO PARK

新鮮で安全な旬の農産物を農家が直売

土・日 10:00〜19:00 (日〜18:00)

希望廣場

シーワングヮンチャン

台湾行政院が主催する週末農業市。台東や雲林など台湾各地の有機野菜や果物を農家が直接運んでくる。会場では、作り手自らが販売。試食もできる。ジャムやお菓子など加工品も並ぶ。

Map 別冊P.11-C1 台北車站南部

中正區林森北路和北平東路交差處
2393-0801 土10:00〜19:00、日〜18:00 Card不可 日▶少し MRT板南線「善導寺」站1番出口より徒歩約3分 URL www.ehope.org.tw

味見してみて!
新鮮なパイナップルを食べてね!

arucoチョイスはコレ!

左：コーヒー豆入りシガール(台灣咖啡格子酥)250元 右：フレッシュパイナップル60元

1. 花蓮縣の手作り餅 2. 南投竹山からやって来た「啡坊咖啡莊園」 3・6. 旬の果物盛りだくさん 4. 朝から昼にかけてにぎわう 5. おいしそうなレンブ 7・8. 三代続くパイナップル生産者「阿美鳳梨」

市集で買い物するための豆知識

価格表示が見当たらない場合は聞いてみよう！そんなときにわかると便利なフレーズはこちら。メモに大きく書いて見せるのが通じやすいコツ。

フレーズ1	請問, 這個怎麼賣呢? チンウェン、チェゴ ゼンマ マイ ナ?	これはいくらですか?
フレーズ2	我想要這個。 ヲー シャンヤオ チェゴ	これが欲しいです。
フレーズ3	不好意思, 請幫我寫一下。 ブーハオイース、チン バン ヲー シエ イーシァ	すみません、書いていただけますか?

無理に値切らないこと！

お店の人は基本的に誠実に対応してくれるので、無理な値切りは失礼になります。たくさん買ったらお店のほうから「安くしとくよ！」と言ってくれることも。交流を楽しみつつ、周りの様子を見ながらお買い物するとベター。

猫村&台湾のナイアガラを目指して 平溪線のんびり途中下車の旅

**台北郊外を今ものんびり走るローカル線、平溪線。
渓谷をガタゴト走る電車に揺られる旅は台湾女子にも人気が高い。
沿線の見どころ、猫が待つ猴硐と十分を目指して遠足気分で出発！**

台北からのアクセス

／台鐵台北車站から自強号（特急）などで「瑞芳」車站へ（49〜76元）。自強号で所要約40分。普通電車は約1時間。「瑞芳」車站で乗り換え。平溪線は約1時間に1本。臺灣鐵路管理局HPで時刻表をチェック。URL www.railway.gov.tw

遠足気分を満喫♪

ローカル線の旅

TOTAL 8時間30分

オススメ時間 9:00〜17:30

予算 500元

アレンジのヒント
週末は観光客で電車が大混雑。1時間に1本の運行なので、途中下車する際には時刻表をしっかりチェックして。

一日周遊券で気ままな旅をスタート！

台鐵台北車站で、一日周遊券をゲット。9時台に発車する電車に乗り、平溪線への乗り継ぎ駅となる瑞芳へ。約45分後、瑞芳車站に到着。平渓線に乗り換え、1駅で猴硐站に到着。猫型の橋が駅と猫村をつなぐ。2013年には、米国CNNから「世界6大猫スポット」に選ばれている。猫と心ゆくまで遊んだら電車に乗って3つ目、十分站で下車。両脇には商店や住宅が並び、生活感にあふれている。ローカルムード漂う道を線路沿いに歩き、約30分で台湾のナイアガラ十分瀑布に到着。滝見学のあとは、駅近くの十分老街という商店街でランチ。天燈上げにトライしたら15時頃、瑞芳へ戻る電車に乗車。豊かな自然と猫に癒やされる1日をどうぞ。

1.1日乗り降り自由の「平溪・深澳雙支線一日週遊券」80元。台北車站（12番窓口）、瑞芳車站、松山車站などで販売
2.瑞芳車站ホームにある沿線案内図　3.菁桐車站は日本風の木造駅舎
4.十分では天燈上げにトライ！

ホウドン 猴硐
ルイファン 瑞芳 ←
サンディアオリン 三貂嶺
ダーホア 大華
シーフェン 十分
ワングー 望古
リンジアオ 嶺腳
ピンシー 平溪
ジントン 菁桐

待ってるニャー
世界中から猫LOVERがやって来る!

100匹以上の猫が暮らす「猴硐」へ

Map 別冊P.4-A3

駅の構内にも猫イラストやオブジェがあったり、ホームに猫がまどろんでいたり。地域に住まう猫たちは100匹以上。思わず撮影したくなる愛らしさ。

会いにきて
雑貨やお菓子など猫グッズを扱うショップも 

猫のオブジェとホンモノの猫さんがお出迎え

ニャー
ようこそ

パイナップルケーキも猫型。愛らしさに入手必須

願いをこめて天燈を上げる!

Map 別冊P.4-B3

十分の町を走り抜ける線路の脇で天燈上げにトライ。天燈の色には意味（→右コラム）があり、組み合わせも可能。扱うお店は数店あり1色150元～。

ステキな♡と出会いたい!

わたしの願い叶いますように…

自然いっぱいで楽しい!

天燈の色の意味

- …健康
- …人間関係
- …金運
- …仕事運
- …勉強
- …厄除け
- …恋愛運
- …開運

Road to 十分瀑布

Map 別冊P.4-B3

十分駅から舗装された山道を歩くこと30分ほどのハイキングで十分瀑布に到着。スニーカーなど歩きやすい靴&パンツスタイルで出かけよう。

START

ビジターセンター裏の吊り橋を渡り、10分ほどで十分瀑布に到着！ 高さ20m、幅40m。台湾3大瀑布のひとつでパワースポットとしても有名。
◷入場9:00～17:00 休旧暦大晦日 料無料

マイナスイオンを浴びてリラックス♪絶景に癒やされる～

GOAL

プチぼうけん 12

台湾No.1の名門校に潜入！國立台湾大学のキャンパスをぐるり♪

台湾の最高学府、国立台湾大学は、風格ある建築物を残すアカデミックな雰囲気満点のエリート校。広大な敷地を誇る、ちょっとした都会のオアシス。そんなキャンパスに、おじゃましちゃいま～す！

未来の台大生!?
これぞ青春！闊歩しちゃおう
農園もあるよ！
有名な台湾大学よ！

まじめな台大生の雰囲気を感じつつキャンパスを歩こう

台湾大学キャンパス巡り TOTAL 2時間～

オススメ時間 10:00～17:00
予算 100元前後

学内さんぽアドバイス
新生南路沿いにある「台大訪客中心」で無料の構内案内図「台湾大学風景スポット紹介（日本語）」をゲットすると便利。

1928年（昭和3年）の日本統治時代に、台北帝國大学として現在の場所に開校。正門から続くヤシ並木がシンボル。当時建てられた重厚な校舎も見どころのひとつ。

歴史ある校舎や広大な敷地を誇る

國立台湾大学 グオリータイワンダーシュエ

Map 別冊P.16-B2 公館

- 大安區羅斯福路四段一號 ☎3366-3366
- 7:00～21:00
- MRT松山新店線「公館」站3番出口より徒歩約2分 URL www.ntu.edu.tw、各売店情報 URL life.ntu.edu.tw

國際企業学科
楊任翔くん

散策前にココで構内案内図をゲット！（→右の地図の★印）

今日は私たちが案内します！

日本語学科
鄧 宇雯さん

日本語学科
陳 翊嫣さん

空にとけ込むヤシ並木

1 正門と椰林大道（ヤシ並木）

正門から總圖書館に続くヤシ並木は、南国風情豊かで感動モノ。学生気分で闊歩したくなる。

必見！

1. 市定古蹟にもなっている正門
2. 風水の気の流れに基づいて作られたとされるヤシ並木

中洋折衷の建築美

2 台大校史館（舊圖書館）

1929年落成、前身は舊圖書館の建物。今は台大校史館として、大学の歴史を展示している。参観自由。

日本研究中心も併設、日本語を話せる学生に遭遇しやすい

崇高な志のシンボル

3 傅鐘 釣り鐘

1950年に急逝した傅総長を偲んで作られた鐘。21時間で諸事を終えよ、という意で毎日21回鳴る。

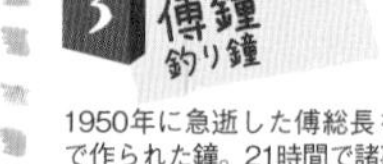

1. 傅総長の言葉「21時間で諸事を終え、残りの3時間で深く思考する」に由来する鐘 2. 至るところにある校内案内板

学生気分で利用しちゃお

4 小福樓（生協）

生協や郵便局、金興發生活百貨（→P.134）などがある。生協で買える優格霜淇淋（ヨーグルトアイス。40元）が学生に大人気。

◎生協7:30～20:00、土11:30～15:30　建物内の営業時間は店によって異なる　㊡日・祝

1. モスバーガーなどが入る　2. ヨーグルトアイスは1階の「臺大合作社」ストアで買える

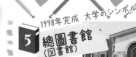

1998年完成　大学のシンボル

5 總圖書館（図書館）

図書館は地下1階、地上5階建て、蔵書数は680万冊を越える。前の広場での撮影が人気

入学＆卒業記念撮影の定番スポット

プチぼうけん 12

台湾大学のキャンパスをぐるり♪

1. 名物のひとつ、ネギ入りパン25元　2. 台大名物、濃厚な花生棒（ピーナッツアイス）20元

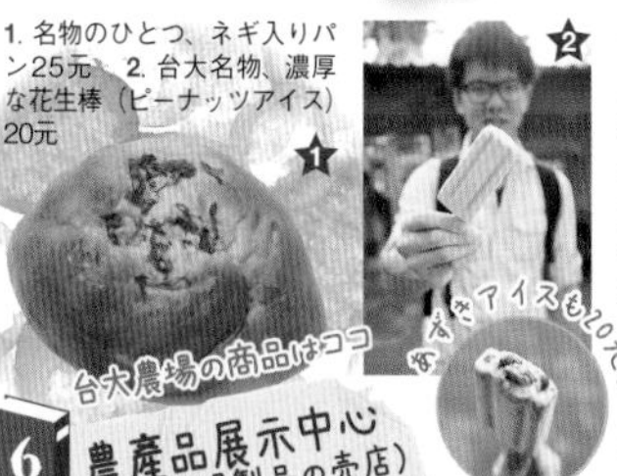

6 農產品展示中心（台大農場製品の売店）

キャンパス敷地内にある「台大農場」で作られたアイスやパン、農作物の売店。地元の人の利用も多い。

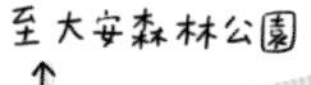

☎3366-2555　◎8:00～18:30、土・日・祝9:00～18:00

オリジナル文房具が充実

7 小小福（生協）

台大ロゴ入り文房具はここで買える。ノート30元～。おみやげにいかが？

☎3366-3292　◎7:30～20:00、土11:30～15:30　㊡日・祝

職能治療 楊立潔さん

小小福の手前にある、小木屋の鬆餅（ワッフル）45元～

小小福小吃部は屋根付き、軽食のミニフードコート

◎7:30～20:00、土11:30～15:30（営業時間は変更あり）　㊡日・祝

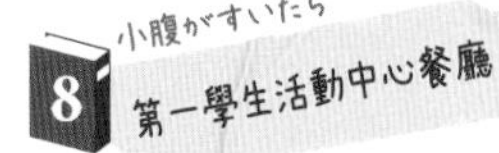

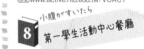

ビジターの利用も可能な食堂。一部店舗は日曜も営業

◎11:00～20:00（店舗により異なる）
URL www.active.ntu.edu.tw/VOAC1

小腹がすいたら

8 第一學生活動中心餐廳

野菜料理の「食香園素食館」や餃子の「四海遊龍」など、約70元で食べられる軽食店が集まる

★：台大訪客中心で「台湾大学風景スポット紹介」をもらおう

大学のロゴ入りアパレルやグッズの販売店「酷鎶設計×臺大綠色小屋」はここ →P.121

必見の女王頭(ニューワントウ)&自然美を堪能♪ 台湾好行バスで巡る北海岸プチトリップ

バス旅に出発！

台湾北部の海岸線には、ここでしか見られないスペシャル絶景がいっぱい。
自然美とグルメを堪能しに、潮風に吹かれて台北から日帰り旅へGO！

淡水 陽明山 金山 野柳 瑞芳 台北車站

台北からのアクセス

🚃／台北車站からMRT淡水線で終点「淡水」站下車（50元／所要約38分）。MRT淡水站前のバスターミナル Map 別冊P.19-C1 から台湾好行バス716に乗車（1日券160元、片道所要約1時間40分）。

海岸沿いを行くバス旅で絶景ハンティングに出発！

絶景スポットが点在する北海岸線を走る観光シャトルバス「台湾好行バス716」を利用して移動する。MRT淡水站からまずは野柳地質公園方面へ行き、観光しながら淡水方面に戻るコースがおすすめ。

女王頭が崩れる前に急げ〜

今すぐ見に行かなきゃ

野柳地質公園の一番人気奇岩は女王頭！

天女のサンダル岩

丸い地球岩

石門洞。青い海と砂浜が目の前に広がる

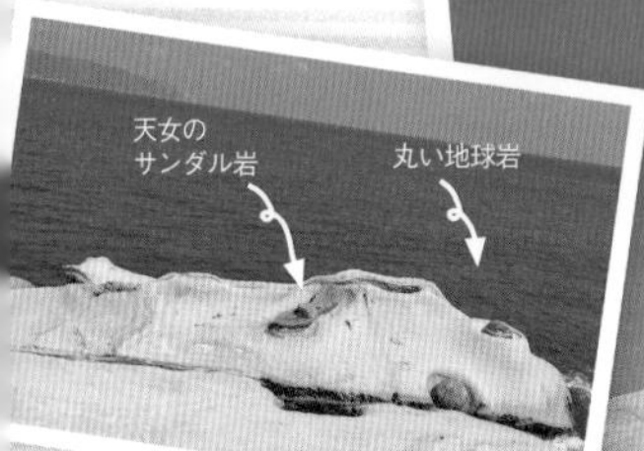

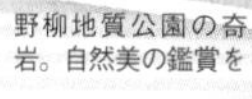

野柳地質公園の奇岩。自然美の鑑賞を

台湾好行バス716の旅

TOTAL 6時間〜

オススメ時間 9:00〜17:00　予算 500元〜

無理のないスケジュールを
台湾好行バス716の運行は6本（11〜4月の平日は運休）。路線バス（基隆客運862 URL www.csgroup-bus.com.tw）もある。バスの時刻や本数を確認してプランニングを。

老梅緑石槽。曲線の岩に藻が貼り付く風景が見られる

北海岸おさんぽ事情

絶景撮影のコツ

撮影は自由だが、野柳地質公園の女王頭の撮影には順番待ちの行列ができることも。

注意事項

夏は日差しがきついので日焼け&暑さ対策を。冬は潮風が強いので寒さ対策を。

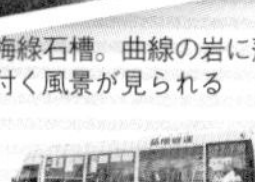

台湾好行バス利用法

指定バス停で乗降自由の1日券160元が便利。乗車時に購入（現金のみ）。乗車ごと支払うなら1段15元、MRT淡水站から野柳地質公園まで90元（現金、悠遊卡、一卡通）。休日は混雑する人気路線。

URL www.taiwantrip.com.tw
好行路線→北部→新北市→716をクリック

バス旅を楽しんで

金山老街で買えるよ

1. 1日券 2. これが専用バス停
3. 親切なバスのドライバー
4. オシャレなバス停もある
5. サツマイモの産地で食べる大学芋（約60元）

A 野柳地質公園
イエリォウディーヂーゴンユエン

地殻運動や海蝕、風蝕により長い年月が作り出した奇岩の数々。それぞれの奇岩に名前が付けられており、女王頭（P.58）などが人気。

Map 別冊P.4-A2 野柳

新北市萬里區野柳里港東路167-1號
☎2492-2016 ⏰8:00～17:00（夏季9:00～18:00）休悪天候時 料120元 Card J.M.V.
日 交台湾好行バス716「野柳地質公園」よりすぐ。基隆客運バス790、862「野柳」より徒歩約8分 URL www.ylgeopark.org.tw

静かに感動 ―― 迫力満点
秘境度 ★★★

キノコが生えてる!?

想像力を働かせて鑑賞を

夏期は日焼け＆熱中症対策を、冬期は防寒対策を。公園前の海鮮料理店で休憩もできる

バス約15分

B 金山（金包里）老街
ジンシャン（ジンバオリー）ラオジエ

静かに感動 ―― 迫力満点
秘境度 ★☆☆

ほどよい脂がのったダック

1. 北海岸エリアの繁華街、金山老街。周辺はサツマイモの産地 2. 古い家屋も残る 3. 媽祖廟前の「金包里老街鴨肉」が名物。1/4羽240元前後 Map 別冊P.4-A2

バス約18分

C 筠園
ジュンユエン

伝説の歌姫♪

1. テレサ・テンの像 2. 遺骨はここにはなく、お墓だけがある

Map 別冊P.4-A2

バス約20分

D 石門洞
シーメンドン

高さ約10mの天然海蝕洞。海沿いに遊歩道が整備されている

静かに感動 ―― 迫力満点
秘境度 ★★☆

Map 別冊P.4-A2

バス約5分

地形も不思議

E 老梅緑石槽
ラオメイリューシーツァオ

ここでしか食べられないよ

1. 台湾最北端の岬、富貴角にある奇観。3～5月の干潮時に見られる。夏～秋は藻が僅少 2&3. 特産のテングサ（石花菜）で作る寒天。黒蜜で食べる（30元～）

静かに感動 ―― 迫力満点
秘境度 ★★☆

Map 別冊P.4-A2

バス2分

F 石門婚紗廣場
シーメンフンシャーグアンチャン

1. 人気の撮影スポット 2. 向かいにある食堂「劉家」の大肉粽（豚肉入り45元～）を食べて小休止

バス2分

G 白沙灣
バイシャーワン

海水浴ならココよ

夏は海水浴場としてにぎわう。海の家やカフェで海を眺めながら休憩できる

Map 別冊P.4-A2

バス約35分

皇冠北海岸線バスルート

三芝遊客中心及名人文物館
石門婚紗廣場 F
石門洞 D
老梅緑石槽（富貴角燈塔）E
金山老街 B
淺水灣
金山遊客中心（獅頭山公園）
中山濱海路口
白沙灣（北觀風景區管理處）G
筠園 C
野柳地質公園 A
朱銘美術館
加投里
MRT「淡水」站 H

H MRT「淡水」站
ダンシュェイヂャン

1. バスの始発＆終点、MRT「淡水」站のバス停 2. 野柳方面から夕方までに淡水に戻れば、淡水散策も楽しめる

淡水→P.70

プチぼうけん 14

猫空（マオコン）ロープウェイに乗って、絶景空中散歩&お茶グルメを堪能

ロープウェイで茶畑や深緑の上の空中散歩を楽しみながら猫空へGO。猫空に着いたら自然に囲まれた茶藝館やカフェでお茶グルメ三昧！　郊外のプチ旅行を満喫しちゃおう♪

「指南宮」站下車、徒歩約5分の木柵指南宮は、道教、仏教、儒教の三教同尊の寺院

淡水　陽明山　基隆　瑞芳　九份　台北車站　猫空

日帰りプチ旅行は猫空へ　TOTAL 6時間

オススメ時間　12:00〜18:00　予算　1500元

猫空ロープウェイあれこれ
休日は行列ができる。特に夕方前後は下山する人で混雑して乗車まで時間がかかる。月曜は運休。帰りはタクシーがベター。流しは少ないので、お店で呼んでもらおう。

約30分の空中散歩♪ 猫空へ出発！

猫空の名前は、川岸などの岩石の上にできる丸い穴が、猫が引っ掻いたように見えることに由来。お茶の産地でもあり、お茶農家が始めた食堂や茶藝館が人気になって一大観光スポットに。

右線（ピンク色のバス）と左線（指南宮線、動物園線）がある

猫空の観光スポットを回る「遊園バス」もある

ロープウェイ猫空站を出るとバス停がある。右線は約15分間隔、8:30（平日9:00）〜20:00運行。左線は約60分間隔、9:00〜17:20（休日13:20〜15:50）。15元（乗り継ぎ券を車内でもらえば15元で乗り放題）。

観光スポットと最寄バス停の案内板も完備

いってらっしゃい！

猫空ロープウェイ

猫空纜車／マオコンランチェー

ナイスビューが楽しめる

麓の「動物園」站と「猫空」站の高低差275.2m、全長約4kmを約30分で結ぶ。約4台に1台は、床が透明な強化ガラスの「水晶車廂」。追加料金なしで乗車できる。

Map 別冊P.19-D1　猫空

住 文山區新光路二段8號　☎2181-2345　営9:00〜21:00、金・土・日祝前日〜22:00　休月（祝日は運行）　料動物園〜動物園南70元、動物園〜指南宮100元、動物園〜猫空120元　交MRT文湖線「動物園」站2番出口より徒歩約3分　URL www.gondola.taipei　☆猫空1DAYパス（MRT、路線バス、ロープウェイ乗り放題）350元

床がシースルー

← 水晶車廂 Crystal Cabins

水晶車廂の搭乗口は一般車両と別。眼下の急勾配も同時に楽しめる

猫駅長のMi-miだにゃ〜

茶畑の緑色にほっこりなごむ〜

絶景撮影テクニック
車窓から撮影する場合、カメラのレンズを窓に密着させて反射や映り込みをなくそう

茶畑を眺めながら絶品茶葉料理を満喫！

A 四哥の店
スーグー　ディエン

茶葉グルメのパイオニア

お茶農家の張慶得さんが約25年前に始めた、自家栽培の鉄観音茶などを料理にプラスした創作家庭料理が自慢の茶藝館。日本人に合う味付けなのも人気の理由。

Map 別冊P.19-D1 猫空

文山區指南路三段38巷33-1號2F ☎2939-2832 11:00～21:00（L.O.20:00） 休月、旧正月 料120元～ Card J.M.V. 席150 交猫空ロープウェイ「猫空」站より徒歩約10分 URL www.cctea.com.tw

茶葉料理をどうぞ

地元の鐵觀音茶などを味わって

1. 翠玉茶溪蝦（翠玉茶と川エビの唐揚げ）300元など茶葉料理が豊富　2. お茶の淹れ方レクチャー付き　3. お茶ゼリー付き台湾茶セット250元～

プチぼうけん 14 絶景空中散歩＆お茶グルメを堪能

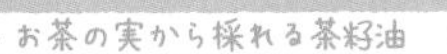

白い花のあと結実、その実を乾燥させて絞ったのが茶籽油。酸化しにくくクセもなく、食用にぴったり

テラス席からの夜景もステキ

猫空MAP

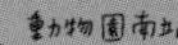

SNSでシェアしてね

B Cafe巷
カフェシアン

お茶スイーツも充実♡

猫型クッキーが大人気

自家栽培の鐵觀音茶や包種茶のソフトクリームが大人気。クリームと同じお茶の味の猫型クッキーがキュート！

Map 別冊P.19-D1 猫空

文山區指南路三段38巷33-5號 ☎2234-8637 11:00～19:30 休月～木、旧正月 料80元～ Card A.J.M.V.（1000元～） 席30 交猫空ロープウェイ「猫空」站より徒歩約10分 URL www.facebook.com/maokongcafealley

緑色が包種茶味、茶色が鐵観音茶味。各90元。お茶の風味が香ばしい

1. 倉庫を生かした店内　2. 手作りレモンケーキ150元と自家製レモネード＆エスプレッソ150元

C Ruins Coffee Roasters
ルインス　コーヒー　ロースター

廃墟をリノベしたオシャレカフェ

コーヒーと廃墟が好きなオーナーによるカフェ。こだわり焙煎のコーヒーと店内の雰囲気にファンも多い名店でもある。

Map 別冊P.19-D1 猫空

文山區木柵路三段242號 ☎2234-0024 13:00～21:00 休月 料100元～ Card 不可 席34 交MRT文湖線「木柵」站より徒歩約12分 URL www.facebook.com/RuinsCoffeeRoasters

散策して腹ごなし♪

全長3.2kmの遊歩道を散策、茶畑や自然を眺めてみよう。天気が変わりやすいので注意して

台湾料理＆中国結び プチレッスンで台湾ツウになっちゃお！

台湾ならではのカルチャーを体験したい！
arucoイチオシのレッスンへご案内

小籠包作りにトライ！

伝統台湾料理体験

台湾伝統料理、粉もの（小籠包）、小吃、台湾夜市グルメ、朝ごはん、幸せ菓子の6クラスがある。日本語対応の回もあり、レッスンは3人以上の参加で開催される。

CookInn旅人料理教室

リューレンリアオリージアオシー

Map 別冊P.17-C1 台北車站周辺

☗大同區承德路一段66號2F ☎2517-1819 ◷開催日時はHPで確認 料2200～2500元 休クラスによる Card J,V,M.（公式サイトからの予約時） 予公式サイトまたはkkday URL www.kkday.comから予約 (日▶日本語通訳用意の回あり 交MRT淡水信義線・松山新店線「中山」站6番出口より徒歩約5分 URL cookinn.tw/ja/

1. 小籠包の包み方もマスターしちゃおう 2. 自作の小籠包を手に記念撮影 3.4. 参加した人たちと作った料理を堪能。自分で作った小籠包は格別の味わい

台湾銘菓作りにチャレンジ

郭元益鳳梨酥手作り体験

1. 多国籍の旅行者と一緒に楽しくレッスン 2. みんなの手元を確認しながらパイナップルケーキを作っていく 3. 甘い香りに包まれて幸せな気持ちになれる

140年以上の歴史がある老舗菓子店が開催するレッスン。職人さんの指導で作るパイナップルケーキはおみやげとして持ち帰れる。

郭元益 グオユエンイー

Map 別冊P.5-C1 士林

☗士林區文林路546號4F ☎2838-2700 内線457 ◷レッスン時間 ①10:00～ ②14:00～ 約3時間 休日、旧暦大晦日 料参加費400元＋入場料50元 Card J.M.V. 予要予約 (日▶少し 交MRT淡水信義線「士林」站1番出口より徒歩約5分 URL www.kuos.com/museum/guide_tourist_jp.html

日本語レッスンで安心

中国結びのアクセ作り

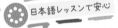

1.毎週末開催される玉市が会場 2.好みの材料を選んでブレスレットに仕上げる 3.田村さんが丁寧に指導してくれる

中国結藝講師の資格をもつ田村悦子さんが講師を務める。パワーストーンやマクラメビーズなどを使ったブレスレットの制作にチャレンジする。色の組み合わせによって個性的な作品が誕生。レッスン会場は、週末開催の「建國假日玉市」内のブース。ローカル＆ディープな台湾を感じつつレッスンを受けられる。

結美（MUSUBI）＊工房

ムスビ＊コウボウ

Map 別冊P.12-A2 信義イースト

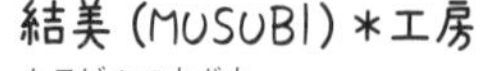

☗大安區建國南路一段仁愛路高架下 建國假日玉市345番ブース ☎0928-833-226（田村悦子さん） ◷土・日（建國假日玉市の開催日）9:00～10:30（レッスン時間約1.5時間） 料受講料1000元 Card不可 (日▶ 交MRT中和新蘆線・板南線「忠孝新生」站6番出口より徒歩約10分 予完全予約制 URL hanamusubi.ocnk.net ✉hana.f.hana@gmail.comか電話で申し込み

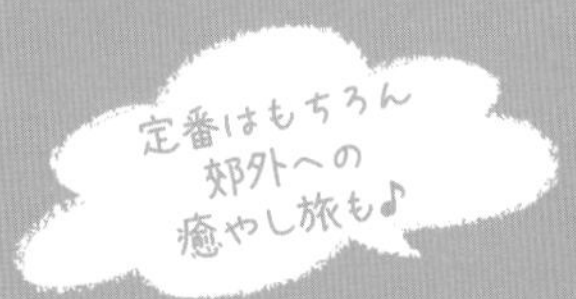

台北の魅力を120%満喫できるマストな観光スポット巡り&郊外のステキな町へGO!

MRTに乗って観光スポット・ホッピングのあとは、故宮博物院でお宝とご対面。アートにふれたら、台北シティを少し離れて、のどかな郊外へ癒やし旅。台湾愛♥がぐっと深まるステキな町へご案内♪

SIGHTSEEING

歴代皇帝の至宝とご対面!!
國立故宮博物院でお宝を鑑賞

約69万点もの膨大なコレクションを誇る國立故宮博物院。歴代皇帝が収集した名宝の数々とご対面。世界的に有名な文物をはじめ、必見のお宝を解説付きでご案内。

イナゴとキリギリス

Treasure Collection

必見のお宝はコレ!

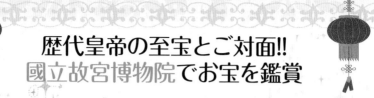

お宝Collection Best 1

翠玉白菜

原石の自然な色や形を活かして作る「巧彫」の最高傑作。高さ18.7cm、幅9.1cm。キリギリスとイナゴは、子孫繁栄の象徴。

302号室

東坡肉にそっくり!

お宝Collection Best 2

肉形石

皮と脂身、赤身の3層になった肉の質感が表現されていて、まさに東坡肉(豚の角煮)にそっくり。高さ5.73cm、幅6.6cm。

302号室

驚異的な細かさ!

お宝Collection Best 3

白磁嬰児型枕

唐代の磁器製枕。高さ18.8cm、底経31×13.2cm。日用品として使われていたと思われ、ベストを身につけた赤ん坊が愛らしい。

205号室

愛らしさにほっこり

お宝Collection Best 4

鏤彫象牙雲龍紋套球

内側から外側へ24層の球を一層ずつ彫り、浮き彫りの龍などの装飾を施している。清朝晩期の象牙工芸の代表作。

106号室

上品な色にうっとり

お宝Collection Best 5

汝窯 蓮花型溫碗

10枚の花弁が重なる蓮型の器。高さ10.4cm、口経16.2cm。メノウの粉末が加えられた汝窯の青磁器は非常に希少。

205号室

精巧なミニチュア

お宝Collection Best 6

竹絲纏枝番蓮多寶格圓盒

27点の小さな珍玩が収納されている。高さ24.5cm、畳んだ時の直径18.5cm。清代の皇帝の玩具だったとされている。

106号室

※展示室は変更になる可能性があります。

故宮博物院の公式サイトからオンラインチケットを事前購入すれば、QRコードでスピーディに入館できるのでおすすめ!(埼玉県・翠)

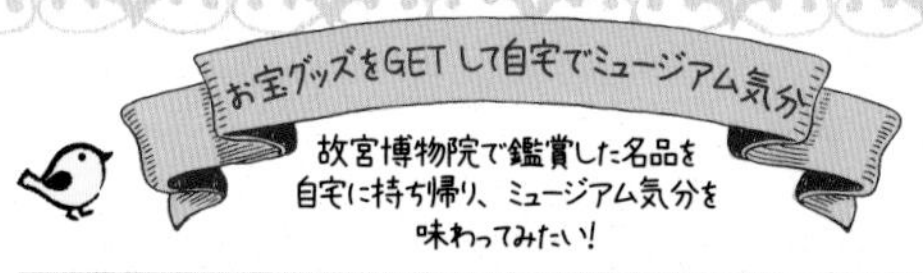

お宝グッズをGETして自宅でミュージアム気分

故宮博物院で鑑賞した名品を自宅に持ち帰り、ミュージアム気分を味わってみたい！

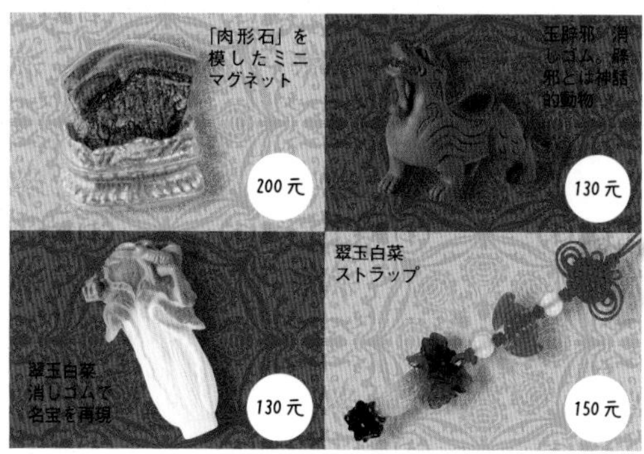

翠玉白菜消しゴムで名宝を再現

翠玉白菜ストラップ

「肉形石」を模したミニマグネット

アートなオリジナルグッズをおみやげに♪

チャイニーズレッドのポチ袋、天子愛印紅包180元

スーツケースに付けるネームタグもアートに。280元

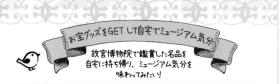

オリジナルデザインのクリアファイル。赤120元、白150元

鳥の刺繍が美しいペンケース460元はメガネ入れにも

インド刺繍柄のマステ３個セットBOX入り200元

おみやげはここで

多寶格 ドゥオバオガー

国立故宮博物院 B1 ☎2881-2021 🕘9:00～17:00 休月 CardA.D.J.M.V.

アートに触れた後は芸術的なランチを

故宮晶華 グーゴンジンホア

洗練された空間で味わう高級中華

故宮博物院に隣接した高級レストラン。故宮博物院を代表する展示物をテーマにしたメニューを提供(要予約)。ミニサイズのデザートが楽しめる多寶格御點集もおすすめ。

Map 別冊P.5-D1 台北北部

土林區至善路二段221號B2 ☎2882-9393 🕘11:30～14:30(土・日・祝11:00～15：00)、17:30～21:30 休月 料サ10% CardJ.M.V 日 《日》少し 席150 交MRT淡水信義線「士林」站よりバス紅30、255、304、815、小型バス18、19で約10分「故宮博物院大門広場前」下車すぐ URLwww.silkspalace.com.tw

1.店内はエレガントな雰囲気 2.博物院の有名コレクション「翠玉白菜」を模した一品。鶏でだしをとったスープが美味。220元 3.中国の伝統的中華菓子7種は目と舌で味わって。多寶格御點集680元

國立故宮博物院 グオリーグーゴンボーウーユエン

至宝を収蔵する巨大博物館

中国歴代皇帝の宝物など68万点もの中から数千点を展示。石器時代から清朝までの中華文明に触れられる。目当ての作品に的を絞ってじっくり鑑賞するのがコツ。

Map 別冊P.5-D1 台北北部

土林區至善路二段221號 ☎2881-2021 🕘9:00～17:00 休月（祝日の場合は開館） 料入場料350元 交MRT淡水信義線「士林」站よりバス紅30、255、304、815、小型バス18、19で約10分「故宮博物院大門広場前」下車すぐ URLwww.npm.gov.tw

故宮博物院の歩き方

まずは、1階のカウンターで「オーディオガイド」を借りよう。日本語もあり、レンタル料は150元、パスポートが必要。また、無料の英語ガイドのツアーは1日2回(10:00、15:00)。公式サイトからオンライン予約。詳細は公式サイトをチェック。

これで安心！

故宮博物院本館１階に「閒居賦」、4階に「三希堂人文空間」の２つのカフェがある。鑑賞の合間のブレイクに利用したい。

\ START! /

R 淡水信義線

R14 圓山站
ユエンシャンチャン

忠烈祠 チョンリエツー

1. 北安路に面した大門、奥に大殿がある 2. 毎正時に行われる衛兵交代式（約20分間）。儀杖兵5人で隊列を組み、往復200mの行進が見られる 3. 大門、大殿に各2人の儀杖兵が1時間交代で立つ

英霊を祀る神聖な場所

辛亥革命や日中戦争、建国のために亡くなった志士、軍人など約33万人の英霊を祀る祠。大殿の左右に文烈士祠と武烈士祠があり、荘厳な雰囲気が漂う。

Map 別冊P.5-C2 圓山

中山區北安路139號 ☎2885-4162 9:00～17:00 休3月28日、9月2日（3月29日、9月3日は午後休み） 料無料 交MRT淡水信義線「圓山」站2番出口より徒歩約20分、またはタクシーで約5分 URL afrc.mnd.gov.tw/faith_martyr

MRT 約11分

MRTでGO！

MRT淡水信義線でラクラク♪

台北の中心エリアを南北に結ぶMRT淡水信義線は、定番観光スポットへのアクセ

R 淡水信義線

R09 台大醫院站
タイダーイーユエンヂャン

總統府 ヅントンフー

※2024年5月20日より改修工事のため参観は一時中止。

早めに並んで内部見学を！

1. 赤レンガと白い花崗岩が特徴的。中央の塔は約60mの高さがある 2. ライトアップも必見

日本の方角、東に向かって建つ

1919年、日本統治時代の台湾総督府として建立された。上から見ると「日」の字に見える。1階のみ一般公開（自由参観）。

Map 別冊P.10-B2 西門町＆萬華

中正區重慶南路一段122號 ☎2320-6921 月～金9:00～12:00（最終入場11:30） ※参観開始時刻は9:15、10:45。参観当日はパスポート持参。他、月1回全館特別公開日8:00～16:00（公式サイトで要確認） 休特別公開日以外の土日祝 料無料 交MRT淡水信義線「台大醫院」站1番出口より徒歩約5分 URL www.president.gov.tw

二二八和平紀念公園 アルアルバーフーピンジーニエンゴンユエン

1. 二二八和平紀念碑は緑が豊かな中にある 2. かつてのラジオ塔を案内してくれた地元の常連男性

MRT 約2分

都心のオアシス

前身は日本統治時代の台北新公園。1947年の二二八事件の犠牲者を追悼する紀念碑を建立し、現在の二二八和平紀念公園に改名。

Map 別冊P.10-B1 西門町＆萬華

中正區凱達格蘭大道3號 24時間 休無休 料無料 交MRT淡水信義線「台大醫院」站1番・4番出口より徒歩約1分

その他の見どころ

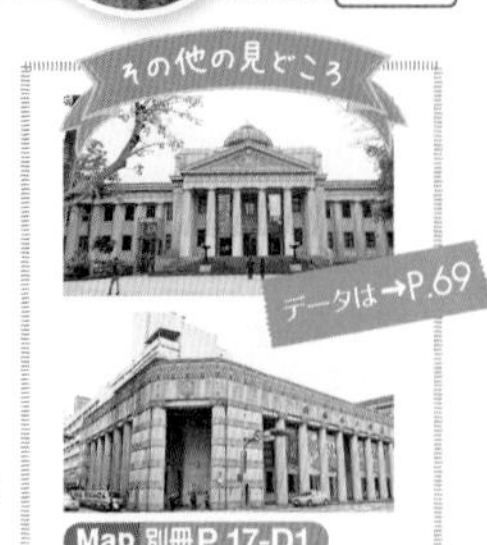

データは→P.69

Map 別冊P.17-D1

上：國立台湾博物館。開館は1908年。下：1933年竣工の土銀展示館・古生物館

兵士の制服は、青が空軍、白（季節によっては黒）が海軍、深緑が陸軍と教えてもらった。（北海道・かん）

\GOAL/

BL 板南線

BL17國父紀念館站
グオフージーニエングアンヂャン

帰りは徒歩約1分の最寄駅へ

キャー イケメン衛兵が間近に♥

國父紀念館 グオフージーニエングアン

中山公園の中に建つ

國父とは辛亥革命の指導者、孫文のこと。孫文の生誕100年を記念して建てられた。館内に高さ約9mの孫文の銅像がある。

Map 別冊P.13-C2 信義イースト

信義區仁愛路四段505號
☎2758-8008 ◷9:00～18:00（中山公園24時間） 休旧暦大晦日から2日間・メンテナンス時期 料無料 交MRT板南線「國父紀念館」站4番出口より徒歩約1分 URL www.yatsen.gov.tw

※2024年5月現在、改修工事のため衛兵交代式など館内は一時クローズ（公園はオープン）。

1. 毎正時（9:00～17:00）に行われる衛兵交代式（約10分）。2階からも見学可能 2. 唐の時代の様式を模したデザイン。周りは中山公園

R 淡水信義線

R03台北101/世貿站
タイペイイーリンイー/シーマオヂャン

台北101 タイペイイーリンイー

徒歩約17分

台湾一高い超高層ビル

高さ508mの超高層ビルは、世界有数の高さを誇る。展望台から絶景を眺めたい。

データは→P.156

台北のシンボル

台北の必見観光スポット巡りへGO！

MRT約10分

台北の必見観光スポット巡りへGO！

スも便利な路線。なかでもマストな観光スポットにご案内。

路線図は→別冊P.2

車内や指定区域内は完全に飲食禁止＆禁煙！

知っトク情報!!

MRT駅構内の無料充電コーナー。充電用ケーブルは持参して。充電中の盗難に注意

雨天時に点灯、傘の準備を促す電光掲示板が2駅に登場（2023年6月現在）

「台北車站」站などに設置のコインロッカー、3時間30元～。イラスト入りの説明もあるから安心

R 淡水信義線 G 松山新店線

R08G10中正紀念堂站
ヂョンヂェンジーニエンタンヂャン

中正紀念堂 ヂョンヂェンジーニエンタン

介石像をお守りしています

1. 圧巻の正門 2. 中正は蔣介石のこと。高さ6.3mの蔣介石像の前で、毎正時（9:00～17:00）に行われる衛兵交代式（約15分間） 3. 紀念本堂の階段数は蔣介石の享年が89歳だったことにちなんで89段ある

ハズせない有名な観光名所

蔣介石の偉業を称えて建てられた紀念堂。紀念本堂の青い屋根、大理石の白い壁、花壇の赤い花で、青天白日滿地紅（中華民国の旗）を表している。1階は蔣介石の資料館。

Map 別冊P.10-B2～P.11-C2 台北車站南部

中正區中山南路21號 ☎2343-1100
◷9:00～18:00（公園5:00～24:00） 休旧暦大晦日から2日間・2月28日・メンテナンス時期 料無料 交MRT淡水信義線・松山新店線「中正紀念堂」站5番出口よりすぐ URL www.cksmh.gov.tw

MRT駅改札内の構内での滞在時間は、同一駅なら15分以内。乗車駅と降車駅が異なる場合は2時間以内。

歴史建築＆文化に触れる台北アートさんぽ

歴史探訪や名所を巡って、台北の今・昔の魅力を体感しちゃおう。台湾と日本の文化的共通点を身近に感じる貴重な体験をぜひ。

1

伝統建築様式を体感できる

林安泰古厝民俗文物館

リンアンタイグーツオミンスーウェンウーグアン

福建省南部の伝統建築と景観美がすばらしい庭園のある民俗博物館。当時の富豪の生活様式が見られる。

Map 別冊P.5-C2　圓山

中山區濱江街5號　☎2599-6026　9:00～17:00（7・8月～18:00）休月、旧正月・清明節・端午節・中秋節　料無料　交MRT中和新蘆線「中山國小」站4番出口より徒歩約20分　URL linantai.taipei

ココがスゴイ！

地理風水を取り入れた伝統的な四合院建築

暖炉のある2階の洋室

2

台湾の現代アートが集まる

台北市立美術館

タイベイシーリーメイシューグアン

ココがスゴイ！

4000点以上のコレクション＆現代アートの祭典「台北ビエンナーレ」開催

1983年オープンの美術館。絵画や写真など、多様なジャンルの現代アート展を開催する。

Map 別冊P.7-D1　圓山

中山區中山北路三段181號　☎2595-7656　9:30～17:30、土～20:30　休月　料30元　交MRT淡水信義線「圓山」站1番出口より徒歩約10分　URL www.tfam.museum

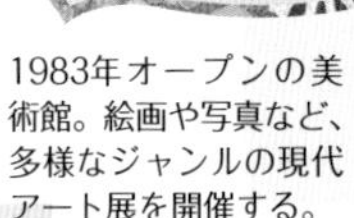

3

雰囲気ある小さな洋館

MAISON ACME 圓山別邸

メゾン アクミー ユエンシャンビエディー

旧台北故事館。茶商の別荘として日本人建築家が手がけた洋館。2021年よりイベントスペースになり、企画展などが行われている。

ココがスゴイ！

台湾唯一のチューダー様式洋館

Map 別冊P.7-D1　圓山

中山區中山北路三段181-1號　☎6617-7979　11:00～17:00　休月、旧正月・清明節・端午節・中秋節など　料無料　交MRT淡水信義線「圓山」站1番出口より徒歩約10分　URL www.facebook.com/maison.acme

4

赤れんが造りの重厚な建造物

台北當代藝術館

タイベイダンダイイーシューグアン

現代美術を展示する美術館。ミュージアムショップもある。建物は旧台北市建成尋常小学校。

Map 別冊P.15-C2～3　中山

大同區長安西路39號　☎2552-3721　10:00～18:00（チケット販売～17:30）　休月　料100元　交MRT淡水信義線・松山新店線「中山」站1番出口より徒歩約4分　URL www.mocataipei.org.tw

ココがスゴイ！

日本統治時代、日本人が設計した小学校。コリント式やドリス式柱頭が現存

在台芸術家の作品♪

「MAISON ACME 圓山別邸」で台湾人アーティストの個展を見学。洋館の雰囲気と作品がマッチしていてすてきでした。（京都府・蓮）

5

外壁のタイル美など見どころが点在

中華郵政台北郵局

チョンホアヨウチョンタイベイヨウジュィ

外壁の見事な花飾

ココがスゴイ！ 光に映える見事な外観

大理石を使った館内。郵政博物館(分館)は2階にある

1930年竣工、日本人の設計による建物。タイル張りの外観や、風格ある内部は必見。

Map 別冊P.17-D1 台北車站周辺

中正區忠孝西路一段120號（郵政博物館臺北館 中正區忠孝西路一段114號2F） 2311-4331 8:30～21:00、土9:00～12:00（郵政博物館9:00～17:00） 休日・祝（郵政博物館は月・祝、旧正月休み） 料無料 交MRT松山新店線「北門」站2番出口より徒歩約5分 URL www.post.gov.tw

6

石頭厝（石の家）と呼ばれた洋館

撫臺街洋樓

フータイジエヤンロウ

ココがスゴイ！ 石組みのアーチが美しい

1910年竣工、石材と木材を組み合わせた建造物。館内には洋館の歴史の展示などがある。

Map 別冊P.17-D1 台北車站周辺

中正區延平南路26號 2314-8080 10:00～18:00 休日・祝 料無料 交MRT淡水信義線・板南線「台北車站」站台北地下街Z10番出口より徒歩約3分 URL www.facebook.com/futai1910

7

ドームがひときわ目立つ大型建造物

國立台湾博物館

グオリータイワンボーウーグワン

日本と縁が深い建造物

ココがスゴイ！ 台湾で最も歴史ある博物館

1908年竣工のギリシャ風建築。館内からドームを見上げるとあるステンドグラスなどが有名。

Map 別冊P.17-D1 台北車站周辺

中正區襄陽路2號 2382-2566 9:30～17:00（チケット販売～16:30） 休月、旧正月 料30元 交MRT淡水信義線「台大醫院」站4番出口より徒歩約2分 URL www.ntm.gov.tw

歴史建築&文化に触れる台北アートさんぽ

まだある！台湾文化をチェック

専用劇場で伝統芸能体験♪

台湾オペラ文化を盛り上げる

大稻埕戲苑 ダーダオチェンシーユエン

台湾オペラ（歌仔戲）などの伝統芸能の発展と普及を目的とした施設。演目はFacebookでチェック、チケットは劇場窓口で購入可能。プロによる公演は圧巻。台湾オペラや人形劇（布袋戲）を体感できる。日本語訳には未対応

Map 別冊P.14-A3 迪化街

大同區迪化街一段21號8～9F 2556-9101 9:00～17:00 休月・祝 料無料（演目によって異なる） 席8F:120、9F:506 交MRT松山新店線「北門」站3番出口より徒歩約10分 URL www.facebook.com/dadaochen2011

元警察署の歴史的建造物

臺灣新文化運動紀念館

タイワンシンウェンホアユィンドンジーニエングアン

1933年完成の台北北警察署は歴史的価値が認められ、2018年に紀念館としてオープン。日本統治時代に社会運動を行ったエリートなどが拘留された場所でもある。

Map 別冊P.14-B2 大稻埕

大同區寧夏路87號 2557-0087 9:30～17:30 休月 料無料 交MRT中和新蘆線「大橋頭」站2番出口より徒歩約8分 URL tncmmm.gov.taipei

台湾の文化社会運動の歴史に触れる

苦難の歴史をポジティブに展示

1. 様式美も必見 2. 文学や音楽などの文化を通じて現代の新文化運動を促進する目的で企画展などを開く

「臺灣新文化運動紀念館」1階のカフェ「八斤所」（→P.106）で小休止もおすすめ。

台湾一美しいサンセットを眺めに淡水(ダンシュェイ)へ

夕景が美しい景勝地として知られるノスタルジックな港町、淡水。重厚な洋館が今も残り、ヨーロッパ的な雰囲気を漂わせる。サンセットタイムはひときわロマンティック♥

台北からのアクセス

台北車站からMRT淡水信義線で終点の「淡水」站下車（50元／所要約40分）。

みやげ物店や屋台に立ち寄りつつのんびり散策

淡水河を行き交う小舟と沈む夕日。美しい夕景に旅情を誘われる

キレイな夕日だけじゃない！ 異国情緒あふれる港町を散策

MRTの終点・淡水は、台湾一美しい夕日が眺められる町として有名。17世紀に建てられた古い洋館が残り、ヨーロッパの雰囲気が味わえる。午後からのんびりおさんぽしてみたい。

必見SPOT 1 紅毛城 ホンマオチョン

1. 国家第一級古跡として指定を受けている 2. ダイニングルームではパーティが開かれた

歴史を物語るれんが建築

1629年、スペイン人によってサント・ドミンゴ要塞として建造された歴史的建造物。1867年からは英国領事館として使われていた。

Map 別冊P.19-C1 淡水

住 新北市淡水區中正路28巷1號
☎2623-1001 ⌚9:30～17:00、土・日～18:00 休第1月曜、旧正月2日間 料80元 Card不可 《日》少し
交MRT淡水信義線「淡水」站1番出口より徒歩約20分

必見SPOT 2 小白宮 シアオバイゴン

淡水では珍しい白亜の洋館

淡水が1862年に開港された際、税関事務所として建てられた。結婚の記念写真を撮影するスポットとしても大人気。Map 別冊P.19-C1 淡水

✉ 淡水に素敵なスタバがあると聞き、淡水駅から836番のバスに乗り淡水雲門店へ。開放感のある空間とテラスでのんびり♪（京都府・美帆）

おさんぽロード
眞理街
チェンリージエ

A 眞理大學(牛津學堂)
ジェン リー ダー シュエ（ニュウ ジン シュエ タン）
「牛津学堂」は、台湾ではじめて西洋教育が行われた学校。

B 淡水女學校
ダン シュイ ニュウ シュエ シィアオ
台湾で最初の女学校。現在は純徳小学校の校舎として使用。

C 淡江中學(八角塔)
ダンジィアンジョンシュエ（バー ジィアオ ター）
1914年創立。シンボルは1925年竣工の「八角塔」。

異国情緒漂うおさんぽコース

Map 別冊P.19-C1 淡水

赤れんが造りの洋館が点在するエキゾチックな一本道。美しい校舎の学校もある。CMやドラマの撮影にも使われている。

cafe 淡水河ビュー

1. Ancreとは仏語で錨（いかり）という意味　2. 提拉米蘇（ティラミス）160元と卡布奇諾（カプチーノ）

Ancre Café アンクルカフェ

淡水河の眺めをひとりじめ

大きな窓から淡水河を一望できるカフェ。スイーツのほか、フードメニューも楽しめる。

Map 別冊P.19-C1 淡水

新北市淡水區中正路233-3號2F　☎2626-0336　12:00～20:00、土日11:00～21:00　休不定休　料昼・夜200元～　Card不可　日　英少し　席50　交MRT淡水信義線「淡水」站1番出口より徒歩約15分　URL www.facebook.com/ancrecafe

Souvenir おみやげをGET!

阿原　淡水天光概念店

アーユエンダンシュェイティエングワンガイニエンディエン

陽明山に広大なハーブ園を持つ

陽明山の自家ハーブ園で栽培された薬草を使った手作り石けんやコスメを製造販売している。ナチュラルな商品が支持されている。

Map 別冊P.19-C1 淡水

新北市淡水區中正路216號　☎6637-8277　10:00～20:30　休無休　Card J.M.V.　交MRT淡水信義線「淡水」站1番出口より徒歩約10分　URL www.yuancare.com

忠孝SOGO9F Map 別冊P.12-A1 永康間主題店 Map 別冊P.17-C2

1. 艾草皂（ヨモギ石鹸）390元　2. 艾草牙膏（ヨモギ歯みがき）380元、マウスウォッシュ 650元　3. シャンプー850元

台湾一美しいサンセットを眺めに淡水

※淡水站から紅毛城まで約1.5km（徒歩で約18分）

協力車出租

レンタサイクルはパスポートの提示が必要。YouBike（→P.183）も利用できる。

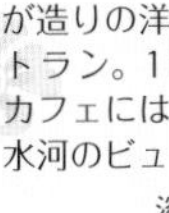

必見SPOT 3

紅樓 ホンロウ

れんが造りの洋館でブレイクタイムを満喫

1899年に建てられた赤れんが造りの洋館を利用したレストラン。1階は中華、3階のカフェにはテラスがあり、淡水河のビューが満喫できる。

ナイトタイムは、建物がライトアップされムーディに

Map 別冊P.19-C1 淡水

新北市淡水區三民街2巷6號　☎8631-1168　11:00～21:00　休無休　料昼・夜200元～、サ10%　Card J.M.V.　日　英少し　席200　交MRT淡水信義線「淡水」站1番出口より徒歩約10分

淡水の夕景を満喫したら士林観光夜市（→P.100）へGO！

1

Breakfast

ナチュラルな朝食を♪

Café 拾米 TO GO カフェ シーミー ツゥゴー

陽明山産野菜のサラダやストレスのない環境で育ったニワトリの卵などを使ったブレッドミールが充実している。しっかり朝食をとって元気にウオーキングをスタート！

Map 別冊P.20-B1 北投

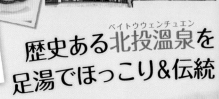

住北投區泉源路12號　☎2892-6040　営8:00～22:30　休旧正月　料150元～　Card J.M.V.　席24　交MRT新北投支線「新北投」站より徒歩約1分　URL www.sheme.tw

ポーク バーガー

招牌麵包餐（＋ソーセージ）220元＋40元、コーヒー60元（フードとセットの場合）

ベイトウウェンチュエン

歴史ある北投溫泉を足湯でほっこり&伝統

日本統治時代に日本人によって発見された日本的な風情にあふれる町をのんびりおさ

徒歩2分

2

日本統治時代に造られた

北投公園 ベイトウ ゴンユエン

1913年に造られ、日本統治時代は台北４大公園のひとつに数えられた。緑豊かな園内には、遊歩道が整備されている。

Map 別冊P.20-B1 北投

住北投區中山路2號　☎2893-9981　営24時間　休無休　料無料　交MRT新北投支線「新北投」站より徒歩約1分

おいしい 滷肉飯だよ！

徒歩3分

3

台湾初のエコ図書館

市立図書館北投分館

シーリートゥーシューグアンベイトウフェングアン

再利用できるよう木材と鋼材を使い、ソーラー発電や屋上緑化、雨水の回収などを導入したエコ図書館。美しい外観だけでなく内部も温かい雰囲気が漂う。

フォトジェニック！

Map 別冊P.20-B1 北投

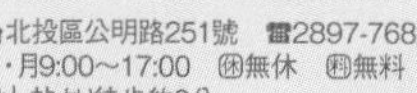

住北投區公明路251號　☎2897-7682　営8:30～21:00、日・月9:00～17:00　休無休　料無料　交MRT新北投支線「新北投」站より徒歩約3分

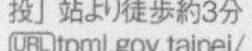

URL tpml.gov.taipei/

徒歩5分

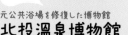

4

日本式の木造建築と庭園

梅庭 メイティン

1930年代末に建てられ、かつては書道家・于右任の別荘だった。作品とともに使っていた調度品などを展示。

Map 別冊P.20-B1 北投

住北投區中山路6號　☎2897-2647　営10:00～18:00　休月　料無料　交MRT新北投支線「新北投」站より徒歩約5分

1. 小籠包の「鼎泰豐」の看板は于右任が揮毫　2. 作品の数々　3. 観光案内所を併設

温泉で くつろいで

5

元公共浴場を修復した博物館

北投溫泉博物館

ベイトウウェンチュアンボーウーグアン

赤れんがの洋館の前身は、1913年創建の北投温泉公共浴場。総統府を手掛けた森山松之介が設計した。1923年に当時、皇太子だった昭和天皇が訪れ、休息している。

Map 別冊P.20-B1 北投

住北投區中山路2號　☎2893-9981　営10:00～18:00（入場～17:45）　休月　料無料　交MRT新北投支線「新北投」站より徒歩約5分　URL hotspringmuseum.taipei

徒歩3分

徒歩5分

北投市場は滷肉飯が有名だけど、地元の人に教えてもらった「阿宗蚵仔煎」で食べたカキ入りオムレツも激うま。（長野県・ユキ）

台北からのアクセス
🚃台北車站からMRT淡水信義線で「北投」站へ。新北投支線に乗り換え「新北投」站下車。（35元／所要約30分）

復興公園 泉源路 中和街 Cafe拾米屋TOGO 凱達格蘭文化館 MRT新北投支線 新北投站 大業路 中山路 北投公園 新北投車站 市立図書館北投分館 北投溫泉博物館 親水公園露天溫泉浴池 梅庭 地熱谷へ約300m 瀧乃湯 光明路 溫泉路 幽雅路 中央北路一段 北投國小 光明路 中央南路一段 北投市場 北投站

のんびりウオーキング 市場で名物グルメ

北投温泉。台北車站からMRTで約30分、んぽ。北投ならではの足湯＆グルメも満喫♪

癒やしの足湯タイム

90度の温泉が湧き出す地熱谷

新鮮なフルーツだよ

Lunch

8 伝統市場で名物グルメを堪能 北投市場 矮仔財滷肉飯
ベイトウシーチャン アイヅァイルーロウファン

台北市最大の公設伝統市場でローカルグルメが味わえる穴場。2階の「矮仔財滷肉飯」でランチタイム。店頭に行列ができていても回転は早い。

Map 別冊P.20-A1 北投

🏠北投區磺港路33號樓433號　北投中繼市場D區418-421　☎2559-7595　🕘7:00～13:00（売り切れ次第閉店）　休月・木　Card不可　交MRT淡水信義線「北投」站2番出口より徒歩約8分

1. 滷肉飯小35元＋滷蛋（煮卵）15元、後は燙青菜40元と赤肉湯60元　2. 3.市場には新鮮な食材や調味料が並ぶ

徒歩8分

7 無料の足湯で疲労回復 復興公園 泡腳池
フーシンゴンユエン パオジアオチー

公園内の足湯は、「青湯」といわれるグリーンの湯。筋肉疲労や新陳代謝の促進に効果ありとか。ウオーキング疲れを癒やそう！

日帰り湯→P.76

Map 別冊P.20-A1 北投

🏠北投區中和街61號　復興公園内　☎0975-754-148　🕘8:00～18:00（臨時クローズ有）　休月　料無料　交MRT新北投支線「新北投」站より徒歩約6分

徒歩5分

百年驛站 4.1

TAIWAN BEITOU

1. 館内では展示のほかグッズの販売も　2.オリジナルポストカード各30元　3.七星公園内にある　4.北投イラストのマグネットなどグッズも販売

6 1世紀を経て甦った駅舎 新北投車站
シンベイトウチェーヂェン

日本統治時代に建設された台湾鐵道の新北投駅旧駅舎が復元された文化施設。駅の歴史を紹介する資料館として無料で公開されている。

Map 別冊P.20-A1 北投

🏠北投區七星街1號　七星公園内　☎2891-5558　🕘10:00～18:00　休月　料無料　交MRT新北投支線「新北投」站より徒歩約1分　URL www.xbths.taipei

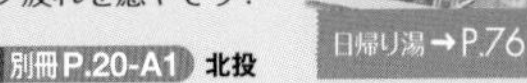

北投さんぽを楽しむなら午前中がおすすめ。北投市場でランチ後、MRTで台北市内に戻れば時間を有効に使える。

ステキ茶器＆食器を探しに

安カワから高級品まで
お気に入り"器"はどれ？

花布（→P.122）柄の茶器は70元～ B

可憐なデザインの茶杯など60元～ B

花布柄は充実の品揃え！ B

いろいろ欲しくなるね♡

中国・景徳鎮の透かし焼の茶杯80元～ B

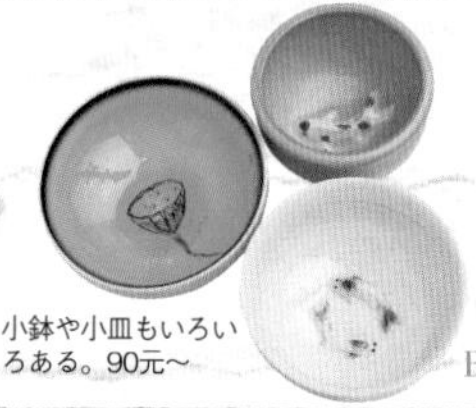

小鉢や小皿もいろいろある。90元～ B

幼稚園の塀にあるタイルのモザイク画

デザイン性のある携帯用茶器は作家の作品。1480元～ C

使いやすそう～

A

昔のデザインを復刻したお茶碗290元

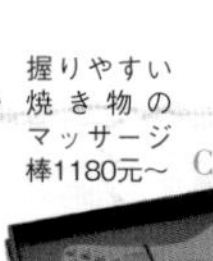

握りやすい焼き物のマッサージ棒1180元～ C

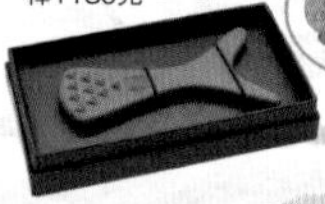

A ショッピングから陶芸体験まで

新旺集瓷 シンワンジーツー The Shu's Pottery

オリジナル製品のデザインから販売を手がける陶器会社。広い店舗では販売のほか、陶芸体験もできる（→P.75）。

Map 別冊P.20-A2 鶯歌

新北市鶯歌區尖山埔路81號 2678-9571 10:00～18:00、水13:00～ 休月・火 料陶芸体験465元～＋釜焼き代1個240元、日本への送料1個850元～ Card J.M.V. 交台鐵「鶯歌」車站より徒歩約12分 URL www.shuspottery.com

B 茶器の品揃えはピカイチ

子士小舖 ヅーシーシアオプー

陶磁器の小売店で、商品は充実の品揃え。日本人に大人気の花布柄をはじめ、本格的な陶磁器が所狭しと並ぶ。

Map 別冊P.20-B2 鶯歌

新北市鶯歌區重慶街63-1號 2678-4335 10:00～18:00 休火 料50元～ Card J.M.V. 交台鐵「鶯歌」車站より徒歩約10分

C 小さなショッピングセンター

鶯歌光點 美學館 イングーグアンディエンメイシュエグアン

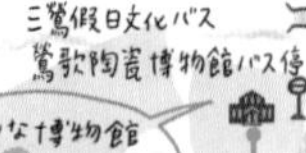

陶芸作家の作品をはじめ、台湾各地のおみやげ品を扱う明るいショッピングセンター。トイレがあるから休憩にも使える。

Map 別冊P.20-A2 鶯歌

新北市鶯歌區陶瓷街18號 2678-9599 10:00～19:00 休第1・第3火、旧正月 料50元～ Card J.M.V. 交台鐵「鶯歌」車站より徒歩約11分 URL www.yinggo.com.tw

 花布柄の茶器や食器を買った。こぶりなかわいい湯のみをおみやげにしたら大好評！（神奈川県・あみママ）

台湾で唯一

陶磁器の町・鶯歌(イングー)へ

台湾で最大の陶磁器の産地、鶯歌。お買い得な安カワ商品から特別な逸品まで扱うショップが集結している。石畳のレトロな町並みを散策してお気に入りをゲット！

台北からのアクセス

／台鐵「台北車站」から區間車（普通）で「鶯歌」車站下車（31元／所要27〜35分）。

1. 自家製カヌレ（時価） 2. 地中海風海鮮煮込み（800元）とリンゴ酵母の自家製パン 3. 古民家を利用

陶磁器の歴史がわかる

陶瓷博物館もチェック

D 陶磁器の芸術作品を身近に

陶瓷博物館 タオツーボーウーグワン

台湾における陶磁器発展の歴史から伝統的な陶芸技術などが展示されたミュージアム。テーマ別の企画展なども見応えある。

Map 別冊P.20-B2 鶯歌

新北市鶯歌區文化路200號 8677-2727 9:30〜17:00、祝〜18:00 休第1月、旧正月 料80元 Card J.M.V. 交台鐵「鶯歌」車站より徒歩約10分 URL www.ceramics.ntpc.gov.tw

鶯歌でぜひ寄りたいお店

ランチ＆ひと休みはココ☆

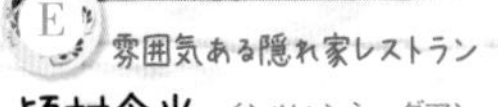

E 雰囲気ある隠れ家レストラン

穎村食光 インツゥンシーグアン

小さな古民家レストラン。完全予約制だが空席があればパスタ（290元〜）など予約なしで食べられる。ドイツなどで料理を学んだ張さんが腕をふるう。

Map 別冊P.20-B2 鶯歌

新北市鶯歌區文化路213巷16號 8677-3112 11:30〜15:00、17:30〜20:30（月は昼のみ） 休火 料平日390元〜、休日500元〜 Card 不可 予要予約（2日前まで） 日 席14 交台鐵「鶯歌」車站より徒歩約3分 URL www.facebook.com/穎村食光-199334783422709

陶磁器を埋め込んだ壁が町に点在する

台鐵「鶯歌」車站。南側の文化路方面

駅南側に窯元の工場が点在。煙突が目印

鶯歌ならでは！

陶芸体験にトライ！

力を抜いてトライ。ステキな形にな〜れ

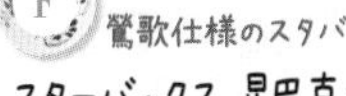

先生に手伝ってもらって形ができたら、飾りつけする

できあがり！

体験しに来てね！

陶芸体験の水果先生

作品は完成まで約2ヶ月。焼き代は1個240元、日本までの送料850元〜（新旺集瓷）

F 鶯歌仕様のスタバ

スターバックス 星巴克 スターバックスシンバークー

スターバックス鶯歌店は外観から特別仕様。地元の王氏の邸宅を利用した雰囲気ある店舗で町の目印。インテリアの陶磁器も鶯歌製だ。散策に疲れたらここでひと休みがおすすめ。

Map 別冊P.20-A2 鶯歌

新北市鶯歌區育英街67號 8677-3608 7:00〜21:00 休無休 料100元〜 Card J.M.V. 席100 交台鐵「鶯歌」車站より徒歩約12分 URL www.starbucks.com.tw

1. ご当地スタバカードが買える 2. シックな店内。れんが造りの外観が目印

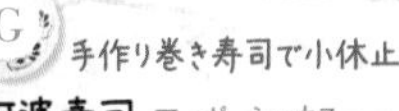

大綜合壽司65元。小腹がすいたらおやつ代わりに

G 手作り巻き寿司で小休止

阿婆壽司 アーポーショウスー

台湾に根付いた巻き寿司やいなり寿司の有名店。地元民や観光客に大人気だ。テイクアウトのほか、イートインも可能。味噌汁や各種総菜もおすすめ。

Map 別冊P.20-B2 鶯歌

新北市鶯歌區中正一路63號 2670-9345 24時間 休無休 料45元〜 Card 不可 席50 交台鐵「鶯歌」車站より徒歩約4分

台鐵「鶯歌」車站の文化路側出口を利用すれば、陶瓷老街などへのアクセスが楽。

日帰り温泉 arucoイチオシ Best 3

台湾は温泉好きにとってパラダイス♪
台北近郊にも魅力的な温泉がいくつも。
aruco女子におすすめベスト3を厳選。

あったまる～♪

駅から延びる中山路沿いにある

約400坪と広々。ジェット風呂も完備

BEST 1 市内から約30分

北投温泉 北投南豐天玥泉會館

ベイトウウェンチュアン ベイトウナンフォンティェンユエチュアンホエイグアン

駅近温泉でほっこり

MRT新北投駅から歩いて3分というロケーションにあり、宿泊者でなくても大浴場と個室風呂の利用が可能。大浴場は400坪と広々としたスペースで、サウナやスチームルームを完備。バスタオルやシャンプー、ボディソープなども常備されているので手ぶらで立ち寄ることができる。

オススメポイント
1. 新北投駅から徒歩約3分と便利
2. 広々とした大浴場は開放感いっぱい
3. 蒸気が満たされたスチームルームで美肌に

台湾の温泉のマナー

露天風呂は水着とバスキャップを必ず着用することという温泉が多い。また、お湯に入る前にかけ湯をする、お湯に入ったらあまり動かないといった、それぞれの温泉にローカルルールがあるので確認を。

Map 別冊P.20-B1 北投

北投區中山路3號　☎2898-8661
9:00～22:00（最終受付21:00）
休 無休　料 日帰り入浴（大浴場）月～金700元、土・日・祝800元　Card J.M.V.
日▶少し　交 MRT新北投支線「新北投」站より徒歩約3分　URL www.tyq.com.tw

北投温泉の観光は→P.72

BEST 3 市内から約1時間

烏來温泉 璞石麗緻温泉會館

ウーライウェンチュエン ボウシーリーヅウェンチュアンホェイグワン

烏來温泉屈指の温泉リゾート

豊かな自然に包まれた烏來にあるモダンな高級リゾート。大浴場は、男女別で裸で入浴するスタイル。女湯にはゆったりとした半露天風呂もある。

Map 別冊P.4-B2 烏來

新北市烏來區忠治里新烏路五段88號　☎2661-8000　FAX 2661-8080
8:00～12:00、12:30～17:00、17:30～21:30、月13:00～17:00、17:30～21:30　休 無休　料 大浴場1100元　Card A.J.M.V.　予 要予約
日▶少し　交 MRT松山新店線「新店」站下車、烏来行き849バスで約30分、「堰堤」下車、徒歩約1分。
URL www.pauselandis.com.tw

オススメポイント
1. 大自然＋温泉で心身ともにリラックス
2. 大浴場や各種個室風呂など多彩
3. ティーハウスで自慢のスイーツが味わえる

オススメポイント
1. リーズナブルな予算で気軽に楽しめる
2. 純和風な雰囲気が楽しめる
3. テーマパークのような景観がユニーク

BEST 2 市内から約50分

陽明山 川湯温泉養生餐廳

ヤンミンシャン チュワンタンウェンチュアンヤンションツァンティン

食事も入浴も◎の日帰り温泉

個室風呂、露天風呂とレストランを備えた、日帰り滞在のための温泉施設。園内には、日本の京都をイメージしたという和風の建物が並ぶ。お風呂は3つあり、露天風呂に近いスタイル。温泉は、青硫黄、白硫黄、鉄硫黄の3種。水着を着用せずに入浴できる。タオルは持参、ロッカー完備。

時代劇のセットのような街並みも魅力的

Map 別冊P.5-C1 陽明山

北投區行義路300巷10號　☎2874-7979　FAX 2871-4857　［温泉］6:00～翌1:00　［レストラン］2024年5月現在休業中　休 旧暦大晦日から4日間　料 大浴場250元　Card 不可　日▶少し　交 MRT淡水信義線「石牌」站1番出口より508、536、小8バスで約15分「行義路三」下車、徒歩約5分　URL www.kawayu-spa.com.tw

我慢なんてムリです おいしいものだらけの 台北まんぷくグルメ

「ダイエット中なの」……えっ、今それ言う？
来ちゃったのよ、もうおいしいものだらけの台北に。
たぷたぷ小籠包、コクうま牛肉麵、タピオカミルクティーにかき氷。
ほら、いっていって！　食べすぎ反省会は帰国してからね！

必食

台湾No.1グルメ 大定番からローカルまで 小籠包の人気店巡り♪

I LOVE 小籠包

ハシゴしてね!

「台北に着いたらまずは絶品小籠包を食べなくちゃ」という小籠包ラバーにarucoが厳選。アツアツをほおばって！

「aruco」おすすめPoint 味もサービスも100点満点！

大定番! 名店

鼎泰豐 新生店

ディエンタイフォン シンションディエン

蟹粉小籠包 10個 400元（5個200元）

カニさん！

新しく広々とした店内で小籠包三昧を楽しんで

小籠包 10個 250元（5個125元）

TOPICS → P.14

ゆっくり楽しんでね

arucoチェック！
肉汁 ★★★★★
うま味 ★★★★★
皮 薄 ♥ 厚

たっぷり肉汁が美味

名店として世界に名を馳せる鼎泰豐の小籠包は、薄皮に豊かな肉汁が包まれ極上の味わい。贅沢なカニのうま味が広がる蟹粉小籠包もぜひ。5個で注文できる。蝦仁蛋炒飯（エビ卵炒飯）もおすすめ。

Map 別冊P.17-C2 永康街

大安區信義路二段277號 ☎2395-2395 11:00〜20:30、土·日·祝10:30〜 休旧正月2日間 料サ10% Card J.M.V. 日 《日》 席250 交MRT淡水信義線·中和新蘆線「東門」站6番出口より徒歩約3分 URL www.dintaifung.com.tw/jp/

小籠包の食べ方

食べ方指南だよ！

一 レンゲにスープを出してうま味を味わう

二 醤油と黒酢をブレンドし、つける

三 針ショウガをのせていただく

久しぶりの台北旅行では、「鼎泰豐」新生店と「高記」新生店をハシゴして小籠包を堪能。（長崎県・智慧）

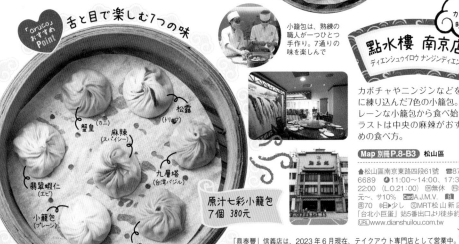

NEW OPEN の人気店

古北饕 Goodbeitao 旗艦店

グーベイタオ グッドベイタオチージエンディエン

2022年開店。古民家をリノベした空間で楽しむ小籠包は、野菜や果物をベースにしたスープが使われており、さっぱりした味わい。贅沢なトリュフ&カニ味噌入りも人気メニュー。

Map 別冊P.11-C1 台北車站南部

住中正區杭州南路一段9號 ☎2351-0050 ⏰11:00～22:00（L.O. 21:00） 休無休 料サ10% Card J.M.V. 日 席65 交MRT板南線「善導寺」站5番出口より徒歩約4分 URL www.facebook.com/goodbeitao

「aruco」おすすめPoint 古民家リノベレストランの濃厚小籠包

松露小籠湯包 10個 460元（5個230元）

トリュフ

aruco チェック！
肉汁 ★★★★
うま味 ★★★★★
皮 薄 ♥ 厚

原味小籠湯包 10個 200元（5個100元）

カニ

松露（トリュフ）とカニ味噌入りは濃厚

蟹皇小籠湯包 10個 380元（5個190元）

小籠包の人気店巡り♪

「aruco」おすすめPoint 舌と目で楽しむ7つの味

原汁七彩小籠包 7個 380元

小籠包は、熟練の職人が一つひとつ手作り。7通りの味を楽しんで

カラフル♪ 映える！

點水樓 南京店

ディエンシュゥイロウ ナンジンディエン

カボチャやニンジンなどを皮に練り込んだ7色の小籠包。プレーンな小籠包から食べ始め、ラストは中央の麻辣がおすすめの食べ方。

Map 別冊P.8-B3 松山區

住松山區南京東路四段61號 ☎8712-6689 ⏰11:00～14:00、17:30～22:00（L.O.21:00） 休無休 料500元～、サ10% Card A.J.M.V. 日 席70 ((日)) 少し 交MRT松山新店線「台北小巨蛋」站5番出口より徒歩約1分 URL www.dianshuilou.com.tw

「鼎泰豐」信義店は、2023年6月現在、テイクアウト専門店として営業中。

「aruco」おすすめPoint 土日祝日は朝から小籠包OK

元籠小籠包
10個 220元

上海鐵鍋生煎包
10個 220元

新生南路に面し、入店しやすい。永康街にあった店より庶民的な雰囲気に。

arucoチェック！
肉汁 ★★★★
うま味★★★★
皮 薄 ├─┼─♥─┼─┤ 厚

地元に愛される老舗上海料理店

高記 新生店
ガオジー シンションディエン

東門駅周辺で鼎泰豐に次ぐ小籠包の人気店・高記が移転。小籠包は安定のおいしさ。小型の肉まんを焼いた上海鐵鍋生煎包も肉あんたっぷりで食べごたえ十分。

Map 別冊P.11-D2 台北車站南部

住大安區新生南路一段167號　電2325-7839　時10:00～21:30、土日祝8:30～21:30　休無休　料サ10%　Card J.M.V.　席130　交MRT淡水信義線・中和新蘆線「東門」站6番出口より徒歩約5分　URL www.kao-chi.com

コスパ最高の小籠包専門店

梁山泊小籠湯包
リアンシャンポーシアオロンタンバオ

屋外にテーブル席がある気軽な小籠包専門店。小籠包は薄皮とスープの多さにこだわっている。メニューは小籠包とスープ、豆漿のみですべて手作り。

Map 別冊P.16-A2 西門町

住萬華區漢口街二段54-4號　電097-626-6875　時10:00～15:00、17:00～21:00　休月、火、木　Card不可　席20　交MRT松山新店線・板南線「西門」站6番出口より徒歩約7分

すべて手作りだよ

小籠湯包
7個 100元

日本の方にも人気です

小籠包を作る吳文綦さんと接客担当の鄭惠文さん

「aruco」おすすめPoint 100元とは思えぬクオリティ！

arucoチェック！
肉汁 ★★★★★
うま味★★★★
皮 薄 ├♥┼─┼─┼─┤ 厚

「aruco」おすすめPoint 西門町さんぽ中に気軽に立ち寄れる！

絲瓜湯包
8個 95元

爆漿鮮肉湯包
8個 90元

西門町で小籠包を！

小籠包2種は100元以下とリーズナブルプライス

arucoチェック！
肉汁 ★★★★
うま味★★★
皮 薄 ├─┼─♥─┼─┤ 厚

3人の若者が2021年に起業

湯包樂
タンバオラー

小籠包店が少ない西門町に仲間3人と開業。こぢんまりとした店だが、清潔感があり落ち着いて食事が楽しめる。ヘチマの甘味が味わえる絲瓜湯包は人気メニュー。

Map 別冊P.16-A2 西門町

住萬華區昆明街137號　電2371-7762　時11:30～20:30、金・土～22:00　休旧暦大晦日　Card不可　席25　交MRT板南線・松山新店線「西門」站1番出口より徒歩約5分

「梁山泊小籠湯包」の小籠包は肉汁たっぷりで感動！　必ずリピートします！（千葉県・美春）

肉まんに
近い皮です

できたてよ！

小籠包 80元

店内で毎日手作り。テイクアウトのお客もひっきりなしに訪れる

朝ご飯にも
ぴったりよ！

朝 6:00~10:00

萬世香小籠包
ワンシーシアンシアオロンバオ

下町の隠れた名店で皮から手作りするアツアツの小籠包。スープは少なめだけど豚肉がたっぷり。人気店だが朝早くなら並ばずに食べられる。

Map 別冊P.7-C1 圓山

大同區大龍街270號 ☎2591-7218 6:00～10:00、土～10:30 休日・旧正月 料30元～ Card不可 席15 交MRT淡水信義線「圓山」站1番出口より徒歩約8分

I LOVE 小籠包

朝も深夜も 小籠包を味わえる！

アツアツ

ローカル店

朝も深夜も小籠包を食べたい！そんな小籠包ラバーにおすすめのローカル店をご紹介♪

17:00~23:00

正好鮮肉小籠湯包
チョンハオシエンロウシアオロンタンバオ

台湾北東部の宜蘭名産のブランド野菜・三星ネギ。このネギと豚肉のみを使ったあんを包んだ小籠包は皮から手作りしている。

Map 別冊P.12-B3 信義イースト

大安區通化街57巷6號 ☎2707-6005 17:00～23:00 休火、旧正月 料100元～ Card不可 席16 交MRT淡水信義線「信義安和」站4番出口より徒歩約5分

小籠湯包 120元

ビタミン
たっぷり！

甘味のある宜蘭産ネギの存在感が強い小籠包

ネギ
いっぱい！

湯包 70元

厚めの皮
に肉多め！

蒸し餃子も
うまうま！

蒸餃 45元

24時間営業

瑞安豆漿大王
ルイアンドウジアンダーワン

一日中、客足が絶えない24時間営業の人気食堂。小籠包は、少し厚めの皮にみっちりあんが包まれている。蛋餅や台湾おにぎり、お粥、麺料理までメニューが豊富。

Map 別冊P.12-A3 信義イースト

大安區瑞安街69號 ☎2705-3377 24時間 休無休 料30元～ Card不可 席30 交MRT文湖線「科技大樓」站より徒歩約6分

日本人にも人気の鹹豆漿ほか豊富なメニュー。小籠包だけでなくローカルグルメを堪能できる

「正好鮮肉小籠湯包」で小籠包を堪能したら、臨江街夜市（→P.103）を散策。ローカル度が高い夜市を楽しんで。

やっぱりハズせない「台湾料理」はこれだけオーダー

ワタリガニ入りおこわ

必食メニュー 1
ホンシュンミーガオ
紅蟳米糕 1080元
卵を抱いたメスを丸ごと1杯使い、干しえびや揚げねぎで味に深みを出している。

必食メニュー 2
ツァイプーダン
菜脯蛋 250元
切り干し大根を卵で包んで焼く。卵が層になるよう焼く技術が必要。

切り干し大根入りふんわりオムレツ

シジミのニンニク醤油漬け

必食メニュー 3
スアンシアンシエンサイ
蒜香醃蜆仔 220元
"黃金蜆"という身の甘い種類のシジミを使用。プルプルの身を味わって。

必食メニュー 4
ガンベイシアオユィホアション
干貝小魚花生 360元
炒めたねぎの香りがアクセント。シンプルなおいしさがヤミツキに。

しらす、干し貝柱、ピーナッツの炒め物

欣葉本店
シンイエベンディエン

素材にこだわり、台湾料理界をリードする

李秀英会長が、台湾伝統の"母の味"を伝えたいと1977年に創業。今では系列店も含めて23店舗を展開。素材の味を活かし、伝統的な調理法にこだわっているので、国内外に根強いファンが多い。

Map 別冊P.6-B1 台北車站北部

住中山區雙城街34-1號　☎2596-3255
営11:00〜15:00、17:00〜21:30　休無休
予予約がベター　料600元〜、サ10%
Card A.D.J.M.V.　席450　日　《日》
交MRT中和新蘆線「中山國小」站1番出口より徒歩約7分、MRT中和新蘆線・淡水信義線「民權西路」站9番出口より徒歩約10分　URL www.shinyeh.com.tw

梅子餐廳
メイヅツァンティン

日本人リピーターが多い人気店

産直の新鮮な海鮮や素材を重視、日本人の味覚に合った料理が楽しめると評判。スタッフのサービスも親切。

Map 別冊P.15-D3 中山

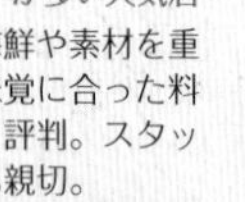

住中山區林森北路107巷1號
☎2521-3200
営火〜金17:30〜22:00(L.O.21:30)、土・日11:30〜14:00 (L.O.13:30)、17:00〜22:00　休月、旧正月
予予約がベター　料700元〜、サ10%
Card J.M.V.　席300　日　《日》
交MRT淡水信義線・松山新店線「中山」站2番出口より徒歩約10分

青葉
チンイエ

レベルの高い料理とサービスが自慢

伝統的な台湾料理約180種をメインに、旬の素材を使った季節の料理も多い。ベテランのスタッフが多いのも安心。

Map 別冊P.15-D3 中山

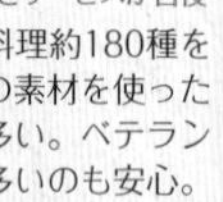

住中山區中山北路一段105巷10號
☎2571-3859
営11:00〜14:30 (L.O.14:00)、17:15〜21:30 (L.O.20:30)　休無休
予予約がベター　料700元〜、サ10%
Card A.D.J.M.V.　席230　日　《日》
交MRT淡水信義線・松山新店線「中山」站2番出口より徒歩約8分
URL www.facebook.com/aoba1964

老舗レストラン「茂園」  Map 別冊P.7-D3 。メニューはないけどお店の人と食材を見ながら相談して注文。(長野県・ケイ)

すればカンペキ!!

山海の幸が豊富でバラエティ豊かなメニューが揃う台湾料理の中でも「これだけは食べておきたい！」という定番必食メニューBest10をご紹介。最高の10品を味わえる名店3軒へGO!!

必食メニュー 5 あぶりカラスミ
烏魚子（ウーユィヅ） 小740元
カラスミの薄皮をとって酒に浸してからあぶる。ねっとりして美味。

必食メニュー 6 エビコロッケ
金錢蝦餅（ジンチエンシアビン） 4個400元
昔は豚の網脂で包んで揚げていた。サクサクの食感を楽しんで。

必食メニュー 7 イカ団子
手打花枝丸（ショウターホアチーワン） 5個375元
イカの胴体だけを使って、手で練って弾力と甘みを出す。

必食メニュー 8 カキのもろみ煮
蔭豉蒜青蚵（インチースアンチンクー） 360元
嘉義の東石産のカキを、特製とろみ醤油ともろみを加えてさっと煮る。

必食メニュー 9 トコブシの冷製
五味九孔（ウーウェイジョウコン） 2個260元
台湾北東部の東方角産のトコブシは、アワビよりも歯ごたえが強い。

必食メニュー 10 鶏肉の三杯ソース煮込み
三杯雞（サンベイジー） 小680元
"三杯"とは酒、醤油、黒ごま油の3種のこと。ショウガを効かせて。

※1〜10の料理の写真および料金はすべて欣葉本店のものです。

Les Piccola
レ・ピッコーラ

Jimmyシェフ

台北女子に人気のカフェ&レストラン

台湾の食材を使ってオシャレにアレンジした創作フード。味と見た目を重視した料理を求めて地元客でにぎわう。

Map 別冊P.17-D2
永康街

大安區金華街164巷5號
2341-0999 11:00〜22:00（※17:00〜18:00はドリンクのみ、L.O.21:30） 休月 予200元〜、サ10% Card J.M.V. 席25 交MRT中和新蘆線・淡水信義線「東門」站5番出口より徒歩約7分 URL www.facebook.com/lespiccola

おいしく変身！
創作台湾料理

1.澎湖産イカ飯の三星ネギとキンカンソース添え260元 2.台湾産ハマグリソースのイカスミうどん400元 3.台南産ツバメコノシロ（魚）の雲林産カラスミ添え680元（不定期でメニュー変更あり）

台湾料理の特色

四方を海に囲まれ、島中央には山脈が縦走している台湾。豊富な海の幸と山の幸に恵まれている。16世紀頃、中国福建省周辺から移民してきた福建人や客家人系の食文化が変化して、現在の台湾料理を形成。その時にある素材を使い、比較的あっさりして素朴。日本統治時代の影響から、醤油や酒をベースにした味付けが多いのも特徴。先祖や神様の参拝時、節句や婚礼などの行事に家族団らんで食べる料理も多い。

お店の看板料理を意味する「招牌菜」。シェフのおすすめは「主廚推薦」。「家常菜」は家庭料理の意味。

ランチに、シメに、台湾イケ

食べ歩きの代表とも言える麺。安くておいしい、

売り切れ御免！
おかずも多彩！
清燉牛肉麺 チンドゥンニウロウミエン 260元
牛骨＆牛肉スープ、牛肉のせ細麺
ボリューム
スープの濃厚度
麺のコシ
だんだん味わい深くなるスープ。好みで塩を加えて。麺は細麺でスルリ
A
紅燒牛肉麺 ホンシャオニウロウミエン 260元
醤油ベースに豆板醤などを加えたピリ辛スープ麺
A
ボリューム
スープの濃厚度
麺のコシ
スープは八角臭くなくて案外さっぱり。辛さは4段階から選べる
小皿のおかずは有料、各自選んでテーブルへ
迷ったら野菜をチョイス
炸醤麺も忘れないでね
ボリューム
スープの濃厚度
麺のコシ
新鮮なカキと豚の腸をたっぷり使っただしの効いたスープがやみつきに
たっぷりのカキと豚の腸入り、ダシがきいた細麺
B
蚵仔麺線 オーアーミーシア 小50元／大65元
刀削麺のコシはすごいよ
ボリューム
スープの濃厚度
麺のコシ
刀削麺のコシがたまらない。トマト入りスープだからあまりしつこくない
番茄牛肉麺 ファンチエニウロウミエン 160元
トマトがごろりと入ったスープで食べる牛肉麺
C
酸辣麺 スアンラーミエン 100元
酸っぱくて辛いスープで食べる細麺
A
ボリューム
スープの濃厚度
麺のコシ
ピリ辛＆酸味の効いたスープ、ごま油の香りも高くて食欲がわく一品
牛骨＆牛肉のスープだよ
体があったまるのよ〜
刀削麺ならおまかせ！
客家の味を食べてみて

A 史記正宗牛肉麺
シージーヂョンゾンニウロウミエン

4日かけて煮込む名物スープ

牛骨と牛肉を煮込んで冷ますを4回繰り返して4日かけて作る牛骨＆牛肉のスープで食べる細麺がイチオシ。

Map 別冊P.7-C2　台北車站北部

中山區民生東路二段60號 ☎2563-3836 ⏰11:30〜15:00、17:00〜21:30 休旧正月 料90元〜 Card不可 席34 交MRT中和新蘆線「行天宮」站1番出口より徒歩約5分

B 丁記蚵仔麺線
ディンジーオーアーミーソア

客がとぎれない小さな人気店

そうめん入りのスープを食す感じの蚵仔麺綫。作り置きしないこだわりの味で売り切れ次第閉店。

Map 別冊P.12-A1　信義イースト

松山區復興南路一段31巷2號 ☎2750-9898 ⏰8:00〜18:00 休日・祝 料50元〜 Card不可 席15 交MRT板南線・文湖線「忠孝復興」站5番出口より徒歩各約10分

C 四平街番茄牛肉麺
スーピンジエファンチエニウロウミエン

ボリューム満点の刀削麺

黒柿という品種のトマトをたっぷり使ったスープで作る牛肉麺が人気。麺を削る技術は見事。

Map 別冊P.7-D3　台北車站北部

中山區四平街93號 ☎2509-0220 ⏰11:00〜14:00、17:00〜20:00 休日・祝 料60元〜 Card不可 席35 交MRT中和新蘆線・松山新店線「松江南京」站7番出口より徒歩約5分

D 六堆伙房
リォウドゥイフオファン

客家スタイルの麺をカジュアルに提供

客家料理の濃厚な味付けを麺に取り入れて食べやすく提供。明るい店内はひとりでも利用しやすい。

Map 別冊P.15-D2　中山

中山區中山北路二段2號B1 ☎2563-6239 ⏰11:30〜22:00 休無休 料60元〜、サ10% Card不可 日本語 席90 交MRT淡水信義線・松山新店線「中山」站3番出口より徒歩約1分 URL www.lioudui.com.tw

台湾で食べる麺はスープの味がアッサリからこってりまで、種類が多くて本当に大好き！（岐阜県・ルゴ美）

ハシゴして食べたい！麺(メン)図鑑

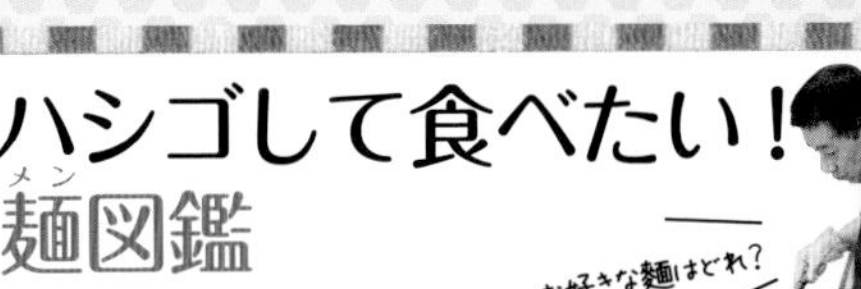

定番麺のほか人気麺、名物麺をご紹介。お気に入りのイケ麺を見つけて！

E 米粉湯(ミーフェンタン) 30元

豚骨スープに細かく切ったビーフンを入れて。揚げネギと中華セロリをのせる

ボリューム
スープの濃厚度
麺のコシ
あっさりめの豚骨スープで食べるビーフンは台湾の伝統食のひとつ

朝食にピッタリよ

台湾イケ麺図鑑

D 鹹蛋絲瓜麺線(シエンダンスーグワミエンシエン) 128元

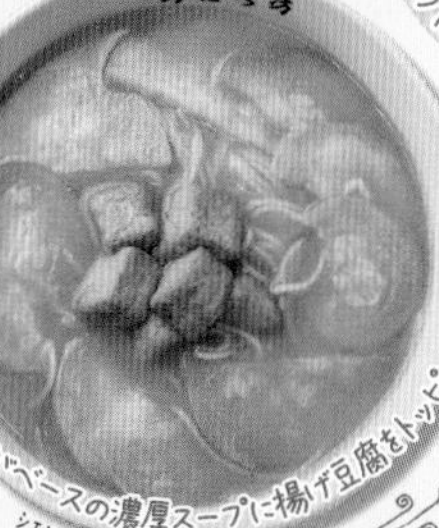

塩卵の黄身がベースの濃厚スープに揚げ豆腐をトッピング

ボリューム
スープの濃厚度
麺のコシ
客家料理の特徴である濃厚な味のスープにヘチマを加えて食べるそうめん

客家スタイルのピーナッツ豆腐は自然な甘さが特徴的

D 客家乾拌玉山麺(クージアガンバンユィーシャンミエン) 98元

スープなしの細麺。味のしみたそぼろが麺にぴったり

ボリューム
スープの濃厚度
麺のコシ
ブタ肉、焦がしネギ、干し豆腐入りのそぼろを細麺とまぜて食べる

C 榨菜肉絲麺(ザーツァイロウスーミエン) 80元

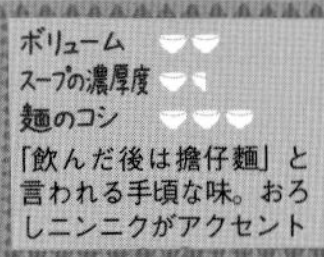

ザーサイと豚肉のせ刀削麺。塩味が強いスープ

ボリューム
スープの濃厚度
麺のコシ
ザーサイの酸味と塩味が豚肉に合う。胃にもたれないところが女子向け

擔仔麵加滷鴨蛋(ダンツーミエンジアルーヤーダン) 70元

台南の名物麺。そぼろ肉とおろしニンニクのせ（度小月）

ボリューム
スープの濃厚度
麺のコシ
「飲んだ後は擔仔麺」と言われる手頃な味。おろしニンニクがアクセント

データは→P.38

阿花牛腩麵(アーホアニウナンミエン) 220元

コシのある太麺。スープは牛骨ベース、牛バラ肉と野菜をトッピング（阿花蕎麥麺）

ボリューム
スープの濃厚度
麺のコシ
牛骨スープ、煮込んだ牛バラ肉にコシのある麺が合う。ボリュームも◎

データは→P.96

E 黄媽媽米粉湯
ホアンママミーフェンタン

胃にやさしい伝統スープビーフン

豚骨スープで炊いた伝統食、米粉湯（太いビーフン入りスープ）や黒白切（モツ盛り合わせ）が人気の食堂。

Map 別冊P.11-C2 台北車站南部

中正區信義路二段87號 東門市場新館13號 0922-238-529
7:00～15:00 休月、旧正月
予30元～ Card不可 席25
MRT中和新蘆線・淡水信義線「東門」站2番出口より徒歩約2分

小腹がすいたらパクリ！ 必食 小吃BEST3!!

高麗菜水餃(ガオリーツァイシュイジアオ) 1個7元

地元の人が集まる食堂。皮はモチモチ、キャベツたっぷりのあんでちょうどいいボリューム。

丁媽媽手工水餃
ディンマーマーショウゴンシュイジアオ

Map 別冊P.7-D3 台北車站北部

中山區南京東路三段223巷20號
2718-0830 11:00～15:00、17:00～20:00、土～15:00 休日、旧正月 予45元～ Card不可 席15
MRT松山新店線・文湖線「南京復興」站8番出口より徒歩約3分

鮮肉包(シエンロウバオ) 21元

行列必至の絶品肉まん。皮のよい香りともっちり感、たっぷり肉汁がたまらない。ホカホカをほおばって！

姜記包子舗 ジアンジーバオヅプー

Map 別冊P.12-A2 信義イースト

大安區復興南路一段180號後院
2711-7686 6:00～19:00、日8:00～18:00 休月、旧正月 予19元～ Card不可 MRT板南線・文湖線「忠孝復興」站2番出口より徒歩約1分

胡椒餅(フージアオビン) 55元

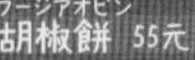

胡椒が効いた豚肉あんたっぷりの焼きまんじゅう。肉汁たっぷり、皮はサックリと美味。ヤケドに注意して！

福州元祖胡椒餅 フウジョウユエンズウーフージアオビン

Map 別冊P.16-B1 萬華

萬華區和平西路三段89巷2弄5號
2308-3075 11:30～17:30
休旧正月 予55元～ Card不可
席なし 少し MRT板南線「龍山寺」站1番出口より徒歩約3分

店の入口付近に小皿のおかずが並んでいるお店では、自由に選んでOK。ただし代金は精算時に加算される。

aruco調査隊が行く!!①
超絶うまい！
米食バリエを
ミシュランガイドでも特集が
台湾の米食文化から
必食メニューを
チューヨウバンファン
巷子口食堂の豬油拌飯 A
30元
お碗に詰まった台湾愛
台東産の米に、ラードにこだわった自家製タレをかけて。香ばしい一品。
RECOMMEND!
揚げネギも
食欲をそそります！
（編集T）
心を込めて
作ってます
第1位
巷子口食堂の
グーザオウェイチャオミーフェン
古早味炒米粉 A
200元
RECOMMEND!
シイタケ、キャベツなど
野菜たっぷり。
ビーフンの香りが
広がって幸せ〜
（ライターN）
RECOMMEND!
食欲なくても
食べられるの！
（フォトM）
チーユィワンミーフェンタン
小管的店の旗魚丸米粉湯
70元 →P.35
素朴で美味な台湾ビーフン
スープのうま味を吸ったビーフンの魅力を発見。弾力あるカジキのつみれとの相性もばっちり。
台湾の人の記憶に刻まれた
懐かしい味
これぞ台湾の家庭の味！と絶賛される焼きビーフン。野菜、肉、干しエビの具にシンプルな味付けがヤミツキに。リピート決定！
RECOMMEND!
米粉の甘味も
台湾らしい♡
（フォトC）
蒸したてを
食べてね
第3位
タイナンミーガオ
萬香齋台南米糕の台南米糕 C
（小）
45元
RECOMMEND!
トッピング多彩な
台湾版おこわ。
腹持ちバツグンよ
（編集S）
RECOMMEND!
台湾では必食。
煮卵（魯蛋）も
忘れずにオーダーを
（ライターM）
ルーロウファン
金峰魯肉飯の魯肉飯 F
（小）
35元
チードウソンガオ
鼎泰豐の赤豆鬆糕
90元 →P.78
米粉のデザート
米粉に砂糖と水、アズキを加えて蒸す上海料理を台湾で。しっとり食感。
台湾ママの味
そぼろかけご飯
台湾を代表するローカルフードの魯肉飯（滷肉飯、肉燥飯とも）。煮込んだ豚肉をかけて食べる。
一碗で完結
もち米の魔力
蒸したもち米をお碗に盛り、魚鬆（でんぶ）や滷肉、漬物などを乗せて、混ぜて食べる。食べ応え満点なおこわ。
魯鴨蛋20元

A 芸能人も通う人気店

巷子口食堂

シアンヅコウシータン

伝統的な台湾料理のレシピを守りながら今風にアレンジした味に定評あり。台湾の食材をおいしく、楽しく食べてほしいとの思いで作っている。

Map 別冊P.12-B3 信義イースト

住大安區安和路二段35巷1號 ☎2708-2589 ◷12:00〜14:00、17:10〜22:00 休旧正月 料150元〜 Card A.J.M.V. 席72 交MRT淡水信義線「信義安和」站2番出口より徒歩約3分 URL www.instagram.com/alleykitchen2013

B ツルっと食べる団子汁

雙連良鹹湯圓

シュアンリエンリアンシエンタンユエン

塩味をきかせた豚肉のあんを米粉の皮で包んだ団子をスープで食べる。団子がツルリと滑り込む感触に驚く、隠れた台湾名物。

Map 別冊P.6-B2 台北車站北部

住大同區民生西路198-83號 雙連市場内 ☎2556-2213、0975-565-203 ◷16:30〜21:30、日〜21:00 休月、旧正月 料30元〜 Card 不可 席20 交MRT淡水信義線「雙連」站1番出口より徒歩約5分 URL www.facebook.com/saltydumplings

C 台南名物のおこわ

萬香齋台南米糕

ワンシアンヂャイタイナンミーガオ

台南名物の米糕を台北で。蒸したもち米のいい香りとトッピングの味のバランスが絶妙。またすぐに食べたくなる、懐かしい味を試してみて。

Map 別冊P.12-B2 信義イースト

住大安區光復南路290巷45號 ☎2721-4382 ◷11:30〜20:00 休日、旧正月 料20元〜 Card 不可 席28 交MRT板南線「國父紀念館」站2番出口より徒歩約4分 URL www.facebook.com/TainanDeliciousSnacksInTaipei

「富富の正」で亀の形をした赤いお餅「紅龜粿」をゲット。数量限定だから早めに行くのがオススメです。（大阪府・律子）

台北っこが溺愛する
徹底調査!!

組まれるほどバラエティ豊かな
台北っこが推しの
紹介!

家族で手作りしてるの

祖母の代から一筋!

第2位 雙連良鹹湯圓の鹹湯圓(シエンタンユエン) B
60元

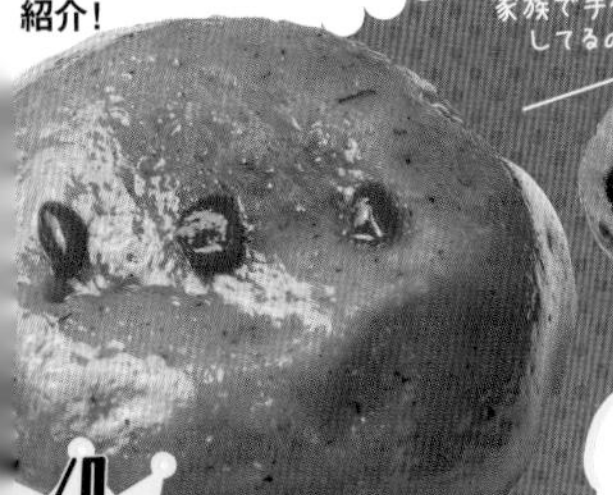

RECOMMEND!
団子の口当たりのよさが絶品! 台湾の春菊と揚げネギがアクセントで◎
(ライターN)

冬至の食べ物 湯圓を毎日気軽に
米粉の皮、豚肉のあん、スープのすべてを、祖母の代からのレシピで作り続ける。ほんのり甘い団子の皮とあんの塩味がよく合う。

第4位 富富の正の草籽粿(ツァーアーグイ) D
各30元

弾力へのこだわりに脱帽 むっちり感を堪能して
春の七草「オギョウ」を練り込んだ昔ながらの草籽粿。黒ゴマとピーナッツの甘いあんを入れて蒸す。冷めてもおいしい。

RECOMMEND!
弾力が私の好み、推し決定! 食べ応えも十分
(ライターA)

客家のファストフード 手軽にパクリ
豚肉、シイタケ、干し大根の塩味のあん。皮の弾力も草籽粿とは違う仕上がりであんになじむ。

台湾の米食バリエを徹底調査

自家製紅麹ソース!

低温の油で揚げるよ

第5位 川業肉圓の肉圓(バーワン) E
50元

RECOMMEND!
Q度(弾力)高い! 私史上最高の肉圓
(編集M)

幅広い年齢層に支持される肉圓
五穀米粉にサツマイモ粉を合わせて「甜・Q・軟」を追求した自信作の皮、赤米と紅麹から作る自家製紅麹ソースに漬け込んだ豚肉あんが人気の理由。

小南鄭記台南碗粿の碗粿(ウワーグイ)
50元 →P.47

RECOMMEND!
ムッチリ魔力のトリコに♪
(編集K)

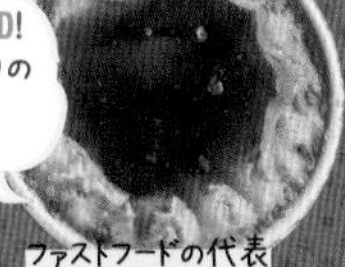

ファストフードの代表
台湾のライスプディング。甘いとろみ醤油をかけてフォークで食べる。

RECOMMEND!
やさしい味で癒やされる♡
(フォトW)

もち米と龍眼の甘い粥
もち米にドライ龍眼(桂圓)を入れて炊いた甘い粥はデザート感覚で。

北門鳳李冰の米糕粥(ミーガオヂョウ)
55元 →P.114

米作り大国・台湾
台湾の在来種はインディカ米であったが、日本統治時代のジャポニカ米(蓬萊米)の栽培を経て、品種改良を重ねてきた。台湾と日本の品種をかけ合わせた「香米」、良質の品種「台粳9號」などがある。また、もち米の栽培も盛ん。

D 売り切れる前に急いで!
富富の正
フーフーダヂョン

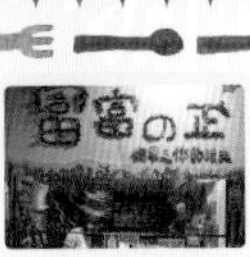

米粉と水の分量を変えて、弾力重視で「粿」、軟らかさ重視で「麻糬(お餅)」と作り分けている。あんの味もいろいろある。

Map 別冊P.11-C2 台北車站南部

中正區金山南路一段110巷4弄2號 ☎0986-638-586 8:30～売り切れ次第(12:00前後) 休月、旧正月 料20元～ Card不可 目 交MRT中和新蘆線・淡水信義線「東門」站2番出口より徒歩約3分 URL www.facebook.com/SDK124

E 三代にわたる信頼の味
川業肉圓
チュアンイエバーワン

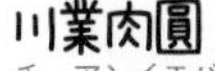

1910年より肉圓を作って販売する、新竹発祥の老舗。肉圓は蒸籠で蒸すほか、低温の油でじっくりと揚げる調理法で提供。食べやすい肉圓で人気。

Map 別冊P.16-B1 萬華

萬華區廣州街165號 ☎2308-1641 10:00～21:00 休無休 料30元～ Card不可 席36 交MRT板南線「龍山寺」站3番出口より徒歩約3分 URL www.instagram.com/chuanyeh1910

F 安うまが揃う食堂
金峰魯肉飯
ジンフォンルーロウファン

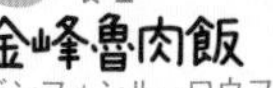

台北で滷肉飯といえば必ず候補にあがる有名店。少し甘めの味付けの滷肉(煮込み肉)。スープやおかずも充実。時間によっては混雑する。

Map 別冊P.10-B3 西門町&萬華

中正區羅斯福路一段10號 ☎2396-0808 8:00～翌1:00 休月、旧正月・清明節・端午節・国慶節 料30元～ Card不可 席40 目 交MRT淡水信義線・松山新店線「中正紀念堂」站2番出口より徒歩約1分

台湾の米の産地は台東の池上が有名だが、彰化の二林をはじめ台中や台南、宜蘭、雲林など各地で栽培されている。

伝統スタイルからブームの三明治（サンミンヂー）まで 台北朝食メニューセレクション

外食依存度が高い台湾だから、朝食のバリエーションも豊富。
イートインもテイクアウトもOK。必食メニューをチェックして、
ホテルの朝食をパスしちゃおう♪

地元の定番 粥（チョウ）

栗入りのとろとろ粥
冬菇痩肉粥 ドングーショウロウヂョウ 40元

栗を加えたお粥に油條をのせて。サラッと食べられる

瑞安豆漿大王→P.81

周記肉粥店

A 豚肉のお粥
肉粥 ロウヂョウ 15元

干しエビとカツオのだしをベースに、醤油で味を調えただけ。シンプルだがしっかりした味のお粥。さらりと食べられる

SIDE MENU

周記肉粥店

＋ 豚バラ肉の揚げ物
紅燒肉 ホンシャオロウ 60元

下味をつけた豚バラ肉を1日寝かせてサクッと揚げる。（37.5g30元）

豆漿（ドウジアン）&油條（ヨウティアオ） 台湾の醍醐味

お酢を入れて、分離させている
無糖のほか甘さの調節も可能

B プレーンタイプの豆乳
豆漿 ドウジアン 35元

B 塩味の豆乳
鹹豆漿 シエンドウジアン 45元

大豆の濃縮したうま味と豊かな風味で重量感がある豆乳。飲むだけでなく、焼いた粉ものを浸して食べる

SIDE MENU ＋

サックサク

今、コレが女子に人気♥

釜焼きパイの揚げパンサンド
厚餅夾油條 ホウビンジアヨウティアオ

2種類の異なる粉もの料理。これだけで食べるより豆漿に浸して食べるのが◎

揚げパン
油條 ヨウティアオ

揚げたてがサックリして甘くて美味。豆漿に浸して食べるのが伝統的な食べ方

釜焼きパイのエッグサンド
厚餅夾蛋 ホウビンジアダン

パリパリの皮が香ばしい釜焼きの焼餅で、塩味の効いたネギ入り卵焼きをサンド

蛋餅（ダンビン）

鉄板で焼くスタイル！

C 人気のチーズ入り
原味蛋餅45元 ユアンウェイダンビン＋**起司**チーズ 70元

味鼎の蛋餅はピーナッツ、ネギ、揚げパンなどが入り、ラー油をかけて食べる

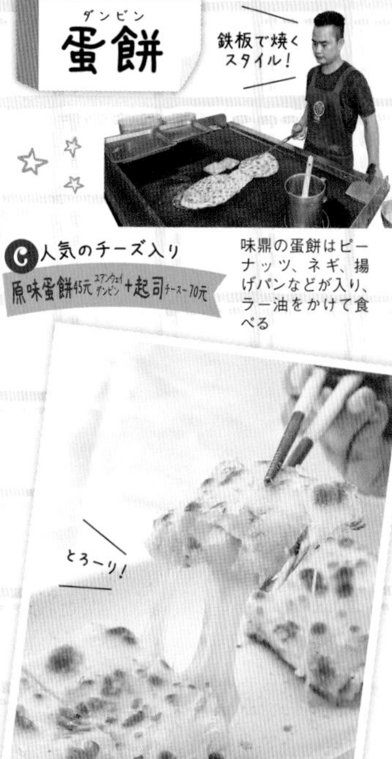

とろ〜り！

♥ 蛋餅にハマった。プレーンな蛋餅に甘い醤油と辣椒醤をつけるだけで十分おいしかった。（広島県・miku）

飯糰
ファントゥアン

ボリューム満点

D 野菜を入れてヘルシーに
海苔牛蒡飯糰 ハイタイニョウバン ファントゥアン 60元

きんぴら風ゴボウ入りで美味！

D 油條入りの人気食
招牌紫米飯糰 ヂャオパイヅーミー ファントゥアン 55元

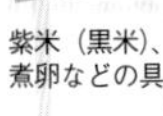

紫米（黒米）、煮卵などの具

涼麵
リアンミエン

朝の麺

涼麵は味噌湯（25元）と組み合わせるのが定番

陳家涼麵 → P.47

SIDE MENU

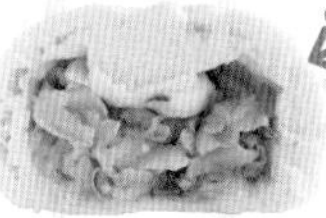

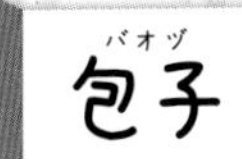

包子
バオヅ

蒸したては必食

E キャベツまん
高麗菜包 ガオリーツァイバオ 28元

蒸したてほかほか♪

ボリュームはあるがキャベツたっぷりでヘルシー

E 豚まん
鮮上肉包 シエンシャンロウバオ 30元

豚肉メインで、ネギ、キャベツ入り。ボリューム満点！

漢堡
ハンバオ

自家製パン派に！

ちゃんと食べて元気にスタート！

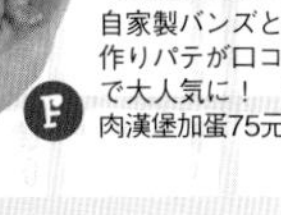

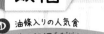

F 自家製バンズと手作りパテが口コミで大人気に！ 牛肉漢堡加蛋75元

麵包
ミエンバオ

吳寶春麥方店 台北信義旗艦店 → P.43

吳寶春のパンはローズクロワッサンなど必食ばかり！

喫茶店の朝食メニュー

喫茶店の燒餅は野菜やチーズを挟んだヘルシー版（110元、終日提供）。コーヒーと一緒に食べてみて。

丹堤咖啡
ダンディカーフェイ

Map 別冊P.11-D2 台北車站南部

大安區濟南路三段25號 ☎2740-2350 ⏰7:00～20:00 休無休 料60元～ Card J.M.V. 席35 交MRT中和新蘆線・板南線「忠孝新生」站6番出口より徒歩約3分 URL www.dante.com.tw

三明治
サンミンヂー

サンドイッチ。街角でよく見る具は肉鬆（肉でんぶ）やチーズなど。お試しを

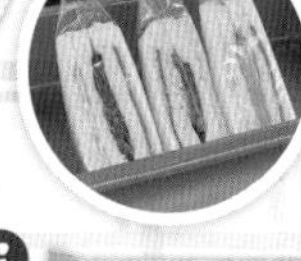

F
法式吐司
ファーシートゥースー

台湾産蜂蜜とチーズを挟んだ台湾スタイル。50元

A 周記肉粥店 チョウジーロウヂョウディエン

Map 別冊P.16-B1 萬華

萬華區廣州街104號 ☎2302-5588 ⏰6:00～16:15 休毎月2回不定休 料80元～ Card不可 席50 日 《日》少し 交MRT板南線「龍山寺」站3番出口より徒歩約5分

B 阜杭豆漿 フーハンドウジアン

Map 別冊P.11-C1 台北車站南部

中正區忠孝東路一段108號 華山市場2F ☎2392-2175 ⏰5:30～12:30（売り切れ次第）休月、旧正月、端午節、中秋節 料30元～ Card不可 席200 《日》少し 交MRT板南線「善導寺」站5番出口よりすぐ

C 味鼎 ウェイディン

Map 別冊P.7-D3 台北車站北部

中山區龍江路21巷3號 ☎2772-3685 ⏰5:45～13:00 休毎月1回（不定休）料15元～ Card不可 日 席28 交MRT松山新店線・文湖線「南京復興」站2番より徒歩約10分 URL www.facebook.com/weiding.offical

D 劉媽媽飯糰 リョウマーマーファントゥアン

Map 別冊P.11-C3 台北車站南部

テイクアウトのみ

中正區杭州南路二段88號 ☎3393-6915 ⏰5:10～11:30 休月、旧正月・端午節 料35元～ Card不可 交MRT松山新店線・中和新蘆線「古亭」站6番出口より徒歩約3分

E 可味包子 クーウェイバオヅ

Map 別冊P.7-D2～3 台北車站北部

中山區龍江路162號 ☎2501-1963 ⏰6:00～19:00、土～16:00 休日、旧正月 料20元～ Card不可 日 席14 交MRT松山新店線・文湖線「南京復興」站1番出口より徒歩約5分 URL 25011963.com

F 元素手工漢堡專賣店
ユエンスーショウゴンハンバオヂュアンマイディエン

Map 別冊P.13-C3 信義イースト

信義區基隆路二段39巷23號 ☎8733-1119 ⏰6:00～15:00 休土 料30元～ Card不可 席28 交MRT淡水信義線「台北101/世貿」站2番出口より徒歩約6分

「阜杭豆漿」はいつも長蛇の列。市内に点在する「永和豆漿大王」（Map 別冊P.11-D1など）なら並ばずに食べられる。

日系ホテルの女子スタッフが教えてくれた！「私の行きつけ♡

流行を押さえる派なら！
パワーチャージしてね

ホテルグレイスリー台北の
蘇 祺婷（SU CHI TING）さん

すてきな笑顔と丁寧な接客でフロント業務などを担当。台北の魅力を教えてくれる。

飯／忠青商行 チョンチンシャンハン

台南でメジャーな蝦仁飯（エビご飯）が台北でも大人気。ホテル近くに本店があるが、定食を提供してアクセスもよいのが遠百信義A13店。味と量に大満足できる。

Map 別冊P.13-D2 信義イースト

住信義區松仁路58號4F 遠百信義A13店 電2722-3700 営11:00～21:30、金・土～22:00 休無休 料230元～、サ10% Card A.J.M.V. 席36 日 交MRT板南線「市政府」站3番出口より徒歩約5分

大人気のエビご飯！

推しpoint
♡エビご飯はエビのダシで炊いているから風味がいい！
♡メニューも写真付き＆日本語併記

1. 忠青炒排骨（とんかつ）も追加可（98元、単品128元） 2. 定食はメイン+副菜3種。招牌好蝦蛋飯套餐278元～ 3. レトロ調のインテリア

さくっと派なら！
時間を気にせずお食事を

麺／蘭芳麵食館 ランファンミエンシーグアン

四川出身の料理人が作る、麺がメインの四川料理のカジュアル店。約20種類のスパイスを調合。辛さは3段階から選べる。辛くない副菜もある。

Map 別冊P.7-D3 台北車站北部

住中山區遼寧街95號 営11:30～21:00 休旧正月 料40元～ Card不可 席45 交MRT松山新店線・文湖線「南京復興」站2・4番出口より徒歩約3分 URL www.lanfang.tw

推しpoint
♡麺＆辛いもの好きに。おかずも充実。ひとりでも利用しやすい
♡自家製の花椒辣油で辛さを調整できる

これぞカキの弾力の見本デス！

新鮮なカキと卵を使う雞蛋蚵仔煎70元。香りが際立つ一品

半熟卵のせ魯肉飯

魯肉飯（単品、小）35元。目玉焼きプラス（加煎蛋）で50元

カフェ／TAMED FOX XINYI テイムドフォクスシンイー

開放的な空間でリラックス♪

台湾出身のDebraさんとアメリカ育ちのLeinaさんが立ち上げたヘルシー志向のカフェ・レストラン。アメリカナイズされたメニューを求めて健康に敏感な人が訪れる。

1. ナチュラルテイストな店内 2. 燻鮭魚酪梨開放三明治420元。自家製リコッタチーズにスモークサーモンが合う

Map 別冊P.13-D2 信義イースト

住信義區松仁路91號B1 電8786-3389 営9:00～17:30（L.O.16:30） 休旧正月 料100元～ Card J.M.V. 席100 交MRT板南線「市政府」站3番出口、MRT淡水信義線「象山」站3番出口より徒歩約8分

推しpoint
♡台湾の食材を使った新感覚メニューが充実。洋食好きならココ！
♡ヘルシーにこだわるおしゃれな店

「忠青商行（善導寺本店）」Map 別冊P.11-C1 はスマホで注文するスタイル。自分のペースで注文できた。（愛知県・宮地）

ここ数年で台北にオープンした3軒の日系ホテル。そこで働く女子スタッフがaruco女子だけに教えてくれた、とっておきのお店と推しグルメを一挙公開！

ホテルメトロポリタン プレミア 台北の
Joyce LinさんとElvila Chenさん

セールス＆マーケティング部勤務。激務の合間にコスパ&タイパのいい店を探すのが楽しみ。

蘭芳花椒麺95元。上海名物、麩料理の四喜烤麩（55元）も人気

飯／天天利美食坊
ティエンティエンメイシーファン

並んでも食べる価値ありの人気店。職人が鉄板で焼き上げる蚵仔煎や大根餅をはじめ、みんなのお目当ては半熟卵のせ魯肉飯。一度はご賞味あれ。

Map 別冊P.16-A2 西門町

萬華區漢中街32巷1號 ☎2375-6299 ⏰11:00～22:30 休月、旧正月 料30元～ Card不可 席30 日 交MRT板南線・松山新店線「西門」站6番出口より徒歩約6分

推しpoint
♡半熟卵の魅力は世界共通！ 滷肉とかき混ぜて召し上がれ
♡カキの味を引き出す絶妙な焼き加減

話題店なら！

台北ですてきな思い出を

MGH 三井ガーデンホテル 台北忠孝の
辜 佳慧（Caprice Ku）さん

広報勤務。日本語が堪能で日本人の好みを熟知。店の開拓にも積極的で頼りになる存在。

カフェ／ACME｜Cafe Bar&Restaurant 臺北表演藝術中心
アクミー

「都市型ライフスタイルのカフェ」をコンセプトにカフェを展開するACME。常に先をいくカフェスタイルで話題の的に。味にこだわるフードも高評価だ。

推しpoint
♡入店と同時に目を奪われる眺望とバツグンの開放感！
♡空の色で雰囲気が変わるオシャレな空間

酪梨烤雞塔塔及大蒜藜麥飯580元。ガーリックライスで食欲アップ

Map 別冊P.16-A1 士林

士林區劍潭路1號 臺北表演藝術中心7F ☎6617-7575 ⏰12:00～21:00、火～18:00 休月 料300元～、サ10% Card A.J.M.V. 席80 交MRT淡水信義線「劍潭」站3番出口より徒歩約1分 URL www.acmetaipei.com

軽食／fruitos 森果治
フルータス センゴオチー

台湾ではまだ多くないフルーツサンドの専門店。新鮮なフルーツをふんだんに使い、軽めのクリームで仕上げているので年齢を問わず食べやすい。

Map 別冊P.7-C1 台北車站北部

中山區松江路376-1號 ☎2599-3058 ⏰7:00～15:30、土8:30～16:00 休日・祝、旧正月 料30元～ Card不可 席6 交MRT中和新蘆線「行天宮」站4番出口より徒歩約3分 URL www.facebook.com/fruitos20

推しpoint
♡季節のフルーツのフルーツサンドのほか、シェイクなども◎
♡思わず食べたくなるキュートな見た目

草莓綜合（イチゴミックス）など季節でフルーツをチェンジ（55元～）

私の行きつけ♡推しグルメ

ビタミン豊富で写真映えするピンクドラゴンフルーツ（紅火龍果）のドリンクが最近のトレンド。

ひとりでも安心♪

aruco調査隊が行く!!②

おひとりさまの強いミカタ！ 使える「フードコート」おすすめBest 3

リニューアルしてパワーアップ！

Best 1 台北101 美食街

タイペイイーリンイー メイシージエ

美食度★★★★
バリエーション★★★★
おひとりさま度★★★★

バランス抜群！

阿達師五星麵鋪 滷味拼盤 綜合大拼盤168元

豆干（硬めの豆腐）、昆布、練り物などのピリ辛煮込み。うまし！

小南門 筒仔米糕＋苦瓜排骨湯＋燙青菜135元

もちもちしっかり味のおこわにスープとゆで野菜でお味も栄養も◎

テイクアウトも可。店舗で持ち帰りたいと伝え器をもらおう。袋は有料

阿達師五星麵鋪 檸檬冬瓜冰沙38元

上：写真つきのメニューがあるので注文もしやすい　左：モダンですっきりとしたスペース

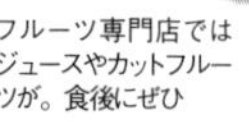

果汁熊 木瓜80元

フルーツ専門店ではジュースやカットフルーツが。食後にぜひ

台北101で絶景を堪能したあとは、地下1階のフードコートへ。2019年にリニューアルし、いまでは麺や滷肉飯、お粥、ファストフードなど31店ほどが並ぶ。食事時には大混雑する人気ぶり。

Map 別冊P.13-C2 信義イースト

信義區信義路五段7號B1F ☎8101-8800 11:00～21:30、金・土・祝日の前日～22:00 休無休 予100元～ Card店舗により異なる 日▶少し 席800 交MRT淡水信義線「台北101／世貿」站4番出口よりすぐ URL www.taipei-101.com.tw/tw/

客家料理を提供する「米家庄」
※「米家庄」は2024年5月現在、クローズ。

花蓮扁食 雞肉飯＋燙青菜＋鮮肉扁食湯160元

花蓮名物の扁食（ワンタン）をセットでどうぞ

上：さまざまな店が入る2階。台湾の味を楽しむには「台湾夜市」の看板があるエリアへ　左：週末は人でいっぱい

台北駅上で超便利！

Best 2 微風台北車站

ウェイフォンタイペイチェーヂャン

美食度★★★★
バリエーション★★★★
おひとりさま度★★★

台北駅2階の1フロアを占める大規模フードコート。レストランもあり、カフェからステーキまでバリエ豊富。台北駅の真上というロケーションも◎。

Map 別冊P.17-C1 台北車站周辺

中正區北平西路3號2F ☎6632-8999 10:00～22:00 休無休 Card A.J. M.V. 日▶少し（店舗により異なる） 席600 交台鐵台北車站2F URL www.breezecenter.com

台南名物を台北で！

洪十一台南擔仔麵套餐 193元

台南の老舗店の擔子麺が楽しめる。素朴でしみじみとしたおいしさ

迪化街の「夏樹甜品」Map 別冊P.14-A1がお気に入り。中山の誠品生活南西B1階にもありうれしい！（山梨県・豆子）

ショッピングの合間、ささっとご飯を食べたいときやひとり旅のとき、頼りになるのがフードコート。バラエティ豊かなメニューからその日の気分でチョイスでき、お手頃価格なのもうれしい。数あるフードコートからarucoがセレクトしたベスト3をご紹介。

知る人ぞ知るローカルダイニング

Best 3 中崙市場 美食街

チョンルンシーチャン メイシージエ

美食度 ★★★★
バリエーション ★★★
おひとりさま度 ★★★★

皮とあんが絶妙！

05老楊山東水餃
高麗菜水餃7元／個
（10個以上から） 小菜30元～

50年以上続く人気の水餃子店。17:00～22:30（不定休）

阿樹国際旅店というホテルのビルに入るローカル市場の美食街。1階は生鮮食品などで、2階がフードコート。台湾フードのほかラーメンや韓国、東南アジアの味も。ほどよい混み具合。

Map 別冊P.8-B3 松山區

松山區八徳路三段76號 ☎2577-3545 10:00～22:30（店舗により異なる）休店舗により異なる 予100元～ Card店舗により異なる 交MRT松山新店線「台北小巨蛋」站3番出口より徒歩約6分

素朴な味わい

11中崙蚵仔煎
蛋炒飯60元
貢丸湯30元

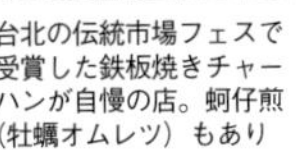

台北の伝統市場フェスで受賞した鉄板焼きチャーハンが自慢の店。蚵仔煎（牡蠣オムレツ）もあり

平日夕方は仕事帰りらしい人が多く、週末はファミリーの姿も

48蘭心手作坊
糖水豆花50元

毎朝手作りするという豆花はやさしい味わい

自助餐にもトライ!!

好きなだけ自分で料理を取る自助餐。店員が取ってくれる店もあるが、いずれも安価で栄養バランスのよい食事ができる。

1. 自分で料理をお皿に取ってレジへ。料金は重さで決まる。この写真で110元くらい 2. 清潔な店内 3. どれもおいしい！

どれもおいしい！ ベジフードビュッフェ

全國健康素食 大安忠孝店

チュエングオジエンカンスーシーダーアンヂョンシアオディエン

台湾各地に展開する素食（ベジタリアン料理）ビュッフェのチェーン店で、旬の新鮮な食材を使った野菜料理が常時45～50種類ほど並ぶ。おいしい野菜をたくさん食べたいときの救世主的存在だ。

Map 別冊P.12-A1 信義イースト

大安區復興南路一段107巷21號 ☎2775-1139 10:30～20:00 休無休 予100元～ Card不可 席45 交MRT板南線・文湖線「忠孝復興」站4番出口より徒歩約3分 URL www.facebook.com/ckhv1996.com.tw

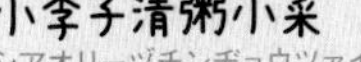

1. お皿に盛られた料理を取るか、店員さんに取り分けてもらう
2. これで約260元

深夜にうれしいお粥とおかず

小李子清粥小菜

シアオリーヅチンヂョウツァイ

料理を選び、席に着いたら主食をオーダー。食べ終わったら伝票を持ってレジでお会計を。店外に大きなメニューが貼ってあるが文字のみなので参考程度に。地瓜稀飯（サツマイモのお粥）が評判。

Map 別冊P.12-A3 信義イースト

大安區復興南路二段142-1號 ☎2709-2849 17:00～翌6:00 休月（祝日の場合はその翌日）予150元～ Card不可 交MRT文湖線「科技大樓」站より徒歩約4分 URL www.facebook.com/twxiaolizi/

「全國健康素食 大安忠孝店」では甜品（デザート。取材時は緑豆の甘いスープ）まであって満足度高し。

好きなもの集めて至福のひととき！

外帯テイクアウト天国 台湾で食べたい 高コスパグルメ！

ちょっぴり疲れて早めにホテルに戻る日や あと少し何か食べたい！ というときに 楽しいテイクアウトの提案です♪

かわいい花布を敷いて気分アップ！ 永樂市場→P.123

台湾テイストのビールで乾杯！

18天台灣生啤酒45元（左） 臺虎精釀 青甘寶貝89元（右）

軽やかな18天台灣生啤酒や台湾らしい味のクラフトビールなど、飲みやすく楽しいビールでスッキリ爽快 H

コンビニで

甘くやさしい癒やしの味

豆花65元

濃い味のチェイサーや、食後のデザートに。なめらかな口当たりの豆乳スイーツをどうぞ C

辛いっ！ うまいっ！

珍珠炒手（紅油）55元

薄皮でツルリとしたワンタンを辛味ソースで。辛さの中にうま味がギュッ！ ビールが進む！ A

専用シートあり　夜遅くまで入手可　日本語あり

おかずにもおつまみにも最強！

招牌鍋貼6.5元／個

厳選した豚肉とキャベツを包んで香ばしく焼き上げた餃子。タレにつけてもそのままでも A

日本語あり　夜遅くまで入手可　専用シートあり

ほんのり甘～いサツマイモ

地瓜薯條60元

ホックホクに甘いサツマイモをフライドポテトに。絶妙な甘じょっぱさに手が止まらない B

夜遅くまで入手可

トリ皮の中にもち米！

呱呱包65元

パリッと揚がったトリ皮の中にはみっしりとおこわが！ 食感と味わいのバランスが秀逸 B

夜遅くまで入手可

ヘルシーおいしい果物！

月光山木瓜（截切）59元

クリーミーな甘さの木瓜（パパイヤ）。コンビニで手に入る季節のカットフルーツも美味 I

コンビニで

カリッとジューシー

原味雞腿60元　夜遅くまで入手可

捌いて72時間以内の新鮮な鶏肉のみを使用。独自の調理法でパリッとジューシーに B

お手軽餃子チェーン！

八方雲集 林森北店

バーファンユィンジー リンセンベイディエン

焼き・水餃子、ワンタン、スープ、小皿料理、麺類など豊富なメニューとお手頃価格で食事時には大にぎわい。

Map 別冊P.15-D1 中山

住中山區林森北路271號 ☎2543-5607 ⏰10:00～翌3:00 休無休 料100元～ Card J.M.V. 日 席20 交MRT淡水信義線・松山新店線「中山」站3番出口より徒歩約10分 URL www.8way.com.tw/home

地元っ子大好きチキン店

頂呱呱 T.K.K. Fried Chicken 林森北店

ディングァグァ リンセンベイディエン

1974年7月20日、西門町に1店舗目を開業。台湾の食材にこだわり安心安全なおいしさを提供し続けている。

Map 別冊P.15-D1 中山

住中山區林森北路281號 ☎2568-1679 ⏰11:30～翌2:00、祝日11:00～（イートインは～翌0:30）休無休 料165元～ Card 不可 席16 交MRT淡水信義線・松山新店線「中山」站3番出口より徒歩約10分 URL www.tkkinc.com.tw/

台湾甘味いろいろ

Meet Fresh鮮芋仙 中山旗艦店

ミートフレッシュ シエンユィシエン チョンシャンチーヴァンディエン

始まりは台中で農業を営む夫妻の、食材と昔ながらの味を大切にした甘味。豆花、芋圓、仙草などメニュー多数。

Map 別冊P.15-C2 中山

住大同區南京西路18巷6弄1之1號 ☎2550-8990 ⏰12:00～22:00 休無休 料65元～ Card A.J.M.V. 席40 交MRT淡水信義線・松山新店線「中山」站1番出口より徒歩約2分 URL www.meetfresh.com.tw/tw/

好きな具材を揚げてくれる

師園鹽酥雞 西門店

シーユエンイエンスージー シーメンディエン

師大夜市で1984年から続く人気店による西門支店が登場。その場で素揚げする食材は熱々でうま味のかたまり！

Map 別冊P.16-A2 西門町

住萬華區成都路28號 ☎2314-3966 ⏰12:00～24:00 休無休 料鹽酥雞（とりの唐揚げ）70元～ Card 不可 席15 日 交MRT板南線・松山新店線「西門」站1番出口より徒歩約1分 URL www.facebook.com/ShiYun23633999/

ホテルに帰ってお風呂に入ってから鹽酥雞と台湾ビールで心置きなく晩酌。そのまま寝れるしサイコー！（東京都・D）

花蓮蜜香紅茶120元

ボトルを開けるとふわりとお茶の華やかな香りが漂い、ハッピーな気持ちに

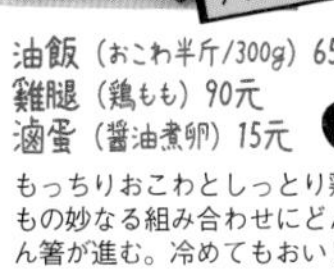

油飯（おこわ半斤/300g）**65元**
雞腿（鶏もも）**90元**
滷蛋（醤油煮卵）**15元** F

もっちりおこわとしっとり鶏もも妙なる組み合わせにどんどん箸が進む。冷めてもおいしい

可楽果30元

台湾で50年以上愛されるえんどう豆のスナック。カリッとうまい！

及第小籠湯包49元

冷蔵でもきちんと小籠包。コンビニで温めてもらうのをお忘れなく

鹽酥雞
四季豆（いんげん豆）**45元**
中華雞蛋豆腐（卵豆腐）**40元**

とにかくビールや炭酸に合いまくる！ニンニクたっぷり激うまピリ辛素揚げ

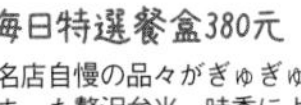

招牌火腿39元

柔らかなパンにクリームの淡い甘味、ハムの塩気がたまらない！昼食にも◎

毎日特選餐盒380元

名店自慢の品々がぎゅぎゅっと詰まった贅沢弁当。時季により食材と内容が変わる G

純手作　麻油雞糯米飯糰49元

麻油雞を食べているかのような香り高きおこわおにぎり。店で温めてもらおう

紅烏龍焦糖千層200元

紅茶の芳しさとキャラメルの香ばしさが上品な、至極のミルクレープ

日本語あり L

HOW TO テイクアウト

台湾では食堂やレストラン、ほとんどの店でテイクアウトが可能。

キーワードは…

外帯（ワイ タイ）テイクアウト　**內用**（ネイ ヨン）イートイン

食堂や屋台での注文時に「外帯？ 內用？（ワイタイ？ ネイヨン？）」と、テイクアウトかイートインかを聞かれることが多いので、「外帯（ワイタイ）」と書いたものを見せるか、思い切って返事してみても（標準語で「ねぇねぇ」と似たイントネーションで発音すると近いかも）。

店に書き込み式の注文専用シートが置いてあることも。あればこれに記入する。

欲しいものにチェック。個数も忘れずに。

専用シートがイートイン、テイクアウト共用の場合は「外帯」のところにチェックを。

レシートやタグで「取餐號碼」（受け取り番号）をもらうことも。番号の掲示か呼び出しがあるまで待とう。

お弁当の購入方法

「經典料理餐盒」は電話予約か現地で直接買える。予約がベターだが、販売開始の11時ごろ店に行くとすぐに購入できる可能性高し。数量限定発売ではあるが、もし売り切れていた場合はその場で注文して、30分くらい待てば作ってもらえるとのこと。

E ふわふわのサンドイッチを

洪瑞珍　北車概念店

ホンレイゼン ベイチャーガイニエンディエン

1947年創業の老舗菓子店。ふわっと柔らか、こだわりの食材によるサンドイッチは一度食べたら忘れられないおいしさ。

Map 別冊P.17-C1　台北車站周辺

住中正區北平西路3號 微風台北車站1F（北2門すぐ）☎0800-030-023　営10:00〜22:00　休無休　料サンドイッチ39元〜　Card J.M.V.　日　交台鐵台北車站1F　URL www.hrc1947.com/
他士林店 Map 別冊P.5-C2

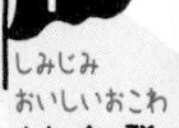

F しみじみおいしいおこわ

林合發油飯店

リンホーファーヨウファンディエン

常に行列のおこわの老舗。1箱の半分（半斤・バンジン：300g）から購入可。9時頃までなら行列が短いことも。

Map 別冊P.14-A3　迪化街

住大同區迪化街一段永樂市場1F1041號攤位（民樂街大門入口右邊第一間）☎2559-2888　営7:30〜12:00　休不定休　料油飯（おこわ半斤/300g）65元〜　Card 不可　日　交MRT松山新店線「北門」站3番出口より徒歩約10分

G 台湾料理の名店

欣葉台菜　台北南西店

シンイエタイツァイ タイペイナンシーディエン

1977年開業の台湾料理レストラン。素材の味を生かした伝統的な美食を提供する。

Map 別冊P.15-C2　中山

住中山區南京西路12號 新光三越南西店1館8F ☎2523-6757　営テイクアウトの受け取りは11:30〜14:30、17:30〜20:30（レストランは11:00〜15:00、17:00〜21:30）休無休　料毎日特選餐盒380元〜　Card A.J.M.V.　予予約がベター（テイクアウトは要予約）交MRT淡水信義線・松山新店線「中山」站2番出口より徒歩約1分　URL www.shinyeh.com.tw/content/ja/info/Index.aspx

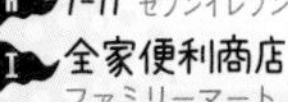

H **7-11** セブンイレブン
I **全家便利商店** ファミリーマート
→P.135
J **OK mart** オーケーマート
おやつ系充実のコンビニ
K **Hi-Life** ハイライフ
台湾発祥のコンビニ
L **永心鳳茶　新光南西店**
ヨンシンフォンチャ シングァンナンシーディエン
→P.162

コンビニには滷味（煮込み）やスープなどもあり夜食にピッタリ！

ソロ活におすすめ！ はずさない！ おいしい"ひとりご飯"

タオツァン
套餐
套餐は定食のこと。最近は日本語の「定食」を使うことも増えた

大人数での食事が当たり前の台湾でも、"ひとりご飯"が浸透してきて定食スタイルも激増中。自由を愛するソロ旅女子必食、味も雰囲気も満点な店にご案内。

台湾伝統料理

おひとりさま度 ●●●
おすすめ時間
開店と同時／13:00～／18:00～

ほっとする味つけ

ソロ旅の強い味方
阿花蕎麥麵 アーホアチアオマイミエン

築60年以上の古民家を改装し、台湾の家庭料理をカジュアルに提供。食材や味、サービスのよさで居心地がよく、「台北の我が家」的存在。リピ必至の店だ。

Map 別冊P.15-D1 中山

食べて笑顔になって！

1. 豚の前脚付け根の煮込み（香滷蹄膀）100元 2. 豚肉ソテー＆卵のせご飯（阿花豬排飯）170元 3. 野菜中心の手作り日替り惣菜は各50元 4. 鶏スープで食べるそば（雞湯蕎麥麵）160元

住中山區中山北路二段59巷60號
☎2567-7717 ◷11:00～14:00、17:00～20:30 休日、旧正月 予90元～ Card不可 席45 交MRT淡水信義線・松山新店線「中山」站3番出口、MRT淡水信義線「雙連」站1番出口より徒歩約8分 URL www.facebook.com/ahwanoodles

おしゃれひとり鍋

レトロな店内で気軽にひとり鍋
這一小鍋 チェーイーシアオグオ

台中で人気の火鍋の店。レトロなインテリアの店内で、自分のペースで食事をエンジョイ。ピークタイム（12～13時、19時）をはずした利用がおすすめ。ひとり280元～。

クールダウンに

Map 別冊P.15-C2 中山

住中山區南京西路14號 誠品生活南西店3F ☎2581-0850 ◷11:00～22:00（L.O. 20:30）休旧正月 予280元～ Card A.D.J.M.V. 席58 交MRT淡水信義線・松山新店線「中山」站2番出口より徒歩約2分

気軽にご利用を♪

1. 無料の麦焦がし味のソフトクリーム 2. 台湾女性に人気の海鮮3種盛り128元 3. 特選培根牛肉（牛バラ肉）315元 4. スープ（鍋底）、具材を決めて注文

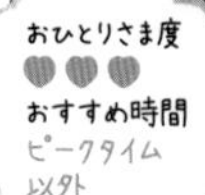
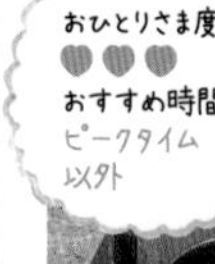

おひとりさま度 ●●●
おすすめ時間
ピークタイム以外

麻辣味も推しスープ

火鍋の個人利用は敷居が高いかと思ったけど、スマホを見ながらひとり席で気兼ねなく食事ができた。（埼玉県・椿）

新鮮！
台湾シーフード

高雄から直送される
新鮮シーフード

北棲邸家 ベイチーディージア

養殖業を営むオーナーの高雄の実家から届く新鮮なシーフードを使い、都会の生活スタイルに合わせて提供。ヘルシーなメニューはどれも自信作。

Map 別冊P.11-C1 台北車站南部

中正區忠孝東路二段40號 ☎3343-3587 🕘11:30～15:00、17:30～21:00 休旧正月 料240元～ Card M.V. 席30 交MRT板南線「善導寺」站3番出口、MRT中和新蘆線・板南線「忠孝新生」站2番出口より徒歩約6分 URL www.instagram.com/87northhouse

おひとりさま度 ♥♥♥
おすすめ時間
開店と同時／13:00～／18:00～

1. 高雄生態養殖醉蝦338元（ゆでエビ）。混泳で養殖する新鮮なエビと虱目魚（サバヒー）を使う。 2. 藥滷無刺虱目魚肚387元。骨なし虱目魚の煮付け

おいしい"ひとりご飯"

台湾茶藝も
楽しめる

おひとりさま度 ♥♥♡
おすすめ時間
14:00～17:00（茶藝）

厳選の
台湾茶

1. 茶香獅子頭定食320元。ヴィーガン食とは思えない風味ある味付け、大豆ミートの団子 2. 自家製菓子のお茶請け各88元

実力派の老舗茶藝館

竹里館 チューリーグアン

厳選した台湾茶を使う茶藝館の草分け。お茶と相性のよい味付けの食事メニューも定評あり。上質な台湾茶と食事が楽しめる、貴重なお店だ。

Map 別冊P.8-A2 松山區

松山區民生東路三段113巷6弄15號 ☎2717-1455 🕘11:00～20:30 休水、旧正月 料200元～ Card A.J.M.V. 席25 交MRT文湖線「中山國中」站より徒歩約5分 URL isteashop.com

古民家で
休憩を

フォトジェニックな
映えご飯

絵になる
風景！

見学もできる古民家カフェ

預見日好 ユィージエンリーハオ

1904年完成の古民家のカフェ。迪化街（→P.158）散策の途中で立ち寄ってもいい。定食メニューは季節に応じてチェンジ、約6種類から選ぶ。建物内の見学も可（要確認）。

Map 別冊P.14-A1 大稻埕&迪化街

大同區迪化街一段282號 ☎2552-0282 🕘11:30～18:00（L.O.17:00）、土・日・祝11:00～20:00（L.O.18:30） 休月、旧正月 料380元～ Card 不可 席28 交MRT中和新蘆線「大橋頭」站1番出口より徒歩約7分 URL www.facebook.com/gooddayprophecycafe

おひとりさま度 ♥♥♡
おすすめ時間
開店と同時／13:00～

1. 写真撮影に最適な建物 2. 紅棗南瓜雞380元。カボチャと鶏肉の土鍋蒸し焼き。台湾の家庭料理を定食で提供（デザート付き）。居心地のいい窓際の席は大人気

通し営業の「這一小鍋」はありがたい存在。セットの野菜も多彩、ひとり席も完備で、ソロ活でも安心！

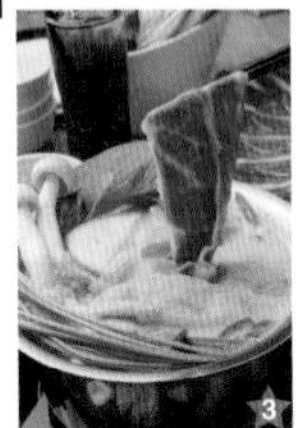

1. 練り物や餃子などの具材は追加料金（50元～）で。手作り餃子や肉団子も定番の具材 2. 広々とした店内 3. 具材のダシもプラスされてスープとしても楽しめる

白色の麻辣スープがやみつきに！

品湯。白色麻辣鍋專賣店

ピンタン バイスーマーラーグオチュアンマイディエン
PINGTOM

白胡椒のコクと辛味がクセになるスープに

白胡椒や金華ハムなどをベースに、18時間煮込んだ自慢のスープで食べる火鍋。コクと辛味のバランスからマレーシア産の白胡椒を使う。辛さは選べて、辛くないスープもある。お得な2人セットも◎。

Map 別冊P.12-B3 信義イースト

大安區通化街24巷3號 2700-8560 11:30～22:30（L.O.21:30） 休火、旧正月 料350元～、サ10% Card J.M.V. 席36 交MRT淡水信義線「信義安和」站4番出口より徒歩約2分 URL www.facebook.com/PINGTOM27008560 信義市府店 Map 別冊P.13-D1 信義區基隆路一段147巷25號

白いけど辛さとコクは抜群です！

白色麻辣鍋（バイスーマーラーグオ）

アツアツ名物火鍋は

赤く煮えたぎるスパイシーな台湾の鍋は具材も多さぁ、激うまパワーをチャージ

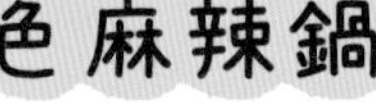

自家製酸菜が人気の絶品鍋

老舅的家鄉味

ラオジョウダジアシアンウェイ

1. 明るい店内 2. 手工川丸子（手作り揚げ肉団子180元）はスープを吸ってもサクサク 3. 醬牛肉捲餅（ビーフロール120元）をかじりながら 4. 肉や野菜など具材も新鮮で豊富

ヤミツキになる酸味＆うまさ

約3週間かけて自然発酵させた自家製酸菜（白菜の漬け物）と豚バラ肉の鍋は奥深い味わい。タレは自家製花ニラの漬け物、腐乳、にんにくを漬けた酢、おろしニンニク、刻みねぎ、トウガラシの6種からお好みで。もともとは台中の人気店。

Map 別冊P.8-A2 松山區

松山區復興北路307號 2718-1122 12:00～14:00、18:00～22:00 休旧正月 料800元～、サ10% Card A.J.M.V. 予予約がベター 席80 交MRT文湖線「中山國中」站より徒歩約3分 URL www.facebook.com/laujiotaipei

酸菜白肉火鍋（スアンツァイバイロウフオグオ）

銅鍋の真ん中に炭を入れ、煙突のふたで火力を調節しながら食べる。ひと鍋800元

熱した石鍋（石頭鍋）で肉を炒めてから食べる石頭火鍋は、肉が固くなりにくいし肉のうま味を感じられておいしい。（奈良県・ひか）

石鍋で炒めていくよ〜
必食メニューの月見飯！

気軽に寄れるミニ火鍋でお食事を

桂丁雞雙饗鍋（グイディンジーシュアンシアングオ）

ひとりでも安心　お手軽火鍋

石石鍋創
シーシーグオチュアン
Shi Shi Hot Pot

公式晩餐会でも使われる鶏肉を提供

石鍋で炒めた具を火鍋で食べるのが好きというオーナー2人による火鍋店。ブランド鶏「桂丁雞」は香りと弾力が高くて店の人気メニュー。カウンター席が多いのでひとりでも安心できる。

Map 別冊P.8-A3　松山區

松山區敦化北路155巷12號　☎2716-8228　12:00〜15:00、17:00〜22:00　休旧正月　料350元〜、サ10%　Card J.M.V.　席49　交MRT松山新店線「台北小巨蛋」站1番出口より徒歩約7分　URL www.facebook.com/ShiShiHotPot

1. ごま油でタマネギや薬味を炒める。2. 次に肉を炒め、肉だけ取り出す。3. キャベツを炒める。4. 最後にだしスープを注ぐ。ここまでスタッフが担当　5. スープが煮えたら具材や炒めた肉を入れてできあがり（400元）。月見雞絲雞油拌飯（月見飯。45元）も人気の必食メニュー

激うまいかが？

鍋やカラダにいい漢方系など、彩でバラエティ豊か。アツアツ火鍋でして町歩きを再開！

具材はどれも新鮮♪

クセになる特製麻辣スープ。

紅九九 個人麻辣火鍋
ホンジウジウ
グーレン
マーラーフォグオ

鴛鴦鍋（ユエンヤングオ）

和風味であっさり

シゲキ的〜！

自分のペースで楽しめる大人気のひとり鍋

父の代に「禎記館」として有名だった火鍋店を、ひとり鍋のスタイルにチェンジ。具材はハイティー風の特製スタンドに乗せて提供。麻辣スープは清涼感の強い青花椒（花椒の一種）をメインに、約20種類のハーブで作り、風味が豊かであと引くおいしさ。

Map 別冊P.8-B3　松山區

松山區南京東路四段179巷3號　☎8786-7299　11:30〜15:00、17:00〜23:00　休旧正月　料390元〜　Card 不可　予予約がベター　席58　交MRT松山新店線「台北小巨蛋」站5番出口より徒歩約6分　URL www.facebook.com/red9999

1. 麻辣味を和らげる冰醸酸梅汁60元　2. 野菜は50元〜、自家製餃子など49元〜。自家製イカペースト79元もおすすめ

鴛鴦鍋（麻辣と和風）の1人セット（野菜など具付き）598元

麻辣スープはこだわりのブレンド

3. ひとり席もあって便利。人気店なので予約がベター

鍋のシメに、ご飯や即席麺、うどんを無料で用意する店も！（店によっては有料なので確認を）。

STEP 1
まずは士林市場
地下1Fの美食廣場で
小吃三昧

麻辣臭豆腐（マーラーチョウドウフ）
40元～
ぷーんと漂う臭豆腐の臭気。クセになる味?!

イチオシ!
蚵仔煎（オーアージェン）
60元～
小ぶりカキ入りオムレツ。はずせない一品！

牛排（ニウパイ）
180元～
地元の人の大好物はビーフステーキ☆

イチオシ!
豪大大雞排（ハオダァダァジーパイ）
90元
必食メニューのフライドチキン。揚げたてを

店舗は美食區の入口横。行列必至！

大腸包小腸（ダァチャンバオシアオチャン）
60元～
ご飯で肉のソーセージを包んで。ボリューミー！

ソウルフード対決は→P.44

イチオシ!
花枝羹（ホァジィガン）
80元～
イカのとろみスープ。イカのうま味が濃厚♡

イチオシ!
生煎包（ションジエンバオ）
20元～
上海点心の焼き饅頭は必食小吃。アツアツを

300元で楽しめちゃう B級グルメパラダイス 士林夜市を攻略しちゃお☆

ナイトライフの決定版、士林夜市を遊び尽くしちゃお♪ エキサイティングな士林夜市は深夜までに大にぎわい。屋台から漂ういい香りに誘われて、時間を忘れて食べ歩き！

地下美食區の最大入場者数は1400人。混み具合の目安に

士林觀光夜市
シーリングワングアンイエシー

エネルギッシュに遊び倒そう！

台北最大の夜市。飲食屋台だけでなく、洋服や雑貨、アクセサリーなどファッションも充実。夜市は、建物になっている士林市場の地下が美食廣場で屋台集結エリア、露店屋台の小吃エリア、屋外のファッション系エリア、ゲーム系エリアとなっている。

Map 別冊P.16-A1 士林

士林區文林路、大東路、安平街ほか
美食區は昼間も営業。11:00頃～翌1:00頃
休 店舗により異なる Card 不可 MRT淡水信義線「劍潭」站1番出口より徒歩約3分

服、靴、アクセ系
屋内、屋外に店が並ぶ

小吃、食べ物系
屋内、屋外に屋台が並ぶ

ゲーム系
屋外

おいしいよ、食べてって! イカ煮ちゃうよ～
ゴム手袋の上に指輪♥ オシャレは大事よ～
やっぱりハズせない

熱気あふれる士林夜市の美食廣場。少しずつ食べ歩きを

士林名物の「豪大大雞排」の行列にチェックイン（笑） サクサクの衣にジューシーなチキン。並んで正解。（広島県・鯉）

どれにしよう？
指さし注文でも大丈夫。笑顔は万国共通よ★
イチオシ！
肉食女子よ、これを食べてみたまえ！
かき氷でクールダウン！
冷たい方がおいしいのだ
カラフルな伊達メガネで、いざイメチェン！
彼を誘惑しちゃう!?　さ、まとめ買い
単純なだけにハマるんだよ。トライしてみて
大餅包小餅

B級グルメパラダイス　士林夜市を攻略

STEP 2 次は屋外にある屋台をチェック！

立体雞蛋糕
小45元～
台湾版人形焼。焼きたてはよい香り、ほんのり甘くてペロリ。飲み物がある方がいいかな

糖葫蘆
35元～
ミニトマトやイチゴの飴がけ。ミニトマトの間に蜜餞（果物の砂糖漬け）がサンドされている

草莓雪片（辛發亭冰品名店）
80元

碳烤肉捲
1本60元
行列必至の人気メニュー。豚の薄切り肉で長ねぎを巻いて焼いたもの。シンプルなうまさ！

大餅包小餅（カレー味）
40元～
揚げ餅を砕いてソフトな餅の皮で包んで食べる。パリパリとしっとりが一度に楽しめる

老麵蔥花燒餅
25元～
石釜で焼くネギ入り焼餅。もちろん焼きたてが美味、ネギと粉の香りがたまらない

愛玉
35元～
台湾固有の高山植物、アイギョクのゼリー。レモンで味つけ、ツルっとしたのどごしが◎

STEP 3 食べるだけじゃない！ゲームもショッピングも満喫♪

ファッション・小物
靴、バッグ、下着、アクセサリー、スマホケースなど、チープなオシャレグッズ満載。見ているだけでも気分がアガル。粗悪品が紛れていることもあるので購入時はチェックして

麻雀ゲーム
1回50元。15個の麻雀牌を選んで、見本絵柄に合わせて並べ、柄が直線で並べば粗品をもらえる

夜市で使える知っ得中国語講座

「これください～」
▲我要買這個。　ウォーヤオマイチェゴ

「うわ～、おいしい。ありがとう」
▲喔,好吃、謝謝!　オー、ハオチー、シエシエ

「写真を撮ってもいいですか？」
▲可不可以拍照片?
クウブクウイーパイジャオピエン

夜市を楽しむポイント

- ウエットティッシュ、ティッシュ、エコバッグがあると便利。
- スリや置き引きに注意。また、親切にされても知らない人についていかないように。
- 衛生上、生ものは極力避けて。油で揚げたものを食べ過ぎて胃もたれにも注意を。
- 小銭や小額紙幣を用意しておくと会計が楽。トイレは士林市場内を利用するのが便利。

歩き疲れたら、「辛發亭冰品名店」Map 別冊P.16-A1 のかき氷でひと休みして。

アクセス抜群の大人気夜市

激混み承知で次々に人が訪れる激アツ夜市！

タロイモのペーストでカスタードを包んで揚げたお団子

台北でも指折りの美味しさで大人気の「賴雞蛋蚵仔煎」の雞蛋蚵仔煎

「蔡家嘉義火雞肉飯」の雞肉飯。七面鳥の肉とだしがやみつき

行列必至の雞蛋蚵仔煎はカキがたっぷりで卵もふんわり。イートインOK

食べ物メインのグルメ夜市 寧夏夜市

ニンシアイエシー

200mにひしめく100軒以上のB級グルメ

B級グルメの屋台や店舗が集まる台北を代表するグルメ夜市。中山エリアに近く、ショッピングや会社帰りの人などで夜遅くまでにぎわう。なじみの味を求めた常連も多い。話題の人気店も軒を連ねる。

Map 別冊P.14-B2～3 大稻埕

大同區寧夏路 17:00頃～翌1:00頃 休店舗により異なる 交MRT淡水信義線・松山新店線「中山」站5番出口またはMRT淡水信義線「雙連」站1番出口より徒歩各約8分

少し待てば順番で座れる。満席でも諦めないで！

よくグリルされたソーセージ。アツアツをどうぞ

週末の「寧夏夜市」は激混みで行列もすごい。人混みは苦手だけど食べ歩きできたし、行ってよかった。（長崎県・清）

Present
aruco
台北
たくさんのご応募
お待ちしてまーす!!
「aruco 台北」の
スタッフが取材で
見つけたすてきなグッズと、
編集部からの
とっておきのアイテムを
25名様
にプレゼント
します！
01 小銭入れ
P.122 掲載
02 ランチトート
P.122 掲載
03 トートバッグ
P.122 掲載
04 イグサの手作りカゴ
05 「Smith&hsu」
陶器製茶筒
06 悠遊卡
07 「李亭香」
オリジナル
グラス
2
名様
08 ポーチ
P.122 掲載
09 「自由葉」
ティー
メーカー
P.128 掲載
10 エコバッグ
P.135 掲載
11 電鍋バッグ
チャーム
2
名様
12 台湾ガラスの
蓋付き木箱
13 ミニバッグ
P.134 掲載
2
名様
14 ドリンク
ホルダー
P.155 掲載
2
名様
15 靴下２足セット
16 中国結セット
P.118 掲載
17 台湾柄
ミニポーチ
5
名様
※07、11、13、14、17 を除き、各１名様へのプレゼントです。※返品、交換等はご容赦ください。
応募方法
アンケートウェブサイトにアクセスして
ご希望のプレゼントとあわせて
ご応募ください！
URL https://arukikata.jp/jpcaxj
締め切り：2024年8月31日
当選者の発表は賞品の発送をもって代えさせて
いただきます。（2024年9月予定）
Gakken

士林夜市だけじゃない！

Night Market

饒河街夜市は→P.40

まだある！ツウな夜市へもGO！

地元の人が多くて小吃充実の夜市も魅力的

1. 涼糕（デンプン製の餅） 2. 魚のすり身揚げ。ゆで卵入りの生地が大人気の理由 3. 焼き餃子 4. 焼きトウモロコシも夜市の定番

下町のにぎやか夜市

艋舺夜市
モンジアイエシー

龍山寺近くの活気あふれる夜市

龍山寺の西側にある廣州街、華西街、梧州街の各夜市を合わせた名称。廣州街には小吃やデザート系、生活雑貨が、華西街はアーケード街で蛇や海鮮料理が、梧州街は羊肉鍋などがそれぞれ有名。下町情緒が残る夜市でもある。

煎餃
ジエンジアオ

Map 別冊P.16-B1 萬華

萬華區廣州街、華西街、梧州街 17:00頃～深夜 休無休 交MRT板南線「龍山寺」站1番出口より徒歩約3分

何を食べようかなあ～

B級グルメも雑貨もぎっしり

臨江街夜市
リンジアンジエイエシー

台北101に近く、外国人の利用も多いにぎやか夜市

台北101へ徒歩圏内の夜市で、外国人の利用も多い。B級グルメの屋台も並び、行列のできる人気店も多数ある。気軽な食べ歩きにもってこい。小さい夜市ながら、ファッション雑貨が充実しているから、地元女性客からの支持が高い。

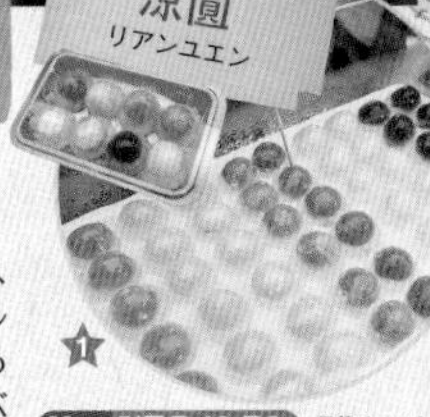

Map 別冊P.12-B3 信義イースト

大安區臨江街（通化街交差点が目印） 17:00頃～24:00頃 交MRT淡水信義線「信義安和」站4番出口より徒歩約5分

野菜や肉を揚げる鹽酥雞はいかが

1. 冷やして食べるカラフルな涼圓（くず餅の類） 2. 台湾ソーセージの屋台 3＆4. ヘアアクセやファッション雑貨店も点在で楽しめる

実力派の小型グルメストリート

遼寧街夜市
リアオニンジエイエシー

アクセスがいいオトナのための夜市

ここで食事をしたい人しか訪れない、グルメに特化した夜市。周辺がオフィス街なので昼から営業する店も多い。地元の人がグループで食事することも多いため、時間が遅くなるにつれてにぎやかに。そんな雰囲気も楽しんで。

招牌土鵝肉
チャオパイトゥーアーロウ

Map 別冊P.7-D3 台北車站北部

中山區遼寧街（朱崙街と長安東路の間） 12:00頃～翌1:00頃 交MRT松山新店線・文湖線「南京復興」站4番出口より徒歩約4分

1. 有名店「鵝肉城龜山島活海鮮」の先 2. 同店で人気のガチョウの冷菜（一人前50元～）

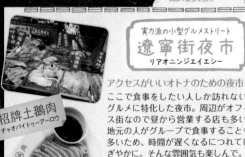

滞在中に一度は試してみる!?

臭豆腐
チョウドウフ

夜市へ行く時は荷物を最小限に。貴重品はホテルのセーフティボックスに預けて。夜市ではカメラやスマホの紛失に注意。

カクテルはおまかせ☆

スパイスが並んだカウンターでビクターさんがお出迎え

「預言便條紙（你沒救了）」はおみくじ付きのスパイシーなカクテル

「漫步狂野路上」はトロピカルテイスト

「紫色安息日」はウッディーなテイスト

イケメンバーテンダーに会える！

バーでビアホールで22時から楽しむ

台北のレストランはなんて心配ご無用！ バーでしっとり盛り上がるのもアリな台北ナイト。

AHA SALOON

アハ・サルーン

「Asia's 50 Best Bars2022」に選ばれた居心地のいいバー。台湾でも屈指の有名バーテンダー、ビクターさんが作るカクテルは、台湾茶ベースの蒸留酒を使うなど、テクニックとスパイスを駆使した独特な味わい。

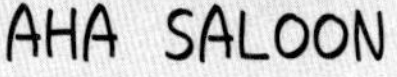

Map 別冊P.12-A3　信義イースト

大安區復興南路二段138號　☎2706-5206　🕘20:00～翌2:00（L.O.翌1:30）　休無休　料500元～、サ10%　Card A.J.M.V.　席60　交MRT淡水信義線・文湖線「大安」站5番出口より徒歩約6分　URL www.facebook.com/AHASaloon

Bar

Café

記得我. café

ジーダヲーカフェ

深夜営業のカフェで、好きなスタイルで過ごすのが台北っこのトレンド。カフェメニューに加えてアルコールメニューもある。店内に用意された伝言ノートに落書きをしながら、台北時間に浸ってみてはいかが？

深夜営業のカフェでまったりと

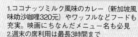

1.ココナッツミルク風味のカレー（新加坡風味叻沙咖哩320元）やワッフルなどフードも充実。映画にちなんだメニュー名も必見
2.週末の席利用は最長3時間まで

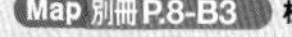

Map 別冊P.8-B3　松山區

松山區南京東路四段133巷4弄16號　☎2547-1517　🕘12:00～翌2:00、日・月～22:00　休旧正月　料140元～　Card J.M.V.　席40　交MRT松山新店線「台北小巨蛋」站5番出口より徒歩約4分　URL www.facebook.com/remembermecafe

次の台北滞在ではオシャレなバーにもっと行きたい。敷居も高くなく、スタッフが親切だったから。（神奈川県・リル）

※2024年5月現在、信義店は改装中につき臨時休業（2024年後半に再オープン予定）

金色三麥 ジンスーサンマイ

Map 別冊P.17-C1 台北車站周辺

日本のビアフェスでもおなじみ、「金色三麥」は台湾ではまだ珍しいビアレストラン。ドイツの醸造法を学び、台湾の自社ブリュワリーで醸造したビールはグラス180元～。クラフトビールに合うフードも充実。

大同區承德路一段1號台北京站時尚廣場4F ☎7737-0909 11:00～23:00、金・土～24:00 休無休 料300元～、サ10% Card A.J.M.V. 交MRT淡水信義線・板南線・「台北車站」Y5、Y3出口に直結 URL www.lebledor.com 台北美麗華店 Map 別冊P.5-D2 中山區敬業三路20號5F

台湾地ビールを味わえる

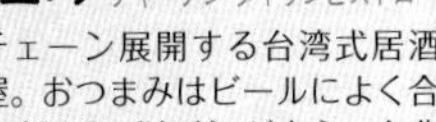

1.ブランドネギのピザ三星蔥披薩450元 2.ワラビと豚の背ロース焼き320元 3.左からラガー、デュンケル（黒）、龍眼の蜂蜜入りハニーラガー 4.デュンケルのソフトクリーム（120元）も人気（含アルコール）

22時から楽しむ台北ナイト

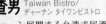

しっとり？にぎやかに!?台北ナイト

22時には閉まっちゃう……。飲みも、にぎわうビアホールで寝るにはまだ早い！

渣男 Taiwan Bistro/チャーナン タイワンビストロ

チェーン展開する台湾式居酒屋。おつまみはビールによく合う煮込み（滷味）が中心。台北で有名なバーテンダー、王靈安氏監修のオリジナルカクテル目当ての客も多い。ご賞味あれ。

渣男小麥艾爾（エールビール）200元や滷味盛り合わせ400元～など。ノンアル飲料もある

梅ベースのシグネチャーカクテル（320元）など

Map 別冊P.8-A3 松山區

松山區敦化北路120巷7弄13號（敦化三澮） ☎2545-9903 17:30～翌1:30 休旧正月 料120元～ Card 不可 席63 交MRT松山新店線・文湖線「南京復興」站6番出口より徒歩約7分 URL www.facebook.com/ZhananBistro3

気軽に行ける台湾式居酒屋

こうやってオーダー！

お目当てをセレクト

調理法を決定

さあ、できあがり

Beer Hall

台湾式ビアホール"熱炒"で乾杯

遊びにきてね～

鮮定味 シエンディンウェイ

Map 別冊P.7-C3 中山

新鮮な海鮮素材を生けすから自分で選び、調理法も指定しておつまみが完成。これをつまみながらビールを飲むのが「熱炒」の基本スタイル。夜遅くなるほど混雑する店内で、地元の人と盛り上がってみてはいかが？

中山區長安東路一段67號 ☎2567-3331 17:00～翌2:00（L.O.翌1:30） 休無休 料200元～ Card 不可 予要予約（当日可） 席140 旧少し 交MRT淡水信義線・松山新店線「中山」站2番出口より徒歩約10分

1.ビールが進む味付けの料理 2.フレンドリーな人たちも多い 3.ビールの販促ガールがいるのも熱炒ならでは

まだある！台北ナイトライフ 夜市もアツい！

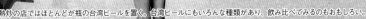

詳しくは→P.100

熱炒の店ではほとんどが瓶の台湾ビールを置く。台湾ビールにもいろんな種類があり、飲み比べてみるのもおもしろい。

愛されメニュー

松菸招牌雪茄

コーヒーソースをかけていただく、たばこ型ティラミス250元。左はアルコール入りの摩登紳士250元

1. 煙囱拿鐵（エントツラテ）200元 2. 吉拿棒南投70%（チュロス）220元 3. 天井が高く、くつろげる店内。二次元コードからメニューをスマホで読み取り注文

CAMA COFFEE ROASTERS

豆留文青／ドウリォウウェンチン

たばこ工場だった「松山文創園區」（→P.136）の鍋爐房（ボイラー室）として1939年に建設された建物の内部をリノベ。台湾産コーヒー豆を使用したドリップコーヒーからコーヒーを使ったカクテルまで独創的なメニューを提供。

香り高い1杯を

Map 別冊P.13-C1 信義イースト

信義區光復南路133號　松山文創園區內
2765-1008　10:00～18:00、土・日10:00～20:00
休旧暦大晦日、元日　Card J.M.V.　席109　交MRT板南線「市政府」站1番出口より徒歩約8分
URL www.camacafe.com

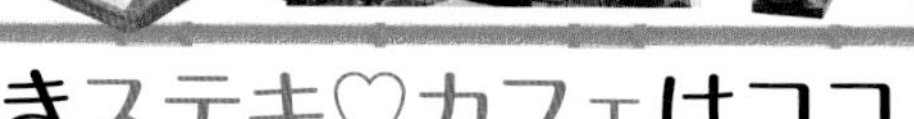

今、台北で行くべきステキ♡カフェはココ

八斤所

8Jin Café／バージンスオ

日本統治時代の警察署をリノベした「臺灣新文化運動紀念館」（→P.69）の1階。以前、「保安捌肆 Boan 84」という人気カフェを営んでいたmimiさんがオーナー。世界各地から厳選したコーヒー豆を使い、ていねいに一杯ずつ入れている。

ゆったりくつろいで♪

Map 別冊P.14-B2 大稻埕

大同區寧夏路87號1F　臺灣新文化運動紀念館內
2552-8836　10:00～17:30　休月　Card A.J.M.V.　席30
交MRT中和新蘆線「大橋頭」站2番出口より徒歩約8分
URL www.facebook.com/roaster.dadaocheng

1. イタリア製エスプレッソマシンがしつらえられている　2. 紀念館のエントランス奥に位置し、ゆったりと落ち着ける空間

こだわりコーヒーをレトロな空間で

愛されメニュー

八斤小瓦福

大型ワッフルは甘さ控え目。ジャムとはちみつ付き150元。コーヒーは薇薇特南果（水洗／中焙）200元

台湾のスターバックスで販売しているご当地マグをコレクションしています。訪台するたび、ひとつずつ増えるのが楽しみ！（栃木県・恵麻）

クラシカルな喫茶店

明星西點咖啡館

ミンシンシーディエンカーフェイグアン

1922年、上海に明星珈琲館を開いたロシア人が台湾へとわたり、台湾人オーナーと1949年に西洋スタイルのパン屋・明星西點麺包店を開業。翌年2階にカフェをオープン。本格的なロシア料理を味わえるとあって常連客も多い。

Map 別冊P.17-D1 **台北車站周辺**

中正區武昌街一段7號　☎2381-5589　11:30～20:30、金・土～21:00　休無休　料サ10%　Card J.M.V.　席80　交MRT板南線・松山新店線「西門」站5番出口より徒歩約10分　URL www.astoria.com.tw

愛されメニュー

沙皇羅宋湯

ボルシチは、サワークリームを加えるとさらに美味。サラダ、前菜、パン、デザート、ドリンク付　720元

歴史あるお店で自慢の味を♪

1. 俄羅斯軟糖（ロシアンソフトキャンディー）120元と俄羅斯紅茶（ロシアンティー）240元　2. 前菜の俄羅斯魚凍（ロシアンフィッシュジェリー）3. 居心地のよい空間

趣向を凝らしたメニューと美味に出合えるこだわりカフェへご案内。
台湾らしいレトロな雰囲気を味わえるカフェで、旅のひとときを♪

炭波波喫茶

タンポポ／タンボーボーチーチャー

大学に近く若者が集まるエリアに2022年11月に誕生したカフェは、大正・昭和時代のレトロ好きたちが造ったというだけあって昔懐かしい純喫茶のよう。研究を重ねたフードとドリンクは見た目も味もグッド！

Map 別冊P.16-B2 **公館**

大安區温州街74巷3弄11號　☎2362- 9668　12:00～21:00　休不定休　Card 不可　席28　日少し　交MRT松山新店線「台電大樓」站3番出口より徒歩約7分　URL www.instagram.com/tampopo_kissa/

お餅入り♪
台北で感じる昭和レトロ

愛されメニュー

哈密瓜冰淇淋氣泡

いわゆるメロンクリームソーダ。隠し味のレモンジュースが効いていて、すっきりとした味わい。180元

1. 純喫茶を思わせる店内　2. 外観もかわいい！　3. 昭和紅豆麻吉（餅入り小倉トースト）140元は餅が入っているところに台湾らしさを感じる。トーストの焼き加減がサクッと絶妙

「CAMA COFFEE ROASTERS 豆留文青」はパスタやパン、フードメニューも充実。ブランチやランチにもおすすめ。

台湾茶とスコーンでリラックス♪
お茶の質問、大歓迎です

約100種類のお茶を揃える専門店

smith&hsu

スミス アンド シュー

1. 白毫烏龍（東方美人）茶をアイスで（245元）。オリジナルティーポットも店内で購入可　2. スコーン2個とお茶のセット415元　3. モダンな店内

東方茶文化と欧州の融合がコンセプト

現代の生活に合わせて洋風の雰囲気で台湾茶を味わうライススタイルを提案。約40種類の茶葉の香りを聞いて茶葉を注文する。お目当ては自家製スコーン。季節限定スコーンも人気。茶器や茶葉の販売コーナーがあり、買い物だけの入店も可。

Map 別冊P.15-D2　中山

中山區南京東路一段36號　☎2562-5565
10:00～22:00　休無休　料200元～、サ10%
Card A.J.M.V.　席32　交MRT淡水信義線・松山新店線「中山」站2番出口より徒歩約6分
URL www.smithandhsu.com

イチオシ

アフタヌーンティーで優雅に

スコーンやオープンサンドなどが付く2人用のセットは2種類(1280元、1630元。3人目からはひとり増えるごとに200元追加)。ケーキや軽食もある。散策の途中で立ち寄ってみて。

癒やしの茶藝館でまったり ティータイム

おいしいお茶に酔いながら、ゆったり長居したくなるステキな茶藝館が台北にある。至福のひとときを過ごせるとっておきの茶藝館で好みのお茶を見つけて♪

ヘルシーランチセットが充実！

1. しっとりした雰囲気が漂う店内　2. 週替わりのランチセットが3種類あり、420元～

老舗茶藝館のヘルシーランチ

紫藤廬

ヅートンルー

一度は訪れたい！ 文化人が集う茶藝館

日本統治時代の木造家屋を使った老舗茶藝館。時間がゆるりと過ぎる店内に、つい長居してしまう。台湾茶を味わいながら、サロンの雰囲気に魅了されること間違いなし。※2024年5月現在、食事メニューの提供は一時中止。

Map 別冊P.11-D3　台北車站南部

大安區新生南路三段16巷1號　☎2363-7375
11:30～18:30、金・土・日11:00～19:30　休火、旧正月　料昼350元～、サ10%　Card A.J.M.V.　日（日）　席120　交MRT松山新店線「台電大樓」站2番出口より徒歩約15分　URL www.wistariateahouse.com

湧き水で淹れるお茶と手作り菓子

台北の茶藝文化をリードしてきた紫藤廬。天然の湧き水「山水」でお茶を淹れたりとこだわりもスタイルとして定着。店名と同じ「紫藤」というメニュー名の凍頂烏龍茶350元がおすすめ。お茶請けには、緑豆糕100元など。

台湾茶ソムリエにおまかせ

竹里館

チューリーグアン

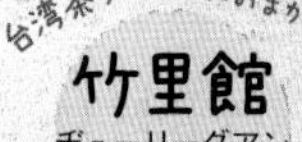

台湾茶の味を知る近道

台湾茶の研究と普及に注力する黄氏 (→P.109) が店主の茶藝館。確かな味のお茶を飲みに出かけてみよう。

イチオシ

充実の手作り点心

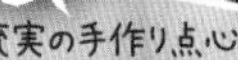

急須スタイルで味わう台湾茶は260元～。蓋碗スタイルは160元～。小腹が空いたら手作り点心もおすすめ。大根餅（香煎蘿蔔糕68元）や焼餃子などを提供する。

データと定食→P.97

厳選された茶葉をきちんと味わえる

「smith&hsu」でスコーンと台湾茶でティータイム。台湾料理の連続だったから、いい気分転換になりました。（山梨県・北村）

昭和の香り漂う木造家屋

金錦町
ジンジンディン

風情ある日本家屋でまったり小休止

日本統治時代の元官舎をリノベしたティーサロン。庭の緑、差し込む光など都会の喧騒を忘れて、台湾茶とスイーツでのんびり過ごせる。※2024年5月現在、改修工事につき休業中。

Map 別冊P.11-C3 台北車站南部

大安區金華街86號 ☎2396-1528 11:30～18:00（イートイン）、店舗11:00～19:00 休旧正月3日間 料230元～、サ10% Card J.M.V. 日少し 席40 交MRT中和新蘆線・淡水信義線「東門」站3番出口より徒歩約8分 URL www.facebook.com/JinJinDing.tw

充実のオリジナルスイーツは必食

1. 絵になるインテリアの店内
2. 竹炭を練り込んだ黒いロールケーキ「玄冬」240元と貴妃美人茶230元。ほかにも幾何学模様3Dケーキ各種が大人気

イチオシ

おみやげにぴったり、手作り鳳梨酥

100%パイナップルあんの鳳梨酥「日曜」のほか、竹炭を生地に練り込んだ黒い鳳梨酥「木樨」はあんにキンモクセイも加えた上品な味。パッケージもかわいくておみやげにぴったり。5個入り300元、10個550元。

茶藝 茶藝の基本をマスターしましょう

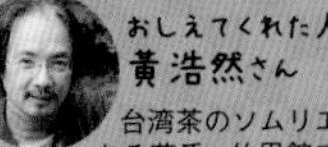

おしえてくれた人
黄浩然さん
台湾茶のソムリエでもある黄氏。竹里館で茶藝プチレッスン（→P.129）を行う。

1 茶道具を温める

茶壺（急須）にお湯を注いで温めことで茶葉の成分が出やすくなる。

2 茶海を温める

茶壺が温まったら茶壺のお湯を茶海（ピッチャー）に注ぎ、茶海を温める。

3 茶杯を温める

聞香杯のお湯を茶杯に注いで温める。残った湯は水盂（空の器）に捨てる。

4 茶壺に茶葉を入れる

用意した茶葉を茶壺に入れる。量は茶葉の種類によって異なる。

5 茶葉の香りをチェック

蓋をとって茶葉の香りをチェック。茶葉の善し悪しをみる。

6 茶壺にお湯を注ぐ

お湯を茶壺からあふれさせる必要はない。蓋をして30秒ほど蒸らす。

7 聞香杯にお茶を注ぐ

茶海から聞香杯、茶杯へとお茶を移していく。

8 聞香杯の香りを嗅ぐ

台湾茶はまずは香りから楽しむ。嗅いだら茶杯のお茶をどうぞ。

蓋碗を使ったお茶の淹れ方も簡単でシンプル。やってみて！

茶壺の代わりに蓋碗（ガイワン）を使う場合も、茶道具を先に温めるのは上記と同じ手順で。薄い磁器の蓋碗にお湯を注ぐので不慣れだと熱さに驚くが、慣れてくるので安心を。ひとりでお茶を飲む時は蓋碗の蓋をずらして隙間から飲めばよい。使い勝手のよい蓋碗をひとつは買ってみて。

蓋碗の蓋を指で押さえてお茶を茶海に移す。ヤケドには注意して。

写真右下が蓋碗。このような道具があればOK。

茶水費とは茶藝館でかかるお湯代のこと。会計は茶葉代＋（茶水費×人数）となる。

行列でも飲みたい！最旬☆台湾ドリンク図鑑♪

大人気 手作りゼリー系

のどごし最高

店名の由来でもある5種類のお茶を使い分け

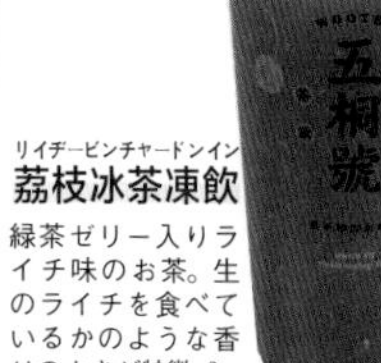

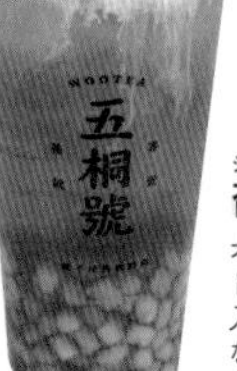

緑茶凍五桐茶拿鐵（リューチャードンウートンチャーナアティエ）
緑茶ゼリー入り緑茶ラテ。光泉牛乳使用。緑茶とミルクのハーモニーが長続きする A
(L) 65元

荔枝冰茶凍飲（リイチービンチャードンイン）
緑茶ゼリー入りライチ味のお茶。生のライチを食べているかのような香りのよさが特徴 A
(L) 65元

五桐奶霜＋小芋圓（ウートンナイシュアンジア シアオユイーユエン）
ホイップミルクのせ、オリジナルブレンド茶。小粒の芋圓を追加してボリュームアップ A
(L) 55+15元

超人気♪ 杏仁豆腐入り

杏仁凍五桐茶（シンレンドンウートンチャー）
オリジナルブレンド茶に杏仁豆腐を入れて。さわやかなおいしさにノックダウン A
(L) 49元

撮影時のみ透明プラスチックカップを特別に使用

はずさない タピオカ／プリン／仙草ゼリー

トゥルン！ 好口感（ハオコウガン）

プリンもイン

絶妙な弾力！

なめらか～

やみつき食感

布丁青（ブーディンチン）
さわやかな四季春青茶にプリンを入れて。ちょうどいい甘さで飲みやすいアリな組み合わせ B
(中)（チョン） 50元

黒糖珍珠鮮奶（ヘイタンチェンヂューシエンナイ）
直径8.5ミリのタピオカを開発。そこに黒糖を染み込ませた黒糖タピオカを味わって C
(M) 60元

熟成紅茶＋水玉（ショウチョンホンチャー ジアシュウイユイー）
フルーツのような風味をもつ紅茶。無色のタピオカをプラスしてスッキリ爽快！ D
(中) 35+10元

鮮奶仙草凍（シエンナイシエンツァオドン）
ミルクに仙草ゼリーを入れて。ヘルシーな仙草のおかげで罪悪感なく飲める E
(L) 65元

A 台北っ子のイチオシ
五桐號
ウートンハオ

手作りゼリーを使ったドリンクがおいしくてコスパもよいと、台湾中で大ヒット。

Map 別冊P.15-C2 中山

大同區南京西路18巷6號（中山南西店） ☎2558-0866 ⏰11:00～22:00（支店によって異なる） 休旧正月 ¥30元～ Card不可 交MRT淡水信義線・松山新店線「中山」站4番出口より徒歩約2分 URL www.wootea.com

B ドリンクスタンドの草分け
50嵐
ウーシーラン

1994年創業以来、台湾各地に展開。甘さは6段階から、冷たさは7段階から選べる。

Map 別冊P.11-D1 台北車站南部

中正區新生南路一段52之3號（新生店） ☎2391-5189 ⏰10:00～22:30（支店によって異なる） 休旧正月 ¥30元～ Card不可 交MRT中和新蘆線・板南線「忠孝新生」站5番出口より徒歩約1分 URL 50lan.com

C 濃厚なタピオカミルクティー
珍煮丹
チェンヂューダン

新鮮な牛乳と黒糖をたっぷり使った黒糖珍珠鮮奶がいちばん人気。タピオカの食感はダントツ。

Map 別冊P.11-D2 台北車站南部

中正區濟南路二段60之1號（濟南店） ☎2358-1520 ⏰11:00～20:00（支店によって異なる） 休旧正月 ¥25元～ Card不可 交MRT中和新蘆線・板南線「忠孝新生」站5番出口より徒歩約3分 URL www.truedan.com.tw

D 紅茶にこだわる話題の店
可不可熟成紅茶
クーブクーショウチョンホンチャー

台中発の店。使用する茶葉はペコまでをつむなど、こだわり製茶法の紅茶を提供。

Map 別冊P.11-D1 台北車站南部

中正區八德路一段82巷9弄20之1號（忠孝新生店） ☎2343-5858 ⏰11:00～20:30（支店によって異なる） 休旧正月 ¥30元～ Card不可 交MRT中和新蘆線・板南線「忠孝新生」站1番出口より徒歩約3分 URL www.kebuke.com

E 仙草ゼリー専門店
黑丸嫩仙草
ヘイワンネンシエンツァオ

仙草はシソ科の生薬で、解毒や暑気あたりに効果があるとされているヘルシーフード。

Map 別冊P.7-D1 台北車站北部

中山區五常街53巷11-1號（榮星店） ☎2518-2805 ⏰11:00～21:00 休日、旧正月 ¥30元～ Card不可 席10 交MRT文湖線「中山國中」站より徒歩約11分 URL www.blackball.com.tw

お店ごとに甘さや氷の量選びの説明があるから安心。なかには甘さ固定というのもあった。（北海道・石子）

容器は紙カップになっても味はパワーアップしている台湾ドリンク。定番のタピオカミルクティー（珍珠奶茶）やヘルシードリンクを存分に味わってみよう！

ここも注目

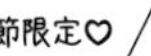

ドリンクに応じて、太さの異なるストローがもらえるよ♪

紅茶

島嶼檸檬茶王（ダオユイーニンモンチャーワン）

レモン愛玉（→P.101）をドリンクにプラス。レモン好きにイチオシのドリンク F

(M) 50元

老賴紅茶（ラオライホンチャー）

紅茶をメインにしたメニューを開発。紅茶の味には定評があり、コスパもいい G

35元

フルーツ系

季節限定♡

雪絨草莓奶酪（シュエロンツァオメイナイラオ）

春のイチゴとヨーグルトのドリンク。夏はマンゴーなどが登場。季節のフルーツに注目 A

95元

ドリンクのオーダー方法 How to order

①サイズを決める　②甘さの指定　③氷の量orホット（熱飲（ルーイン））の指定

甜度（ティエンドゥー）	
100%	正常甜（ヂェンチャンティエン）
90%	不要太甜（ブーヤオタイティエン）
70%	少糖（シャオタン）
50%	半糖（バンタン）
30%	微糖（ウェイタン）
0%	無糖（ウータン）

冰度（ビンドゥー）冰量（ビンリアン）	
100%	正常冰（ヂェンチャンビン）
70%	少冰（シャオビン）
50%	微冰（ウェイビン）
30%	去冰（チュイビン）
0%	完全去冰（ワンチュアンチュイビン）

※「甜度及冰量固定」とあれば甘さや氷の調整はできない

プロ直伝 映える撮り方 How to take good pictures

①台湾らしい背景をぼかしてみよう

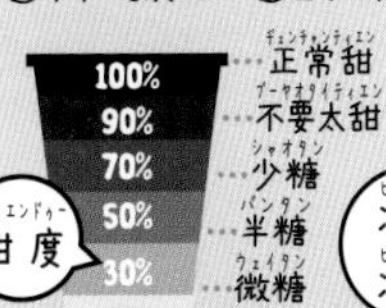

クラッシック窓格子「鐵窗花」をバックに。グンと映える

②カラフルな背景で

カラフルなタイルが点在する台湾。キュン度アップ！

③置いてみよう

電話ボックスや街路樹など台湾らしさをうまく生かして

紙カップと同系色の背景もおしゃれ。スマホで手軽に

ミルク系

ファミマで買える

嘉明鮮乳 酪農獣医が立ち上げた生乳ブランド「鮮乳坊」と「嘉明牧場」のコラボミルク

手炒黑糖鮮奶（ショウチャオヘイタンシエンナイ）

専用牧場のミルクに黒砂糖をプラス。冷たいミルクとコクのある甘さがクセになる H

綠光牧場 自営の牧場から毎日届くミルク

65元

光泉鮮乳 60年以上の歴史ある信頼の生乳ブランド

65元

龜記濃乳茶（鐵觀音）

鐵觀音茶を嘉明鮮乳で割って。写真映えする紙カップのデザインも大人気 I

65元

觀音拿鐵/珍珠（グワンインナーティエ チェンヂュー）

鐵觀音茶のミルクティー。きめの細かいミルクの泡が決め手。お茶は信頼のおいしさ J

65元

F 海外でも人気

萬波 ワンボー

紅茶とレモン愛玉ゼリーを売る小さな店からスタート。今では日本などに店舗を展開。

Map 別冊P.11-D1 台北車站南部

中正區八德路一段82巷9弄18號（台北光華店） ☎2358-7799 ⏰10:30～20:00、土・日11:00～（支店によって異なる） 休旧正月 料30元～ Card不可 ⊗MRT板南線・中和新蘆線「忠孝新生」站1番出口より徒歩約3分 URL wanpotea.jp

G 香り高い紅茶を手軽に

老賴茶棧 ラオライチャーヂャン

台中の名所、第二市場が発祥。こだわりの紅茶の味に隠れファンも多い。

Map 別冊P.11-D1 台北車站南部

中正區八德路一段82巷9弄5號（台北光華店） ☎3322-3395 ⏰11:00～20:00（支店によって異なる） 休旧正月 料35元～ Card不可 ⊗MRT中和新蘆線・板南線「忠孝新生」站1番出口より徒歩約3分 URL www.liketeashop.com

H 専用牧場のミルクを使用

迷客夏 Milkshop ミークーシア

台南の「綠光牧場」の、健康的な環境で飼育された乳牛のこだわりミルクを使う。

Map 別冊P.15-C2 中山

中山區中山北路一段140巷13號（南西店） ☎2521-1679 ⏰9:00～22:00（支店によって異なる） 休旧正月 料35元～ Card不可 ⊗MRT淡水信義線・松山新店線「中山」站2番出口より徒歩約2分 URL www.milkshoptea.com

I インパクトのあるカップデザイン

龜記 グイジー

深緑色に赤い文字「亀」がインパクト大で、写真映えするカップで一躍人気に。

Map 別冊P.15-C2 中山

大同區南京西路18巷6-2號（南西店） ☎2382-0137 ⏰11:00～22:00（支店によって異なる） 休旧正月 料30元～ Card不可 ⊗MRT淡水信義線・松山新店線「中山」站4番出口より徒歩約2分 URL guiji-group.com

J 台中発祥の台湾茶文化を気軽に

茶湯會 チャータンホェイ

「以茶會友（お茶でつながる人の輪）」のコンセプトで確かな味のお茶を提供。

Map 別冊P.11-D1 台北車站南部

中正區八德路一段82巷9弄19號（八德一店） ☎2321-6660 ⏰11:00～20:00（支店によって異なる） 休月、旧正月 料30元～ Card不可 ⊗MRT中和新蘆線・板南線「忠孝新生」站1番出口より徒歩約3分 URL tp-tea.com

透明の使い捨てプラカップの代わりに登場したのが、凝ったデザインの紙カップ。見比べてみて。

かき氷は別腹♪

台湾スイーツのテッパン！もりもりボリューミーなかき氷

台湾スイーツの代表といえば、かき氷！旬だけ登場する愛文マンゴーかき氷から通年ある定番氷、オリジナル氷まで、胃袋をもうひとつ用意して食べちゃお！

A 懐石料理からインスパイアされたかき氷
春美冰菓室 チュンメイビングオシー

懐石料理のシェフだった店主が、見た目にも味にもこだわったかき氷を提供。計算された味を楽しめる。

Map 別冊P.8-A3 松山區

松山區敦化北路120巷54號 2712-9186 12:00～21:00 休旧正月 料45元～ Card不可 席20 MRT松山新店線・文湖線「南京復興」站7番出口より徒歩約4分 URL www.facebook.com/CHUNMEIIceShop

B マンゴーの盛りが違う！
大方冰品 ダーファンビンピン

フレッシュな愛文マンゴーの盛り具合も、伝統的かき氷のトッピングも、ボリューム満点で大人気の店。

Map 別冊P.5-D3 台北市街図

南港區永吉路543號 2760-5285 11:00～23:00 休旧正月 料50元～ Card不可 席32 MRT板南線「後山埤」站4番出口より徒歩約2分

C かき氷にアツアツ白玉をのせて
御品元 ユィーピンユエン

ふわふわかき氷の上にアツアツの手作り白玉団子をトッピング。自家製酒粕かけかき氷もおすすめ。

Map 別冊P.12-B3 信義イースト

大安區通化街39巷50弄31號 0955-861-861 18:00～23:00 休旧正月 料70元～ Card不可 席30 MRT淡水信義線「信義安和」站4番出口より徒歩約6分

D 70年の老舗の黒砂糖かき氷
建中黑砂糖刨冰 ジエンヂョンヘイシャータンバオビン

苦みがなくて純な甘みの黒砂糖シロップのかき氷。4種のトッピングを選べる。氷やシロップは無料で追加OK。

Map 別冊P.10-B3 西門町＆萬華

中正區泉州街35號 2305-4750 11:00～18:00 休11～3月の月 料50元～ Card不可 席25 MRT淡水信義線・松山新店線「中正紀念堂」站2番出口より徒歩約10分

E 見た目も味も大満足
金雞母 ジンジームー

完食できるベストサイズで、見た目にもキレイな盛り付けとオリジナルテイストが話題の店。

Map 別冊P.17-D2 永康街

大安區麗水街7巷11號 2760-5285 12:30～20:30 (L.O.20:00) 休旧正月 料140元～ Card不可 席18 MRT中和新蘆線・淡水信義線「東門」站5番出口より徒歩約5分 URL www.instagram.com/jingimoo.official 東門店

F 杏仁スイーツの専門店
于記杏仁豆腐

→P.115

G カラフルで斬新なシャーベット
冰封仙果

→P.114

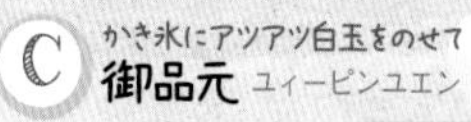

珍珠奶茶冰 150元 (A)

コクのあるミルクティー氷と自家製パンナコッタの相性が抜群。2種類のタピオカも◎

黒ゴマ入りパンナコッタ / ミルクティーシャーベット / 白粉圓 / 黒粉圓

刨冰（パオビン） 65元 (B)

1～4種類のトッピングを指さして選び、盛ってもらう。右のトッピング図鑑を参考に

Q圓 / 粉粿 / 芋圓 / アズキ / 黒砂糖シロップ

芒果牛奶冰（マングオニウナイビン） 160元 (B)

愛文マンゴーの旬のみ登場（5月後半～8月後半が目安）。新鮮なマンゴーがゴロゴロ！

マンゴーソース

芋頭牛奶冰 125元 (A)

あふれんばかりのタロイモ愛。素朴な味のタロイモをおいしく進化させた優秀なかき氷

見えないが黒糖シロップ / タロイモソース / タロイモ / 練乳 / 芋圓

桂花綜合湯圓（冰）（グイホアゾンホータンユエン（ビン）） 90元 (C)

アツアツ自家製白玉団子は、黒ゴマあんとピーナッツあんの2種類。"熱"と"冷"を同時に味わう

自家製シロップ / 黒ゴマあんの白玉 / ピーナッツあんの白玉 / キンモクセイの花

台北在住の友人のイチオシ、「春美冰菓室」へ。珍珠奶茶冰の大ファンに。甘さが最高！（京都府・のん）

愛文マンゴーは、アップルマンゴーのこと。台湾を代表する品種で、濃厚な甘さが特徴。収穫期は3～9月頃。

ひんやりプルプル&台湾スイーツ

欲ばり女子、必食！野菜も多種多彩。ひんやり系からあったかスイーツ天国を

伝統系

芋圓2號（ユィユエンアルハオ） 80元 Ⓑ イチオシ！

芋圓（タロイモ団子）＋ハトムギ＋サツマイモ＋タピオカを甘いシロップで食べる

aruco調査隊：タロイモ、アズキでヘルシーな軽食。小腹がすいた時に♪ ライターM

芋圓仔精選（ユィユエンザイジンシュエン） 90元 Ⓑ

タロイモ団子＋タロイモ＋あずき＋タピオカ。ホットかアイスを選んで

3代目デス！

ドライ龍眼、蓮の実、シロキクラゲ、白玉を甘いシロップで食べる。胃にやさしい味と素材 Ⓐ

紅豆（ホンドウ）、蓮子（リエンヅ）、白木耳（バイムーアル）、湯圓（タンユエン）（408號） 100元 Ⓐ

左のドライ龍眼の代わりにあずきをプラス。"ザ・伝統スイーツ"として定評がある

四季寶（スージーバオ） 60元 Ⓒ

シロキクラゲ、蓮の実、黒棗（マメガキ）、チェリーを甘いシロップで

福圓（フーユエン）、蓮子（リエンヅ）、白木耳（バイムーアル）、湯圓（タンユエン）（603號） 100元 イチオシ！

aruco調査隊：シロキクラゲのコリコリ感がクセになる。蓮の実でむくみ改善を期待！ ライターA

たっぷりフルーツ系／ひんやりアイス系

どれを食べようかな〜

台灣四果冰（タイワンスーグオビン） 250元 Ⓓ

マンゴーシャーベットに台湾産フルーツ3種をトッピング。ペロリと食べきっちゃう

※提供中止（2024年5月現在）

招牌荔枝冰（ヂャオパイリーヂービン） 50元 Ⓔ

台中の黒葉荔枝を使ったシャーベット。ライチを食べているかのような濃厚な風味。ライチのみ小カップ

招牌鳳李冰（ヂャオパイフォンリービン） 55元 Ⓔ イチオシ！

aruco調査隊：これぞ台湾伝統の味づくし。昔ながらの素材なのに新鮮に感じる！ ライターN

パイナップルと紫蘇梅のシャーベット。台湾産パイナップルをたっぷりのせて。あっという間に完食！

Ⓐ 地元で愛され続ける伝統甘味 雙連圓仔湯

シュアンリエンユエンヅタン

1951年創業の人気の伝統甘味店。約30種類揃う自家製甘味は、素朴でやさしい味わい。懐かしいおやつを味わって。

Map 別冊P.15-C1 中山

🏠大同區民生西路136號 ☎2559-7595 🕘10:30～21:30 休月 料50元～ Card不可 席70 日 交MRT淡水信義線「雙連」站1番出口より徒歩約3分 URL www.sweetriceball.tw

Ⓑ タロイモスイーツメインの甘味店 Meet Fresh鮮芋仙

ミートフレッシュシエンユィシエン

台中・豐原のファミリーが手作りしていた芋圓や豆花などの伝統スイーツ。中山旗艦店（→P.94）など支店あり。

Map 別冊P.11-D1 台北車站南部

🏠中正區市民大道三段2號三創生活園區B2 ☎2395-9588 🕘11:00～21:30、金・土～22:00 休無休 Card不可 交MRT中和新蘆線・板南線「忠孝新生」站1番出口より徒歩約7分 URL www.meetfresh.com.tw

Ⓒ 苦いお茶&スイーツの老舗 苦茶之家

クーチャーヂージア

1929年創業の生薬店。30数種類の漢方薬から作る苦いドリンク「苦茶」が有名だが、伝統スイーツ系も人気がある。

Map 別冊P.17-C1 台北車站周辺

🏠大同區長安西路244號 ☎2558-0019 🕘10:00～22:00 休無休 料25元～ Card不可 席20 交MRT淡水信義線・板南線「台北車站」站台北地下街Y17番出口より徒歩約4分

Ⓓ カラフルで斬新なシャーベット 冰封仙果

ビンフォンシエングオ/ICE UNA

独創的な見た目と味にこだわるミルクベースのシャーベット。カラフルで爽やかなテイストが人気の理由。

Map 別冊P.16-A2 西門町

🏠萬華區中華路一段114巷18號 ☎0926-025-926 🕘12:00～23:30、土・日11:00～、7・8月12:00～24:00 休無休 料70元～ Card不可 席180 交MRT板南線・松山新店線「西門」站6番出口より徒歩約3分 URL www.iceuna.com

Ⓔ ピュアなおいしさのシャーベット 北門鳳李冰

ベイメンフォンリービン

もとは台湾の宜蘭の店が台北にオープン。台湾産の食材を使ったシンプルな味がヤミツキになる。2種類の組み合わせは迷うほど。

Map 別冊P.12-B2 信義イースト

🏠大安區忠孝東路四段216巷33弄9號 ☎2711-8862 🕘12:00～21:30 休旧正月 料45元 Card不可 席20 交MRT板南線「忠孝敦化」站3番出口より徒歩約7分

「北門鳳李冰」の鳳李冰も超絶おすすめだけど、パイナップルアイス（鳳梨冰）も美味！（福島県・ふみゅ）

アイス系から モチモチ系まで 食べまくり♪

南国フルーツ天国の台湾は、
旬の食材を活かしつつ
系まで一年中楽しめる
満喫しちゃお！

プルプル&モチモチ系

傳統豆花1號 55元

日本人に人気のタピオカをプラス。豆花の滑らかさとタピオカのQQ（弾力）を楽しんで F

イチオシ！

aruco調査隊：大豆の香り、なめらかさ、ほどよい甘さが口の中でハーモニーを奏でる♪ カメラマンC

これぞ大豆づくし、大豆の香りを存分に味わえる。甘く煮たピーナッツをアクセントに F

豆漿豆花1號 55元

燒麻糬（甜） 95元

台湾風お餅。ピーナッツパウダー＋きな粉＋砂糖＋ゴマをかけてアツアツで食べる A

黑丸嫩仙草(L) 65元

解毒や暑気あたりに効果があるシソ科の生薬、仙草のプルプルゼリー。タピオカやサツマイモ煮をのせて

黑丸嫩仙草→P.110

aruco調査隊：「春美冰菓室」の杏仁豆腐はごま豆腐に近い食感。弾力を生かす職人技に感謝したい！ 編集M

プルプル豆花

杏仁豆腐の上に杏仁汁をかけて食べる。甘みと香りがあり、食用に用いる南杏を使用

黑糖牛汶水 98元

黒蜜で食べる白玉団子。すり鉢でゴマやピーナッツをすりつぶして白玉にまぶして食べる

六堆伙房→P.84

aruco調査隊：ゴマなどを自分ですりつぶすのもおもしろい。黒糖の甘さで疲れを癒やしてね。 編集T

イチオシ！

原味手打杏仁豆腐 80元

春美冰菓室→P.112

手作り仙草ゼリーだよ

新鮮な大豆を使って、秘伝の製法で毎日手作りしている豆花。プルプルのツルンツルン！ F

ドリンク系

奶霜 65元

超ヘルシー！

冬瓜を甘く煮たあと漉して冷やし、牛乳で割って飲む。利尿作用のある冬瓜茶でスッキリ B

杏仁ジュース。杏仁と砂糖の「古早味」か、杏仁に牛乳と砂糖を加えた「牛奶」の2種がある

杏仁杯汁 90元 G

酪梨牛奶汁 100元

木瓜牛奶汁 90元

パパイヤミルク（右）とアボカドミルク（左）。両方とも栄養価が高く、濃厚な味で満腹感が得られる H

aruco調査隊：パパイヤミルクって日本では飲まないから台湾に来たら必ず飲む！ カメラマンM

F 豆花ならココ！と地元太鼓判 冰霖古早味豆花

行列覚悟の人気店。コクのあるまろやかな豆花は、添加物は一切不使用。冬瓜糖と黒砂糖のシロップをかけて。

Map 別冊P.14-B2 大稲埕

大同區民生西路210號 ☎2558-1800 11:00～24:30 休旧正月 料35元～ Card不可 席50 日 交MRT淡水信義線「雙連」站1番出口より徒歩約5分

G 杏仁を使ったスイーツの専門店 于記杏仁豆腐 ユィジーシンレンドウフ

食用の杏仁には美白やアンチエイジングなどに効果がある。その杏仁をふんだんに使ったスイーツを提供。

Map 別冊P.16-A2 西門町

中正區衡陽路101號 ☎2370-1998 10:30～22:00、金～日・祝～22:30 休無休 料40元～ Card不可 席10 交MRT板南線・松山新店線「西門」站4番出口より徒歩約1分 URL www.yustofu.com

H ボリュームと安さが魅力の庶民派 臺一牛奶大王 タイイーニォウナイダーワン

1956年創業の伝統甘味の店。創業当時から変わらぬボリュームとリーズナブルな料金が、特に学生に好評。

Map 別冊P.16-B2 公館

大安區新生南路3段82號 ☎2363-4341 11:30～22:30 休旧正月 料50元～ Card不可 席150 交MRT松山新店線「公館」站3番出口より徒歩約7分

アイスやかき氷以外の台湾スイーツは、基本的にホット（熱：ルー）かアイス（冰：ビン／凍：ドン）を選べる。

豆花（ドウホア） 豆花に沼る？or ビジュアルスイーツ推し？

沼る！ツルンぷるん

山海豆花 MATA Tofu Pudding シャンハイドウホア

絹豆腐の製法で作るこだわりの豆花

ぷるツル感 ★★★
風味 ★★★
特徴 絹豆腐を思わせる軟らかさでぷるん感が高い

台湾の台東が発祥の豆花店。経営者でもある日本人男性が京都の豆腐職人から教わった技で豆花を作る。なめらかさに脱帽。

Map 別冊P.17-D2 永康街

大安區永康街63號 ☎2351-5362 ⏰13:30～21:00、金・土・日13:00～ 休無休 料65元～ Card不可 日少し 席10 交MRT中和新蘆線・淡水信義線「東門」站5番出口より徒歩約8分 URL www.facebook.com/MATA.TofuPudding

日本東京辣味絹豆花（リーベンドンジンラーウェイジュエンドウホア） 85元
おつまみ系の食べ方。驚きつつこれもアリ！

天然桃膠絹豆花（ティエンランタオジアオジュエンドウホア） 70元
天然植物コラーゲンの桃膠をのせてツルン♪
※提供中止（2024年5月現在）

綠島花生酥（リューダオホアシェンスー） 70元
カリカリ＆トゥルンのコントラストが魅力的

本願豆花店 ベンユエンドウホアディエン

支持される昔ながらの豆花

台湾の屏東の味を台北で再現。味に厳しい人たちに鍛えられた豆花には、たんぱく質が豊富なカナダ産の有機大豆を使う。

くじ引きスタイルでお好みのトッピングを決定

Map 別冊P.13-D1 信義イースト

信義區松隆路78號 ☎0975-532-802 ⏰12:30～21:00 休月、旧正月 料50元～ Card不可 日 席8 交MRT板南線「市政府」站4番出口より徒歩約6分 URL www.facebook.com/Origintofupudding

傳統豆花（チュアントンドウホア）（トッピング2種類付き） 59元
豆花にプルプル2種を加えてハッピー気分

ぷるツル感 ★★★
風味 ★★☆
特徴 「ス」が入らないよう気温で製法を変えるこだわり

黑白花（ヘイバイホア）（豆花と仙草ゼリー：トッピング2種類付き） 59元
白い豆花と黒い仙草ゼリーを一緒に

雹仔豆花 バオザイドウホア

味の濃い豆腐のよう

ぷるツル感 ★★☆
風味 ★★☆
特徴 昔ながらの塩味が感じられる力強い豆花

鮮度が抜群の台湾産大豆を使う豆花。にがりの風味を残して塩味を感じられる昔ながらの味に仕上げている。

傳統豆花（チュアントンドウホア）＋三種配料（サンヂョンペイリアオ） 70元
シンプルなおいしさを求めた結果がこの豆花

Map 別冊P.11-D1 台北車站南部

中正區臨沂街27巷9-4號 ☎0900-771-131 ⏰11:30～21:00、日14:00～（売切次第） 休無休 料50元～ Card不可 席9 交MRT中和新蘆線・板南線「忠孝新生」站5番出口より徒歩約1分 URL instagram.com/baozaibeancurd

傳統糖水豆花（チュアントンタンシュエイドウホア）（2種配料） 60元
ファンが多い「春美冰菓室」の豆花をぜひ

ぷるツル感 ★★★
風味 ★★★
特徴 クセになるなめらかな豆花。職人の技を感じられる

データは→P.112

台湾の知人が「人のいるところに豆花あり」と言っていた（笑）。台北でおいしい豆花に出合えたよ。（大阪府・福ちゃん）

最旬人気スイーツをキャッチアップ♡

可愛的甜點（クーアイダティエンディエン）
かわいいスイーツ

ヘルシーと懐かしさの追求から台北では豆花の店が続々と誕生。一方で、ビジュアル重視のバズりスイーツも流行中♪

豆花に沼る？ or ビジュアルスイーツ推し

咖啡瑪樹 中山店（カーフェイマーシエ チョンシャンディエン）

見て食べて二度楽しめる

ん？ → ホットチョコをかけると… → パッカーン → ジャ〜ン

見かけに負けない味。食べてね

抹茶狂想曲（モーチャークアンシアンチュイー）
290元
球体チョコのなかには抹茶ケーキ。抹茶ソースも合う

ルックス ★★★
ボリューム ★★
演出 ★★★
味 ★★★

イタリア料理店で料理とともに人気があるデザート。写真映えだけでなく味も実力派、スイーツ好きも納得の味だ。

Map 別冊P.15-C2 中山

中山區中山北路二段16巷15號
☎2567-9077 ⏰11:30～21:00（L.O.20:40） 休旧正月 料120元～、サ10%
Card A.J.M.V. 席80 交MRT淡水信義線・松山新店線「中山」站4番出口より徒歩約2分
URL www.facebook.com/cafemarche2016

隱藏版甜點（インツァンバンティエンディエン）
290元
特殊加工の円錐状帽子が燃えるとリンゴムースが！

え？ 着火？ → 燃えてるんですけど… → リンゴの登場！

ルックス ★★★
ボリューム ★★
演出 ★★★
味 ★★★

覓糖（ミータン）

手作り粉粿で理想的な弾力を表現

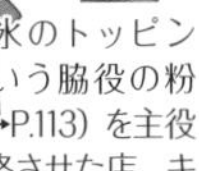

かき氷のトッピングという脇役の粉粿（→P.113）を主役に昇格させた店。キャッサバ粉で作る粉粿の弾力と噛み心地を体験してみて。

Map 別冊P.7-D2 台北車站北部

中山區興安街53-5號 ☎2502-4577
⏰12:00～21:00 休日、旧正月 料40元～
Card J.M.V. 席26 交MRT松山新店線・文湖線「南京復興」站8番出口より徒歩約8分
URL www.facebook.com/MiTang25024577

ルックス ★★
ボリューム ★★★
演出 ★★
味 ★★

七彩粉粿雪花冰（チーツァイフェングオシュエホアビン）
80元
ミルクシャーベット＋粉粿。食感が楽しい

七彩粉粿盤（チーツァイフェングオパン） 65元
黒糖、黒ゴマ、ローズヒップ、抹茶、クチナシ、ココナッツ、キンモクセイの7種類の味

SUGAR MISS（シュガーミス）

優雅な見た目の映えデザート

黑白大理石乳酪蛋糕（ヘイバイダーリーシールーラオダンガオ）
1ピース220元
ホール730元～
黒色は竹炭で。レモンが効いたチーズケーキ

珍珠奶茶だ〜♡

玫瑰大理石乳酪方磚（メイグイダーリーシールーラオファンヂュアン）
275元 ローズ風味のチーズケーキ。なめらかで美味

ルックス ★★★
ボリューム ★★★
演出 ★★★
味 ★★★

黑糖珍珠奶茶豆腐岩（ヘイタンヂェンヂューナイチャードウフーイエン）
380元
シフォンケーキの中からミルクティーが！

大理石とケーキが大好きなオーナーが試行錯誤して完成させたケーキの数々。味も大好評、売り切れる前に食べておこう。

Map 別冊P.13-C2 信義イースト

大安區光復南路290巷4號
☎2771-5320 ⏰12:00～20:00
休旧正月 料240元～ Card A.J.M.V.
席22 交MRT板南線「國父紀念館」站2番出口より徒歩約3分

かわいく撮ってから食べてね

豆花をすくう専用器具「豆花匙」は銅製とステンレス製がある。台北の調理器具店などで購入可。

開運アイテムをGETしてシアワセに!

HAPPYが舞い降りる

なにかと縁起を担ぐ台湾だから、かわいい開運&ラッキーアイテムもいろいろ。

花文字

縁起のいい吉祥図柄を組み合わせた文字

1.「福」は大人気(380元) 2.「aruco台北」の花文字 3.漢字やアルファベット、日本語などにも対応。小380元〜。(額縁付き)

開運カリグラフィーで運気UP

吉利字畫 ジーリーヅーホア

花文字の5代目継承者、張蕾先生が描く花文字は、龍などの吉祥図柄を組み合わせて文字を描き、その人の持つ運気を引き出してくれるとも。

Map 別冊P.16-B1 萬華

萬華區華西街89號 ☎2333-1467(昼)、2308-6321 ◷18:30〜21:30 休木、旧正月 料380元〜 Card不可 予要予約 交MRT板南線「龍山寺」站1番出口より徒歩約5分

御守護

寺や廟で買えるお守り。祈願に応じて求めよう

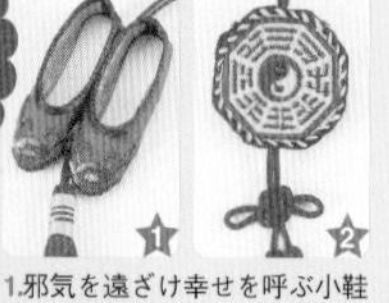

1.邪気を遠ざけ幸せを呼ぶ小鞋子80元 2.八卦は天と地に通じる意味。小八卦香包(匂い袋)120元

神様もさまざま

龍山寺 ロンシャンスー

開運スポット特集&データは… → P.48、49

いろんな神様が祀られている龍山寺は、お守りも充実の品揃えで、100種類近くある。売店にはショーケースがあり、見やすい。

1.ブレスレットは200元〜 2.掘り出し物をゲットしてみて

パワーストーン

身につけて、開運や浄化の効果を信じてみて

週末だけの天然石市♪

建國假日玉市 ジエングオジアリーユィシ

建國南路の高架下に台湾産のヒスイや骨董品などを扱うブースがぎっしり。100元〜のお手頃グッズも。値段交渉してGET!

Map 別冊P.12-A2 信義イースト

大安區建國南路の高架下 ◷土・日9:00〜18:00 休雨天決行 Card不可 (日)ブースにより異なる 交MRT淡水信義線「大安森林公園」站6番出口より徒歩約10分

交趾陶

伝説の動物をモチーフにした極彩色の陶器。財をもたらすヒキガエル(蟾蜍)など玉市でも見つけられる開運アイテムのひとつ。

吉祥図案

竹や太陽など縁起のいい図柄のこと。種類多彩!

各種切り絵100〜450元。ひょうたんは健康や財運のシンボル

伝統文化に関するグッズが満載

漢聲巷門市 ハンションシアンメンシー

漢聲出版社が経営する書店&雑貨店。出版や販売を通じて、台湾を含む中華圏の、消えゆく風習などを保護する活動にも積極的。

Map 別冊P.13-C1 信義イースト

松山區八德路四段72巷16弄1號 ☎2763-1452(内線100) ◷11:00〜18:00 休土・日・祝 CardJ.M.V. 交MRT板南線「國父紀念館」站5番出口より徒歩約12分

中国結び

紐を使い、芸術的な編み方で縁起物を作る

1.手作りキット(中国語版)74元 2.パイナップルの中国結び95元

魚は財運アップに。2個105元

中国結びの材料から製品まで揃う

承薪飾品 チョンシンシービン

中国結びや手芸材料の小売店。中国結びのプロによる作品や製品も扱う。手頃なものから精巧な作品まで手にしてみて。

Map 別冊P.17-C1 台北車站周辺

大同區長安西路259號 ☎2559-0500 ◷9:30〜18:00 休日・祝、旧正月 Card不可 交MRT松山新店線「北門」站3番出口より徒歩約4分 URL www.facebook.com/gotocxe

Let's GoGo!

「華陰街商圈」をチェック

台北車站(台北駅)北側にある「華陰街商圈」には、吉祥グッズの店が点在。散策のついでに行ってみよう。

Map 別冊P.17-C1 台北車站周辺

“運命の出合い”は必ずやってくる♥台北ショッピングクルーズ

キュートなメイドイン台湾グッズからめちゃ旨スイーツまで、
ショッピング♥な女子にはたまらない宝箱のような台北。
気づいてみたらスーツケースに入らな～い！ なんてことも!?
でも、ひとめぼれしちゃったら、買わないわけにはいかないよね。

パイナップルケーキだけじゃない！

ヌガーから台湾産カカオのチョコまで arucoイチオシ台北みやげ図鑑

クッキー Cookies

上はバターとココア「經典綜合」(大570元)。左は手摘みした阿里山蜜香紅茶の新芽入り「原茶綜合」(小860元)

Cookie 1

台北みやげのニューフェイス

COOKIE886
クッキー バーバーリォウ

台湾度 ★★★
パッケージ ★★★
コスパ ★★★

台北っこの推しクッキー。台湾産の小麦粉を使い、ニュージーランドとフランスのバターをミックス。ホロッとする軽い食感と豊かな風味が大人気の理由。

Map 別冊P.15-C1 中山

中山區民生西路66巷25弄1號 2531-7886 12:30～20:30 休旧正月 料280元～ Card A.J.M.V. 図MRT淡水信義線「雙連」站1番出口より徒歩約2分 URL www.cookie886.com

試作を重ねた自信作だよ

Cookie 2

台湾名物と洋菓子のハーモニー

唯星蛋糕 ウェイシン ダンガオ

台湾度 ★★★
パッケージ ★★★
コスパ ★★★

左：レモングラスに似たスパイスの「馬告」入り（10枚600元）。右：カラスミ入り（10枚750元）

ガレット・ブルトンヌに台湾ならではの素材を練り込んだ、パティシエの連翊皓さんの力作。台湾発の洋菓子の実力を押し上げる存在でもある。

Map 別冊P.5-C3 台北市街図

萬華區大理街144號 2308-8789 11:00～18:30、金・土～19:30 休日・月、旧正月 料60元～ Card不可 図MRT板南線「龍山寺」站2番出口より徒歩約6分 URL www.starwaycake.com

Cookie 3

テンション上がるクッキー缶

Le Ruban Pâtisserie
ル リボン パティスリー／法朋烘焙甜點坊

台湾各地の特産品を練り込んだ8種類のクッキー缶「漫步台灣」860元

個性派鳳梨酥 → P.131

台湾度 ★★★
パッケージ ★★★
コスパ ★★★

日本とスイスで修業した有名パティシエ、李依錫（HUGO）さんが作るフランス菓子の店。連日行列ができ予約も殺到。焼き菓子ならおみやげに最適。

Map 別冊P.12-B2 信義イースト

大安區仁愛路四段300巷20弄11號 8978-8332 11:30～19:30 休旧正月 料40元～ Card J.M.V. 図MRT淡水信義線「信義安和」站5番出口より徒歩約6分 URL lerubanpatisserie.com

Cookie 4

観光局のキャラOh Bearのクッキー

郭元益 グオユエンイー

台湾度 ★★★
パッケージ ★★★
コスパ ★★★

郭元益と台湾観光局がコラボしたクッキー。チョコ味とハチミツ烏龍茶味の2種各12枚入り350元。

データは → P.130

フォンダンウオーター Dried fruit-infused water

台湾産ドライフルーツをお手軽に

淡果香 ダングオシアン

水出しで簡単よ！

マンゴー（10袋520元）など味はいろいろ

韓国から台北に嫁いだ女性が、台湾産のフルーツを使ったフォンダンウオーターを開発。水に浸すだけで作れる手軽さが人気に。バラマキみやげにも◎。

Map 別冊P.17-C2 永康街

大安區永康街8巷2號 3322-3706 10:00～21:00 休無休 料180元～ Card J.M.V. 図MRT中和新蘆線・淡水信義線「東門」站5番出口より徒歩約4分 URL www.naturefruittw.com

ゼフィール Zefir

映画に登場、再注目のお菓子

明星西點咖啡館
ミンシンシーディエンカーフェイグアン

明星俄羅斯軟糖（小）260元。ピンクはドラゴンフルーツの色

映画『弱くて強い女たち（原題：孤味）』で台北みやげとして登場、以来再注目された懐かしのロシア菓子。マシュマロのような食感で美味。

データは → P.107

「COOKIE886」のクッキーは友達に大好評。ちなみに、店名の「886」は電話の台湾国番号。（茨城県・佳織）

台湾みやげといえばパイナップルケーキだけど、それだけじゃない！ 定番になりつつあるヌガーをはじめ、ジャムやチョコレートまで、aruco取材スタッフが厳選したおいしいおみやげをご紹介！

台湾の賞味期限表示

台湾の年号は民國暦で表示され、中華民国が成立した1912年が元年。食品などに「有効期限1130801」とあれば賞味期限は2024年8月1日。

台湾を思い出して食べて♡

チョコレート Chocolate

台湾産カカオを召し上がれ

福灣巧克力Café

フーワンチョコレートカフェ

香り高いチョコ

台湾・屏東産のカカオで作るチョコレート。「インターナショナルチョコレートアワード」の受賞も多数の実力派チョコ。

台北101の箱はダークで350元。板チョコ280元～

Map 別冊P.12-B2 信義イースト

大安區東豐街69號　2706-2228　11:30～19:30　休火　Card A.J.M.V.　席20　MRT橋線「大安」站6番出口より徒歩約9分　URL www.fuwanshop.com

チョコが日常にある幸せ

COCOMAKER

ココメーカー

日本で修業した戴至佑さんがベルギーやフランスなどのチョコレートを使って台湾らしさを表現。オリジナルテイストに人気がある。

台湾を8ピースのチョコパズル（拼圖）に。左は350元。イチゴ味と抹茶味入りは380元

チョコ好きでしょ？

Map 別冊P.12-A3 信義イースト

大安區瑞安街137之1號　2701-9992　12:00～20:00　休月、旧正月　円70元～　Card A.J.M.V.　MRT文湖線「科技大樓」站より徒歩約5分　URL www.facebook.com/cocomaker.tw

ヌガー Nougat

かわいいイラストが魅力的♪

オークラプレステージ台北特製手作りヌガーは、個包装でひと口サイズ。64個入り1080元

キュートなパッケージ

The Nine ザ・ナイン

マカダミアナッツとミルク、ミルクとピーナッツ、抹茶とマカダミアナッツの3種。キュートな包装で人気。毎日、限定数の販売。

食感 ★★★
ミルク度 ★★★
パッケージ ★★★
コスパ ★★★

データは → P.131

生クリームたっぷりのヌガー

糖村 タンツゥン

フランス・ノルマンディーの生クリームをたっぷり使ったミルキーなヌガーが大人気。プレーンタイプのフレンチヌガーと台湾産ハチミツを使ったハニーヌガーがおすすめ。

ハチミツとアーモンド、バターなど、厳選素材を使用。250g箱入り320元

食感 ★★★
ミルク度 ★★★
パッケージ ★★★
コスパ ★★★

データは → P.130

オリジナルミルク味・マカダミアナッツヌガーキャンデー紙袋入り280元。赤い袋入りは450元

台北みやげの定番

ロイヤル・ベーカリー

老爺烘培坊

フランス産エシレバターなど極上素材で作る、ホテル・ロイヤル・ニッコー・タイペイのヌガー。

食感 ★★★
ミルク度 ★★★
パッケージ ★★★
コスパ ★★★

Map 別冊P.15-D2 中山

中山區中山北路二段37之一號　2542-3299（内線330）　9:00～21:00　休無休　Card A.D.J.M.V.（旧）　MRT淡水信義線・松山新店線「中山」站3番出口より徒歩約6分　URL www.royal-taipei.com.tw

番外編！

大学グッズ University official merchandise

1. ワンポイント付きTシャツ500元　2. カーディガン1680元　3. 裏起毛パーカー1080元　4. ロゴ入りコップセット299元

台湾大学公式グッズをチョイス

酷鎷設計×臺大綠色小屋

CoolCode Studio×台湾大学記念品

公式台湾大学グッズのデザインから販売までを手がける。ペパーミントグリーンの木造家屋が目印。気分は台大生！

Map 別冊P.16-B2 公館

大安區羅斯福路四段1號（學生心理輔導中心の向かい側）　3365-2112　11:00～18:00、土・日は不定休　休祝、旧正月　円180元～　Card J.M.V.　MRT松山新店線「公館」站2番出口より徒歩約4分　URL www.instagram.com/coolcode_studio

女子ゴコロを花布雑貨に

カラフルな台湾花布は伝
レトロな花柄はバッ
さまざまなグッズに施され、

各100元
シンプルな巾着袋。色違いで欲しくなるかわいさ B

200元
外側がビニールコーティングされていて丈夫 C

150元
150元
動物のキーチェーン。バッグに付けても◎ D

200元
布製の財布。旅用のアクセサリー入れにも！ C

大250元
持ち手が長いので肩掛けしやすく使い勝手抜群 C

小200元
ほどよいサイズ感で近所へのお出かけによさそう C

980元
デッドストックの保温瓶。ビビッドカラーに惚れる A

各120元
花布柄の湯呑み。おいしいお茶を召し上がれ B

220元
パッケージが花布柄の古早味紅茶。かわいい！ E

各425元
カード入れ。一つずつ花模様の出方が違うのも特徴 B

各80元
花布柄のマスキングテープは上品な色がきれい B

花布グッズ充実度No.1

A 布調Bu Diao（原彰藝坊/偶相與花樣）ブーディアオ

2022年に生まれ変わった元「彰藝坊」。台湾花布についての書籍を出版するほど熱い思いと知識を持つオーナーの陳宗萍さんが、自ら長年台湾中を巡って集めた貴重なデッドストックの花布を使った商品は、花以外の植物や動物などのキッチュな柄が。

Map 別冊P.17-D2 永康街

大安區永康街47巷27號 ☎3393-7330 🕘11:00～17:00 休火～木 Card J.M.V. 交MRT中和新蘆線・淡水信義線「東門」站5番出口より徒歩約7分 URL www.facebook.com/changyifangtw/

花布雑貨はおみやげとしても喜ばれるので、ついついたくさん買っちゃいます！（群馬県・じゅん）

小さく
なります♪

580元

真っ赤な布に原色の花が踊るエコバッグ。薄手で持ち運びやすい A

小1180元

マットなビニールで保護されていて落ち着いた印象 A

動物柄の花布♡

小680元

布バッグ。子鹿と花の取り合わせがキュート！ A

花布雑貨にひとめぼれ♪

わしづかみ♪ ひとめぼれ♥

統的な布。色あざやかでグやポーチ、茶器など、女子ゴコロをわしづかみ。

各390元

スマートフォルムの布ペンケース。中の布色もそれぞれ違っていて選ぶのが楽しい A

キュンキュンしちゃう！

各1280元

デッドストックのビニールテープで編んだカゴバッグ。中は花布で華やか A

表も裏もラブリー♡

ポケットサイズのミニポーチは渋い柄がステキ。ナプキン入れ用に買う人も多いとか A

各190元

中までステキ！

リバーシブルブックカバー。気分で使い分けたい！ A

680元

B ハイセンスな雑貨店
雲彩軒 ユィンツァイシュエン

おみやげ向きの雑貨を幅広く扱っているが、花布雑貨も充実。ブックカバーやポーチなど、花布グッズがバリエ豊富で品選びに迷うほど。

Map 別冊P.15-D2 中山 雑貨は→P.124

中山區南京東路一段31巷2號1樓 ☎2571-2539 ◷9:30～21:00 休旧暦大晦日から3日間 Card J.M.V. 交MRT板南線・中和新蘆線「中山」站3番出口より徒歩約5分

C 花布＆バッグならココ！
永樂市場 聖欣布行 ヨンルーシーチャン ションシンブーハン

台湾一の布市場・永樂市場の2階にあり、店頭には花布がずらり。布だけでなく、トートバッグやポーチなども並んでおり、お手頃プライス。

Map 別冊P.14-A3 迪化街

大同區迪化街一段21號2F2054室 ☎なし ◷9:00～18:00 休日 Card 不可 交MRT松山新店線「北門」站3番出口より徒歩約10分

D 來好 ライハオ →P.124

E 小茶栽堂 永康旗艦店 シアオチャーツァイタン ヨンカンチージエンディエン →P.152

カラフルな花布に描かれているボタンの花は、おめでたいことや富のシンボルといわれ、縁起のいい柄とされているとか。

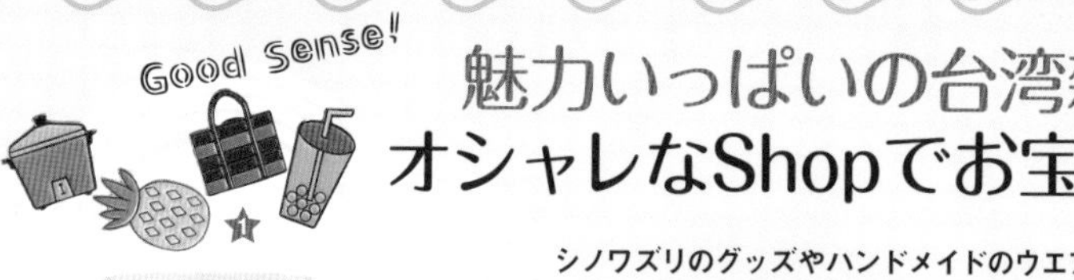

魅力いっぱいの台湾雑貨 オシャレなShopでお宝探し♪

シノワズリのグッズやハンドメイドのウエア、
手作りのあたたかさ漂うバッグなど、キュートなアイテムが揃った台北。
選りすぐりのオシャレ雑貨店を巡ってお気に入りを見つけて。

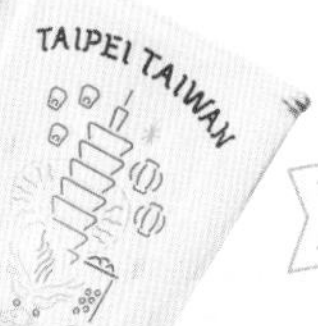

オリジナル雑貨からフードまで

來好
ライハオ

メイドイン台湾の雑貨やフードをバリエ豊富にラインアップ。オリジナルアイテムのほか、台湾全土から厳選した商品が揃っている。特に人気なのは、ポーチやグラス。ラブリーなアクセサリーやポーチ、コスメやステーショナリーなど品揃えが豊富。旅の記念に自分用のおみやげをじっくり選んでみたい。

Map 別冊P.17-C2
永康街

大安區永康街6巷11號1F、B1 ☎3322-6136 ⏰9:30～21:30 休旧正月3日間 Card A.J.M.V. 日 交MRT中和新蘆線・淡水信義線「東門」站5番出口より徒歩約2分 URL www.laihao.com.tw

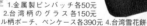

1.金属製ピンバッチ各50元 2.台湾柄のグラス各150元 3.オリジナル柄ポーチ、ペンケース各390元 4.台湾雪花餅各120元 5.嶼香ヌガークラッカー各200元 6.練り香水各380元 7.刺繍入りポーチ各200元

洗練されたセレクトショップ

雲彩軒
ユィンツァイシュエン

花布雑貨データは → P.123

チャイナテイストをほどよくとりいれたオリジナルグッズや台湾各地からオーナーがセレクトした商品を扱っている。刺繍入りオリジナル小物はポーチや巾着などがあり、雲彩軒特注アイテム。内側には台湾花布が使われている。

1.台湾固有動植物をテーマにしたしおり220元 2.「PLANTS」のソープ205～235元 3.台湾メイドのジンは馬告とユズ烏龍の2種、各450元 4.オリジナルの茶器収納用の巾着1180元 5.パスポートケース1080元

 雑貨店が多い永康街がお気に入り。「鼎泰豐」で小籠包を食べたあと、永康街で買い物するのが私の旅のルーティーン。（東京都・美晴）

魅力いっぱいの台湾雑貨

BAO GIFT

バオ ギフト

店名のBAO＝宝「珍しい貴重な物」という意味合い。ホワイトを基調にした店内には、キュートな雑貨がいっぱい。日常使いしたいポーチなど友達へのおみやげ探しに最適なショップ。旅のメモリアルグッズ選びにもグッド。

1. 台湾フードのイラスト入りポーチ299元 2. 台湾風物の巾着299元 3. 台湾フードの刺繍キーリング各180元、3つで500元 4. ポーチ299元 5. グラス120元

Map 別冊P.17-C2 永康街

大安區永康街6巷3號 ☎2397-5689 10:00～21:30 休旧暦大晦日から3日間 Card A.J.M.V. 交MRT淡水信義線・中和新蘆線「東門」站R5番出口より徒歩約2分 URL www.instagram.com/baogift/

梁山泊壹零捌

リアンシャンポーイーリンバー

2021年4月、迪化街にオープン。台湾人デザイナーによるメイドイン台湾グッズを扱うセレクトショップ。商品は充実しているがイチオシは彰化県製のソックス。バリエーション豊富で台湾ラバーなら何足も欲しくなってしまいそう。

Map 別冊P.14-A2 迪化街

大同區迪化街一段108號 ☎2556-1415 10:30～18:30、土・日10:00～19:00 休旧暦大晦日から3日間 Card A.D.J.M.V. 交MRT中和新蘆線「北門」站3番出口より徒歩約10分 URL www.facebook.com/liangshangbo108/

1. 片方ずつデザインやカラーが異なるピアス各430元 2. スマホスタンドになるキーホルダー各100元 3. マグネット各120元 4. タイルコースター各380元 5. ソックス各230元 6. 台湾モチーフの刺繍が愛らしい箱入りソックス各200元

台湾の中部に位置する彰化県社頭郷は靴下の生産地として知られ、台湾の靴下の約7割が製造されている。

台湾の風物をモチーフに
In Blooom
印花楽
私がデザインしています
旅の記念に持ち帰りたい台湾アクセ
和永豆漿大王
葱油餅

印花作夥

インホアツオフオ

「日常生活にまつわる創作」をモットーに台湾の自然や文化、暮らしにインスピレーションを得てデザインした布製品を扱うブランド「印花樂」のショップ。オリジナルグッズは毎日の暮らしになじむデザイン。

Map 別冊P.14-A1 迪化街

大同區迪化街一段248號 2557-0506 10:00〜18:00 毎月最終火曜、旧暦大晦日から3日間 Card J.M.V. 日▶少し MRT中和新蘆線「大橋頭」站1番出口より徒歩約12分 URL www.inblooom.com

1.エコバッグ各350元 2.巾着各250元 3.お弁当やギフトを包めるハンカチ各350元 4.PCバッグ黒890元、白750元 5.ドリンクバッグ各350元

繍珍森活

Littdlework/シォウヂェンセンフオ

店名は、LittleとNeedlework（刺繍）を組み合わせた造語。香港出身のオーナーでデザイナーでもある流星さんが台湾を旅して出合った風物を刺繍やイラストで表現。ピンバッチやピアス、ステッカーなど、どれも抜群にかわいい。

Map 別冊P.17-C2 永康街

大安區永康街4巷12號 090-945-4405 12:00〜20:30 旧正月3日間 Card J.M.V. MRT淡水信義線・中和新蘆線「東門」站R5番出口より徒歩約2分 URL www.littdlework.com

1.観光スポットや名物をモチーフにした刺繍ピンバッチ120〜140元 2.屋台や名所をテーマにしたステッカー「防水行李貼」各30元 3.台湾固有動物のバッチ各140元 4.刺繍のイヤリング各530元

「繍珍森活」の刺繍バッチにひとめ惚れ。香港をモチーフにしたものもあり、思わず大人買い！（神奈川県・志麻）

減簡手制

jainjain/ジエンジエンショウヂー

魅力いっぱいの台湾雑貨

台湾の光景をテーマにしたファブリック

迪化街の
路地で
営業中です

1.コットンエコバッグ各780元　2.人気No.1の取っ手を内蔵した持ち歩けるティッシュケース690元　3.ポーチ各350元　4.ペンケース各380元　5.ティータオル各390元　6.トートバッグ（違章＝違法建築がモチーフ）1540元

台湾の日常や風景をテキスタイルに表現するデザイナー陳子瑜氏がオーナー。2011年にブランドを立ち上げ、都市開発で失われていく台湾の風景を記録し布をデザイン、バッグやインテリアグッズとして商品化している。

Map 別冊P.14-A3　迪化街

大同區迪化街一段14巷27號　2556-7422
13：00～18:00　休火・水・木、旧暦大晦日から4日間　Card A.J.M.V.　交MRT中和新蘆線「北門」站3番出口より徒歩約7分　URL www.jainjain.co

點子包

ディエンヅバオ

ユニセックスで使えるバッグやグッズ

旅に
ぴったりの
バッグ、
見つけてね

名前などを
打刻します

1.サコシュ「輕旅斜側包」1850元　2.ポケットが多い「口袋托特包」2690元　3.SIMカード収納口もあるパスポートケース1590元　4.斜めがけ可能な「口袋M號帆布包」799元

帆布と皮革を組み合わせたハンドメイドバッグをメインに扱う。台湾の素材を使い、デザインから製造まで自社で行っている。仕事用のエプロンやアウトドアグッズなどもあり、どれもベーシック&シンプル。長く愛用できる。

Map 別冊P.15-C1　中山

大同區赤峰街26-3號　2550-2511
13:30～19:30、月～水は予約制　休旧暦大晦日から5日間　Card A.J.M.V.　交MRT淡水信義線・松山新店線「中山」站5番出口より徒歩約6分　URL iceabag.waca.tw

「減簡手制」と「點子包」のバッグは、おしゃれでタフ、日常使いにぴったり。デニムなどカジュアルなファッションに似合う。

香り高いお茶とステキな茶器で、おうち茶藝館をオープン♪

台北の茶藝館でまったりティータイムを楽しんだら、茶器や茶壺、茶葉とお茶請けもぜひ調達して。至福のひとときを自分のおうちでも堪能しましょ。

試飲もお気軽に

スリムで便利♪

保存に便利、インテリアにもなる茶缶

台湾茶をより身近に

自由葉 ヅーヨウイエ

いつでもどこでも台湾茶を飲めたら、という思いから携帯に便利なスタイルを提案。高品質の台湾茶のティーバッグはおすすめ。また、生のジャスミンをふんだんに使い丁寧な工程で香りを吸着させたジャスミン茶も人気。

Map 別冊P.17-D1 台北車站周辺

中正區忠孝西路一段66號 新光三越站前店B2 ☎2331-8525 🕘11:00～21:30、旧暦大晦日～18:00 休無休 Card A.J.M.V. 日 交MRT淡水信義線・板南線・台鐵「台北車站」站M6出口より徒歩約1分 URL www.leaf-free.com

1. 台湾各地の景色を刻印した茶こし付きティーメーカー1580元 2. オリジナル茶器の実演やお茶の試飲もある 3. ティーバッグ8個入り各190元 4. 30g入り缶ジャスミン茶380元 5. 30g入りスリム筒型缶阿里山茶各380元

台湾茶界の先生が営む茶葉店

意翔村茶業 イーシアンツゥンチャーイエ

南投県の茶農家出身のオーナー、陳煥堂さんは台湾茶に関する著書も多く、自家焙煎の技術にも長けた職人肌の茶人だ。倉庫のような店内だが、お茶の味は確か。昔ながらの茶摘みや製法による茶葉をメインに扱う。

台湾茶をどうぞ

Map 別冊P.11-D2 台北車站南部

大安區新生南路一段161巷6-2號 ☎2703-0394 🕘10:00～16:00 休土・日、旧正月・清明節・端午節・中秋節 Card 不可 日少し 交MRT淡水信義線「大安森林公園」站1番出口より徒歩約3分

試飲もお気軽に♪

1. 文山包種茶100g400元～ 2. 凍頂烏龍茶100g200～500元、高山烏龍茶100g400～1000元など。好みを伝えてアドバイスをもらって参考に

おみやげぴったり

東方美人茶もオススメ!

日本語OKで充実の品揃え

沁園 チンユエン

台湾産烏龍茶、東方美人茶に加えて、上質の普茶も充実。茶葉は買いやすいサイズのパッケージでおみやげにもぴったり。手頃な価格の茶器も扱っているから永康街散策の際に立ち寄ってみては？

1. 甘い梅漬けの茶梅300元 2. 人気の阿里山烏龍茶(390元～)など 3. 花布柄の茶器セット870元(茶壺のみ640元、茶杯2個450元) 4. 蓋碗600元 5. 廖さん夫婦は日本語OK 6. 永康街に面して探しやすい

Map 別冊P.17-C2 永康街

大安區永康街10-1號 ☎2321-8975、2395-7567 🕘12:00～20:00 休旧暦大晦日から5日間 Card A.J.M.V. 日 交MRT中和新蘆線・淡水信義線「東門」站5番出口より徒歩約5分 URL www.sinyuan.com.tw

台湾茶のティーバッグを買うなら、茶葉が開きやすいピラミッド型がオススメ。(栃木県・康子)

シングルオリジンの茶葉を扱う

琅茶 Wolf Tea Shop + Gallery ランチャー ウルフティーショップ ギャラリー

父親が台湾茶の選別士という若手デザイナーが手がける台湾茶は単一産地のものだけを厳選、シンプルなおいしさをスタイリッシュに展開。おしゃれなパッケージでギフトにも適している。

Map 別冊P.8-B2 松山區

松山區民生東路四段97巷6弄8號 ☎0970-844-235 13:00～19:00 休日、不定休 Card A.J.M.V. 図MRT文湖線「松山機場」站 3番出口より徒歩約 8分 URL wolftea.com

手軽においしく召し上がれ

1. オリジナルデザインの缶（缶代330元～）は茶葉とのセットも（茶葉代別） 2. 店名入り茶器は茶葉とセットで1580元～ 3. スタイリッシュなオーナーがお出迎え 4. 琅茶オリジナル蓋碗1380元。聞香杯、急須、茶杯と、3種類の使い方ができる

100年以上続く老舗茶葉店

王德傳茶莊 ワンダーチュアンチャーチュアン

レトロな家具でしつらえたすてきな店内。台南で創業した老舗は真紅の缶が目印。伝統的な台湾茶などを扱う。試飲カウンターがあるのでスタッフのアドバイスも頼りにしてお茶を選んで。

Map 別冊P.15-D3 中山

中山區中山北路一段95號 ☎2561-8738 10:00～19:00 休旧正月 Card A.J.M.V. 日少し 図MRT淡水信義線・松山新店線「中山」站2番出口より徒歩約4分 URL www.dechuantea.com

1. 店内 2. 金風茶香禮盒（4缶1470元）。伝統的な焙煎法の阿里山烏龍茶など4種セット

お茶の焙煎も味の秘訣！

1.親切に教えてくれる林さん 2.店内 3.林さんの焙煎技術によりできる「茶珠（独特のお茶の玉）」4. 生態茶松戸烏龍150g1300元など

独自の焙煎技術で仕上げる茶葉

茗心坊茶業 ミンシンファンチャーイエ

1989年の開店以来、店内に置く焙煎機での自家焙煎にこだわる店主の林貴松さん。自然栽培の台湾茶を独自の焙煎技術で仕上げ、お茶の味を最大限に引き出す努力を惜しまない。

Map 別冊P.12-A2 信義イースト

大安區信義路四段1-17號 ☎2700-8676 12:00～19:00 休日、旧正月 Card J.M.V. 日 図MRT淡水信義線・文湖線「大安」站4番出口より徒歩約1分

道具 揃えたい！工夫茶（ゴンフーチャー）の道具たち

※「工夫茶」とはていねいにお茶を淹れることです

1. 水盂（シュウイユィ）不要になったお茶やお湯を入れる。 2. 茶海（チャーハイ）お茶の濃さを均等にするために、茶壺で淹れたお茶を茶海に一度あける。 3. 茶杓・茶通（チャーシャオ/チャートン）茶壺が詰まったとき茶葉を取り除くための道具。 4. 茶荷（チャーフー）使う分の茶葉をこの中に入れておく。 5. 茶壺（チャーフウー）お茶を淹れる急須。写真は中国宜興の紫砂茶壺。 6. 燒水壺（シャオシュウイフウー）お湯をわかすための土瓶。 7. 聞香杯／茶杯（ウェンシアンペイ/チャーペイ）淹れたお茶はまず細長い器の聞香杯に入れ、それから茶杯に移す。

知っておきたい 茶葉の基礎知識

1. 包種茶（パオチョンチャー）：台湾北部の文山、坪林エリアが産地。蘭の花の香りが感じられたら上質 2. 金萱茶（ジンシュエンチャー）：包種茶より少し発酵が高く、初心者にはなじみやすい味と香り 3. 阿里山烏龍茶（アーリーシャンウーロンチャー）：標高が高いエリアで栽培され、軽やかな味と気品高い香りが特徴的 4. 凍頂烏龍茶（ドンディンウーロンチャー）：阿里山などよりは標高が低い場所で栽培、まろやかな甘みが口に残り、お茶好きが好む味と香り 5. 鐵觀音（ティエグワンイン）：台湾北部の木柵が産地。オリジナルの味は柑橘類が熟れた感じの香りがあるが、最近は低い発酵で作られたものも多い 6. 白毫烏龍（バイハオウーロン）：東方美人茶とも。新芽に付くウンカの唾液が発酵時に作用して独特の風味と甘みが出る

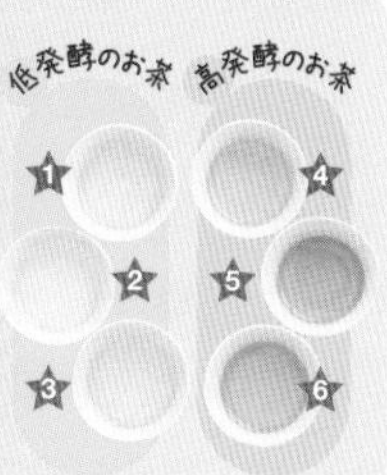

本格的な茶藝を学ぼう！

レッスン後、修了証書と清香烏龍茶がいただける

名店竹里館で学ぶ、茶藝入門コース

中国茶ソムリエの黄浩然氏または弟子による日本語のレッスン。台湾烏龍5種の利き茶体験コース（約1時間1500元）。完全予約制（ひとり可）。申し込みは✉isteamember@gmail.comから。

データは→P.97
茶藝→P.109

「竹里館」の茶藝教室申し込みは URL www.facebook.com/zhuliguan1996 からでも OK。

aruco調査隊が行く!! ④

台湾みやげの超定番 鳳梨酥(パイナップルケーキ)人気 7ブランド実食対決！

食べ比べてお気に入りを見つけてね！

※1個あたりの価格は箱入りの個数から算出しており、バラ売りしていない店もあります。

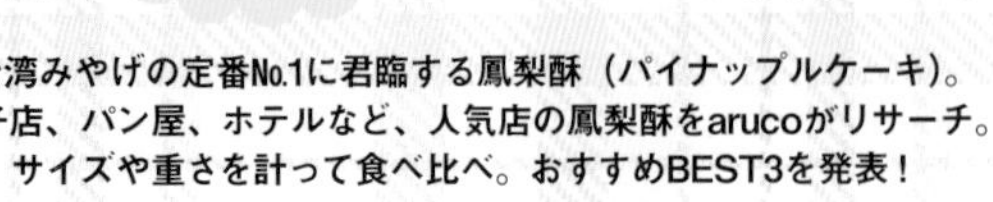

台湾みやげの定番No.1に君臨する鳳梨酥（パイナップルケーキ）。菓子店、パン屋、ホテルなど、人気店の鳳梨酥をarucoがリサーチ。サイズや重さを計って食べ比べ。おすすめBEST3を発表！

郭元益

6個240元 @40元

aruco調査結果

ジャムっぽい味わいのねっとりとしたあん。クセがあまりないため、万人向けといえる。

生地のサクサク感	★★★☆☆
あんの果実感	★★★☆☆
生地とあんのバランス	★★★☆☆
パッケージ	★★★★★

佳德糕餅

6個210元 @35元

aruco調査結果

しっとり系の生地に包まれたあんは、冬瓜ミックスだが甘すぎない。安定感のあるおいしさ。

生地のサクサク感	★★★★☆
あんの果実感	★★★☆☆
生地とあんのバランス	★★★★★
パッケージ	★★★★☆

鼎泰豐

6個240元 @40元

aruco調査結果

果実感がほどよいあんとクッキー生地のバランスがGOOD。オーソドックスだが安心感がある。

生地のサクサク感	★★☆☆☆
あんの果実感	★★★☆☆
生地とあんのバランス	★★★☆☆
パッケージ	★★★★☆

データは→P.78

微熱山丘

10個500元 @50元

aruco調査結果

パイナップルの風味が生きている。生地とあんがベストバランス。パッケージもかわいい。

生地のサクサク感	★★★★★
あんの果実感	★★★★★
生地とあんのバランス	★★★★★
パッケージ	★★★★☆

伝統的

1867年創業の菓子店

郭元益 グオユエンイー

150年もの歴史をもつ老舗菓子店。厳選した台南産パイナップルを使っており、鳳梨酥コンテストで2度受賞している。

Map 別冊P.15-D2 中山

中山區中山北路二段34號 ☎2568-2136 ◷10:30～21:00 休旧正月3日間 Card J.M.V. 日▶少し 交MRT淡水信義線・松山新店線「中山」站3番出口より徒歩約5分 URL www.kuos.com

数々の受賞で知られる有名店

佳德糕餅 ジアダーガオピン

1975年創業のローカルに人気のパン屋さん。鳳梨酥コンテストで初代グランプリに輝いた。1日に2万個以上売る超人気店。

Map 別冊P.9-C3 松山區

松山區南京東路五段88號 ☎8787-8186 ◷8:30～20:30 休無休 Card J.M.V. 日▶少し 交MRT松山新店線「南京三民」站2番出口より徒歩約2分 URL www.chiate88.com.tw

大人気の鳳梨酥専門店

微熱山丘 ウェイルーシャンチョウ

無農薬栽培純粋種の台湾産パイン100%のあんと音楽を聴かせて育てたニワトリが生んだ卵を使っている。

Map 別冊P.8-B2 松山區

松山區民生東路五段36巷4弄1號1F ☎2760-0508 ◷10:00～18:00 休旧正月、3大節句 Card A.J.M.V. 日▶少し 交MRT文湖線「松山機場」站より3番出口より徒歩約17分 URL www.sunnyhills.com.tw

モダン

台中発のスイーツショップ

糖村 タンツゥン

個包装やパッケージも洗練されている。広々とした店内では、ヌガー（→P.121）ほかスイーツ各種も販売。

Map 別冊P.12-B1 東區

大安區敦化南路一段158號 ☎2752-2188 ◷9:00～22:00 休無休 Card J.M.V. 日▶少し 交MRT板南線「忠孝敦化」站8番出口より徒歩約5分 URL www.sugar.com.tw

「郭元益」のパイナップルケーキは２個入りのギフトボックスがあり、パッケージがかわいい。おみやげにぴったりでした。（愛知県・蜜蜜）

糖村

aruco調査結果

あんはパイナップルに冬瓜を加えており、スタンダード。サイズは小さめで甘党ではない人にも◎

生地のサクサク感	★★★
あんの果実感	★★★
生地とあんのバランス	★★★★
パッケージ	★★★

永心鳳茶

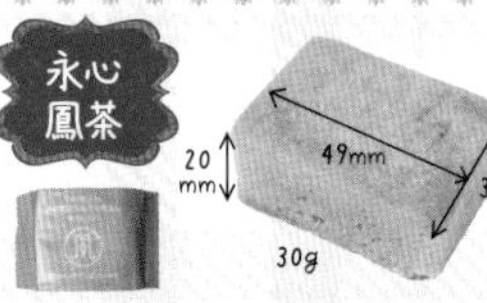

aruco調査結果

有名な高雄・大樹のパインを使用したあんは砕いたクルミ入り。甘さと塩気のバランスが絶妙。

生地のサクサク感	★★★★
あんの果実感	★★★★
生地とあんのバランス	★★★★
パッケージ	★★★

データは→P.162

The Nine

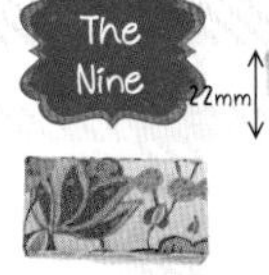

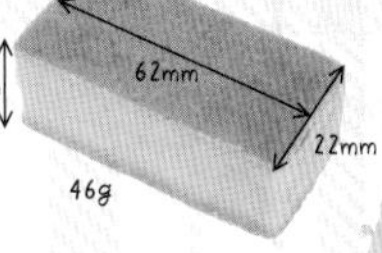

aruco調査結果

パイナップルの果肉感が感じられるが、やや甘い。洗練されたパッケージはすばらしい！

生地のサクサク感	★★★
あんの果実感	★★★★
生地とあんのバランス	★★★
パッケージ	★★★★★

美しいパッケージが魅力的

The Nine ザ・ナイン

台湾金鑽17號というパインとフランス産発酵バターを使っている。台湾人クリエイターが描いた個包装とBOXのイラストが秀逸。

Map 別冊P.15-D2 中山

中山區南京東路一段9號 大倉久和大飯店 ☎2181-5138 8:30～20:30 休無休 Card A.D.J.M.V. 日 MRT淡水信義線・松山新店線「中山」站3番出口より徒歩約5分 URL www.okurataipei.com.tw

arucoが見つけた！ 個性派パイナップルケーキ

＼肉球♡／

あんを包む「酥」部分をチョコレートにした新感覚スイーツ。台湾産パイナップルジャムとベルギー産チョコを使っている。ピンクの肉球は、パイナップルあんを邪魔しないレベルのストロベリーテイスト。オレンジ色の肉球（マンゴー味）もある。1個80元。

ココメーカー
COCOMAKER

データは→P.121

＼クッキーでサンド！／

フランス菓子の製法で作るビスケットにパイナップルと鹹蛋黄（塩漬け卵の黄身）を加えたジャムをサンドイッチ。バターはヨーロッパ産、小麦粉は熊本県産など素材にこだわる。パティシエの李依錫さんはフランスと日本で修行した。10個入り820元。

ル リボン パティスリー
La Ruban Pâtisserie

データは→P.120

ホテルメトロポリタン プレミア 台北 パイナップルケーキが誕生

台湾産パインに台湾産バニラをエッセンスに加えたオリジナル。風味豊かでおみやげにおすすめ。12個入り660元。高級感のあるパッケージでギフトに最適。

パティスリー「プレミア スイーツ」
Pâtisserie「PREMIER SWEET」

Map 別冊P.7-D3 台北車站北部

中山區南京東路三段133號 JR東日本大飯店台北 1F ☎7750-0919
10:00～20:00 休無休 Card A.D.J.M.V.
MRT文湖線・松山新店線「南京復興」站2番出口より徒歩約1分
URL taipei.metropolitan.tw

「微熱山丘」のショップは、台北101の地下1階と桃園国際空港第2ターミナル2階にもある。

星太郎香菜口味 33元

幅広ベビースターの香菜（パクチー）味。ビールの供にぴったり B

德裕蝦酥 58元

淡水（→P.70）名物のスナック、えびせんが家樂福で入手できる A

義美乾燥香蕉 128元

老舗食品メーカー「義美」のフリーズドライした乾燥バナナ。添加物なし B

梨不開你鳳梨果乾 59元

台湾産の良質でフレッシュなパイナップルを厳選した乾燥パイナップル B

北田能量棒蛋黃 47元

サクッとした食感のポタージュ味のスナック。うまい棒のヘルシー版 B

鹽之花奶油蝴蝶酥 69元

ハート型のフランスのパイ菓子、パルミエ。日本の源氏パイにも似た味わい B

真魷味巧果 16元

イカをカットして表面に切れ目を入れた形状がニクイ。懐かし味のスナック B

亞麻螺旋藻餅 55元

健康食品として人気のスピルリナ入りクラッカー。カルフールオリジナル A

楽しい！お手頃！ 2大スーパーマーケットで見つけた！おみやげ大集合 &無印良品

台湾の生活を身近に感じられるスーパー。おやつや日用品、おみやげを入手できちゃう。2大スーパーへGO！

Others その他

刷樂植漱口「山雨」「海霧」 各139元

マウスウォッシュ2タイプ。おしゃれなデザインのボトル入り。各400ml B

ABIS口罩 159元

Made in Taiwanと刻印されている、愛らしい猫柄のマスク B

無患子福利熊乾洗手 49元

外出時にはバッグにしのばせておきたい携帯用サニタイザー。40ml B

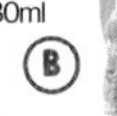

夜安寧 免叮 雙效精萃精油防蚊液 145元

6時間効果が持続する蚊よけオイル。1年中蚊が多い台湾の必需品。80ml B

子鹿山丘防蚊貼 189元

乳幼児も安心して使える蚊除けシール。衣服の上に貼るだけでOK。8枚入り B

PXMART デザートが充実♪

We Sweet

全聯福利中心のプライベートブランド。台湾スイーツや日本人パティシエとコラボしたデザートなど充実。

A 大型量販店とスーパーの2タイプ

家樂福 Carrefour ジアルーフー

桂林店は24時間営業！

フランス発のスーパーチェーン。MRT西門站近くの桂林店のような「量販店」と「超市」と呼ばれる一般的なスーパーマーケットの2種類のカルフールがある。24時間営業の店も多く、クレジットカードで支払いができるのでおみやげ探しにもってこい。

URL www.carrefour.com.tw

▼arucoおすすめ店舗

桂林店 Map 別冊P.10-A2　重慶店 Map 別冊P.14-B2　台北林森北店 Map 別冊P.7-C2
台北敦化北店 Map 別冊P.8-A2　台北忠孝東店 Map 別冊P.12-B1　大安敦化南店 Map 別冊P.12-B3

B 台湾最大のスーパーチェーン

全聯福利中心 PXMART チュエンリエンフーリーヂョンシン

店舗数1100を超える地域密着型のスーパーチェーン。クレジットカードが使えないのが唯一のデメリット。

URL www.pxmart.com.tw

▼arucoおすすめ店舗

大同圓環店 Map 別冊P.14-B3　中正華山店 Map 別冊P.11-C1
中山雙連店 Map 別冊P.6-B2　台北東門店 Map 別冊P.11-C2
中山林森店 Map 別冊P.7-C1　大安敦南店 Map 別冊P.12-B2

 夕食後、毎日スーパーマーケットへ。フルーツやドリンクもコンビニより安い。お気に入りは「全聯」のデザート♡（長崎県・聖絵）

Drink
ドリンク

家樂福藍莓果茶 149元
洛神葵（ローゼル）とフルーツのティーバッグ。32個入り A

咖碼濾掛式咖啡 各220元
cama café（→P.106）のドリップコーヒー。2タイプのブレンド B

KAVARAN 琴通寧 49元
台湾のウイスキーメーカー「噶瑪蘭」のジントニック B

KAVARAN 茶香蘇打 49元
ウーロン茶と紅茶を使ったハードティージンソーダ B

日月紅茶 120元
日月潭産のアッサム紅茶。台灣農林ブランド A

Seasoning
調味料

味全胡麻豆乳醤 44元
鍋物用のゴマ豆乳ソース。コクがある B

烹大師干貝風味調味 35元
台湾限定のホタテのほんだし A

桂冠沙拉醬 26元(100g)
台湾の甘いマヨネーズは意外とクセになる!? A

蜂蜜擠擠瓶 129元
台湾産のハチミツ。プラ容器入りで持ち帰りやすい A

金蘭宅宅醬 各42元
三杯や川味魚香など台湾料理が手軽に作れる合わせ調味料シリーズ B

こちらもチェック！

無印良品でこだわり台湾フードをGET!

オリジナルの台湾限定商品や無印良品がセレクトした台湾の良品をラインナップ。

ORIGINAL

1. 調和米粉（ビーフン）49元　2. 坪林蜜香紅抹茶酥心糖 210元　3. 炒飯元素（桜エビ風味の炒飯の素）59元　4. 掛耳台湾茶凍頂烏龍茶 149元　5. 東方美人茶法蘭酥、柚香金宣茶法蘭酥 各69元　6. 穀物茶（紅豆紫米）79元

台湾各地から無印がセレクト

1. 池上糖漬小楊梅（ヤマモモ）、池上新味之梅（梅）、池上甘味之李甘草風味（プルーン）各50元　2. 麻豆區農會蜂蜜柚子茶 200元　3. 梅のど飴と梅干しシート 各39元

無印こだわりの台湾グルメ

無印良品 美麗華旗艦店
ウーインリャンピンメイリーホアチージャンディエン

台湾最大級の店舗には、加工食品やお茶のほか、野菜や果物など多彩な台湾の美味が並んでいる。

Map 別冊P.5-D2　台北北部

中山區敬業三路20號美麗華百樂園 濠館2F
8502-0851 11:00～22:00 休 無休
Card J.M.V. 交 MRT文湖線「劍南路」站3番出口より徒歩約3分 統一時代百貨台北店、新光三越台北南西店、微風廣場店など台北市内に18店舗 URL www.muji.com/tw/

▼arucoおすすめ店舗

松高旗艦店 Map 別冊P.13-D2
統一時代百貨台北店 Map 別冊P.13-C2
遠東SOGO復興館店 Map 別冊P.12-A2
新光三越台北南西店 Map 別冊P.15-C2
微風廣場店 Map 別冊P.12-A1
遠企購物中心店 Map 別冊P.12-B3

MRT 板南線「市政府」站直結の「統一時代百貨」にある「Café&Meal MUJI」では、台湾の食材を使ったデリが味わえる。

必見！ 便利！

カワイイ♥&リーズナブル！ディスカウントストアでおみやげ探し♪

バラエティに富んだ商品が並ぶディスカウントストアはおみやげ探しの穴場。思わぬお宝を発見できちゃうかも！

各79元 麻製の小型バッグ。マチが広く開口部ファスナー付き

刺繍ワッペン。台湾やパインを抱いた猫と犬が愛らしい 各24元

250元 履き心地の良いくすみカラーの台湾製サンダル

バッグにかわいい♡アクセント

10、12元 ギフトに添えたいミニグリーティングカード

各20元 九份モチーフとMRT路線図柄のA4クリアファイル

59元 会社員の心にしみわたる名言入りの鉛筆

台湾の旅がテーマのシールです

36元 台南、台東、阿里山……。各地の名所がシールに

75元 小籠包やマンゴー氷、台湾グルメの付箋

キュートな雑貨が大充実

金興發生活百貨

ジンシンファーションフオバイフオ

生活雑貨が充実していて、店内は明るくて見やすく、台北女子も愛用。各店の営業時間は9:30～23:30が目安、クレジットカードでの支払いもできる。

南西店 Map 別冊P.15-C2 南京西路5-1號、城中店 Map 別冊P.17-D1 重慶南路一段71號、師大1店 Map 別冊P.11-D3 師大路39巷4號など
URL www.jsf.com.tw

68元 九份の町をモチーフにした幅広マスキングテープ

各16元 有名観光地のミニステッカー(左)、セリフ付きステッカー(右)

いくつも欲しくなるかわいさ♡

各28元 台湾名物や観光名所をテーマにしたマステ各種

32元 愛情を表現する文字がついた付箋。使いみちに気をつけて!?

圧倒されるラインアップ！
POYA 寶雅
バオヤー
データは→P.146

各159元
台湾女子が支持する台湾ブランド「EYL'S」のマスク

219元
「マリ・クレール」のマスク。人気色のピンク

59元
暑い季節に最適な柔らかくて大判のタオル（2枚入り）

お菓子もバラエティ豊富です！

1足59元
台湾製の靴下はデザイン、カラーとも大充実

499元
UV効果のある台湾製パーカーは旅にぴったり

生活に根ざしたグッズ
勝立生活百貨
ションリーションフオバイフオ

台湾のローカル色が濃い大型ディスカウントストア。充実の品揃えで地元客や観光客に人気。営業時間は9:00～翌0:30、支払いは現金のみ。

雙城旗艦店 Map 別冊P.7-C1 中山區雙城街21號、吉林店 Map 別冊P.7-C2 中山區吉林路133號、和平店 Map 別冊P.12-A3 大安區復興南路二段291號

49元
ロングセラーの愛されヘチマ水。便利なスプレー式

レトロ感のあるお弁当箱いかが♪

25元
防油紙袋。耐油紙が余分な油を吸収。シェフのイラストが渋い

199元
丸型お弁当箱（直径12cm）。ウサちゃん印の2層式ステンレス製お弁当箱は、コロンとした形がキュート。小物入れにも◎

ディスカウントストアでおみやげ探し

プチプラ
24時間買い物OK！ コンビニにGO！
コンビニ大国・台湾。おみやげも揃ってます

こちらもオススメ！

有名菓子メーカー「郭元益」のクッキー各25元 B

OPENちゃんのエコバッグ、149元 B

昔ながらの台湾菓子、パケ買いしそう。各25元 B

台湾産ニンジン＆野菜のミックスジュース。40元 A

小腹がすいたら

台湾ソウルフードの肉鬆（肉でんぶ）おにぎり28元 B

Eco Bag 環保袋

阿里山金萱茶葉入り55元。青心烏龍茶版もある A

台湾産レモンと沖縄産の塩を使ったソルティードリンク。30元 A

A 日本のファミマが台湾にも定着
全家便利商店
「全家是你家（ファミリーマートはあなたの家、の意味）」がキャッチフレーズ。台北市内に420店以上。URL www.family.com.tw

B 台湾No.1の店舗数を誇る
7-11 セブンイレブン
台北市内には400店以上。オリジナルキャラクターのOPENちゃんも人気。URL www.7-11.com.tw

「7-11」では日本の「SOU・SOU」とコラボしたグッズを発売している。

レトロムード漂う 台北の2大リノベスポットをおさんぽ

日本統治時代の工場をリノベした2つのスポット。レトロとクリエイティブがミックスした雰囲気と台湾ならではのショッピングが満喫できる。

HUASHAN 1914

酒造工場をリノベした複合施設

華山1914文創產業園區

ホアシャン1914ウェンチュアンチャンイエユエンチュィ

1914年建造の酒造工場をリノベーション。オシャレなショップやカフェ、レストランなどが並ぶ。映画館やギャラリースペースなどもある。前庭でフリマや音楽イベントが開かれるなど、注目度の高いスポットとして人気を集めている。

Map 別冊P.11-C～D1 台北車站南部

中正區八德路一段1號 ☎2358-1914
11:00～21:00（屋外は24時間） 休無休
交MRT板南線・中和新蘆線「忠孝新生」站1番出口より徒歩約5分 URL www.huashan1914.com

台湾ブランドが集合

ウェイライシー
未來市

☎2395-5178 11:00～21:00 休無休 Card J.M.V.

台湾デザインの雑貨や台湾産のフードなど、おみやげに最適な商品が揃っている。

猫250元、クマ280元は、台湾黒クマ保護の寄付10%付き

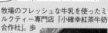

「Wooderful life」は木材を使ったオルゴールや玩具のブランド

オルゴールと木製品

チーインウェンチュアン
知音文創

☎2341-6905 11:00～21:00 休無休、旧正月未定 Card J.M.V.

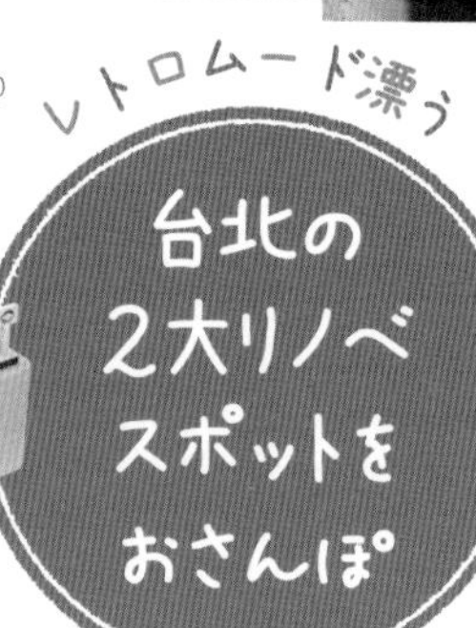

台北101のオルゴール1800元。ダブルデッカーが走る

鉄道が走る阿里山モチーフのオルゴール1800元

お茶するならココ！

牧場のフレッシュな牛乳を使ったミルクティー専門店「小確幸紅茶牛奶合作社」。歩き疲れたときのリフレッシュに。

14ブランドが出店。2年に1度ショップが入れ替わる

14ブランドを一堂に

ソンイエンフォングーディエンジア
松菸風格店家

☎2765-1388内線158 11:00～19:00 休毎月最終火曜、旧暦大晦日 Card J.M.V.

SONGSHAN CULTURAL PARK

元たばこ工場がアートスポットに

松山文創園區

ソンシャンウェンチュアンユエンチュィ

1937年設立の台湾初の近代化された巻きたばこ工場をリノベーション。2011年にクリエイティブスポットして再生した。元工場や倉庫群には、アートスペースやショップ、カフェが入っている。誠品生活には、書店やカフェなどがある。

Map 別冊P.13-C1 信義イースト

信義區光復南路133號 ☎2765-1388
8:00～22:00（屋外は24時間） 休無休
交MRT板南線「市政府」站1番出口より徒歩約8分 URL www.songshanculturalpark.org

台湾雑貨の宝庫

チエンピンションフォ
誠品生活

☎6636-5888
3F書店24時間
休無休 Card A.D.J.M.V.

3Fのカフェは10:00～24:00、2F文具館は11:00～22:00

オリジナルグッズや台湾デザインの商品をラインナップ。旅の記念に

MITブランドが揃う

ソンイエンシアオマイスオ
松菸小賣所

☎2765-1388 内線138 11:00～19:00 休旧暦大晦日、元日 Card J.M.V.

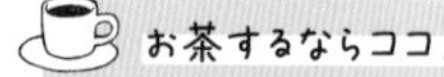

お茶するならココ！

コーヒーチェーンcama caféのロースタリーカフェ。この店限定のメニューもあり、ブランチやスイーツもおすすめ。

データは→P.106

ボディもハートも じんわり★とろける 台北ビューティナビ

台北では、気張らず、プチプライスなビューティスポットを
ハシゴするのが大正解。もちろん台湾式シャンプーはマスト！
スペシャルケアが受けられるスパは自分へのごほうびに。
台湾ならではの癒やしで、心も体もリラックス＆リフレッシュ♪

気持ちよくって キレイになれる 「台湾式シャンプー」に トライ！

オススメ2店はココ！

体験しておくべき必須メニュー、台湾式シャンプー。台北を訪れるたびリピートしているというファンが多い。クセになる心地よさ＆楽しさをあなたもぜひ！

髪をタワーのようにまとめ上げる台湾ならではのテク。イスに座ったままなので首に負担もかからない。受付には日本語メニューがあるのでオーダーも簡単

頭皮のコリも解消！
念入りな指圧マッサージで頭皮をほぐしながら、頭全体を泡で包んでいく。頭皮のコリもすっきり解消！

中国語でシャンプーは洗髪（シーファー）

予約なしで大人数でもOK！

小林髪廊　總店

シアオリンファーラン　ゾンディエン

シャンプー剤に少しずつ水を加えて泡立てていき、頭がたっぷり泡に包まれる。ヘッドマッサージのような気持ち良さ。シャンプー台で洗い流してブロー。ツヤツヤで大満足！380元で変身気分が味わえちゃう！

Map 別冊P.12-B2 信義イースト

住 大安區忠孝東路四段216巷36-1號2F　☎2752-6868
営 9:30～18:30、日10:30～18:00　休 無休　Card 不可　日 少し　交 MRT板南線「忠孝敦化」站3番出口より徒歩約5分
URL www.facebook.com/showlinsalonjp
※支店は各店料金や営業時間が異なる。

初台北旅で台湾式シャンプーにハマりました！　リフレッシュできるし、ツヤ髪になれて気分がアガリます！　（神奈川県・美桜）

START
いらっしゃいませ!
まずブラッシングします
ツボを押します
頭皮マッサージキク~!

頭と肩、首をマッサージでリラックス。精油は、カモミールやグリーンティーなど12種から選べる。癒やしのフルコース体験。

「台湾式シャンプー」にトライ!

精油を選んでください
これにします!
泡立てるのね
きもちいい~
コレコレ!台湾式♪
シャキーン!
ツノ、できてる?
おだんごもできた!

記念写真は撮れる?
髪が直立したら記念撮影! シャンプー前にカメラを用意して、スタッフに撮影したいと伝えておくといい。

台北で大人気のヘアサロン

About hair salon 雅柏概念店

アバウト　ヤーボーガイニエンディエン

台北のおしゃれ女子が通う人気ヘアサロン。台湾式シャンプー（台式香氛洗髮）は550元。トライする価値ありなのが「洗髮＋頭皮SPA＋精油肩頸按摩」1450元（95分）。シャンプーにエッセンシャルオイルスパと首と肩のマッサージをプラスしたフルコース。予約優先なので早めに予約を入れておこう。

Map 別冊P.7-D3 台北車站北部

中山區長春路269號　2507-5109　11:00～20:00、水～18:00（最終受付は閉店20分前）　休日　Card V.　予約優先　日少し　MRT松山新店線・文湖線「南京復興」站1番出口より徒歩約8分

FINISH
流します
巻きますね
ブローします
スッキリさわやか!
TOTAL 約50分

旅行中の時間は貴重。時間をムダにしないためにも美容室やマッサージ店に予約を。ホテルに頼んで予約してもらうのがベター。

力加減は遠慮せずにリクエストを
スッキリする心地よさ♪

足裏マッサージ
1400元（60分）

イタ気持ちいい施術で活力アップ

再春健康生活館

ヴァイチュンジエンカンションフオグアン

40年近く健康に寄り添うサービスを提供。マッサージ師はじめスタッフは定期的な研修を通じて施術などサービス向上に努めている。60分、90分、120分の各コースがあり、肩、足裏、全身から、好みの時間配分に応じて施術してくれる。

Map 別冊P.7-C3 台北車站北部

中山區南京東路二段8號2F ☎7702-8985 9:30～23:00 休旧正月 Card A.J.M.V. 予予約がベター 日 日少し 席100 交MRT中和新蘆線・松山新店線「松江南京」站1番出口より徒歩約5分 URL www.facebook.com/tckmassage

極楽世界へ
本場でホンキの

足裏マッサージの本家本元
凄腕マッサージ師
そんなベテラン揃いのイチ

很痛（イタイ）!!
ヘントン

足裏心得 1

押されて痛いと感じた時は我慢しないこと。日本語が通じる店が多いので、痛ければ痛いとハッキリ伝えよう。

1. 膝から下を徹底的にもみほぐす 2. オリジナル商品の膝下専用マッサージオイル399元も人気 3. 肩のマッサージも本格的。施術後は肩も足も軽くなる

副鼻腔の左半分
脳下垂体
左三叉神経
鼻
大脳の左半球
脳幹小脳
頚椎
左目
頚部（首）
左耳
右僧帽筋（首の右半分と右肩）
右肺・気管支
甲状腺
副甲状腺
右副腎
肝臓
胆嚢
右腎臓
胃
膵臓
腹腔（消化器）神経叢
横行結腸
右輸尿管
十二指腸
上行結腸
回盲弁
小腸
膀胱
盲腸虫垂
右生殖腺（卵巣・睾丸）

信頼の極楽マッサージを体感

李振堂足裏マッサージ

リーヂェンタン

マッサージ歴約30年の李さんのもとには日本からも多くのリピーターが訪れるため、施術は少し強めの力加減。痛ければ弱めをリクエスト。足裏とふくらはぎを丹念にマッサージ、信頼の技は指にできたタコからも感じられる。

Map 別冊P.14-B1 大稲埕＆迪化街

大同區延平北路二段242號3F-5 ☎2592-9841、0927-033-741 10:00～21:00 休水・旧正月 Card不可 予完全予約制 日少し 席2（ベッド） 交MRT中和新蘆線「大橋頭」站1番出口より徒歩約5分

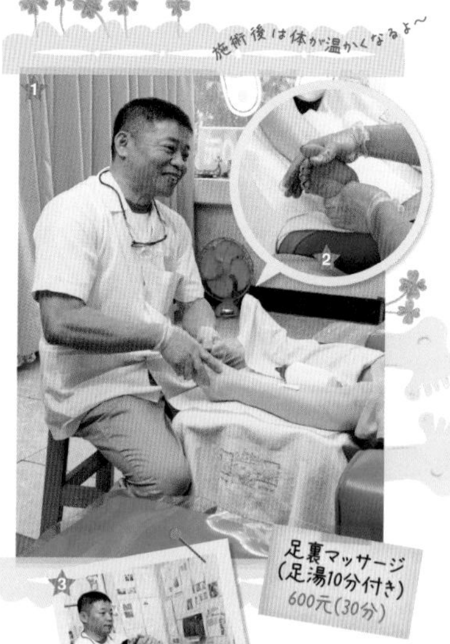

足裏マッサージ（足湯10分付き）
600元（30分）

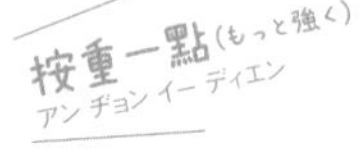

1. 李さんは人気があるので予約は早めに。予約は日本語可 2. 心地よい強さをリクエスト 3. 足湯時の簡単な指圧がうれしいサービス

按重一點（もっと強く）
アン ヂョン イー ディエン

按輕一點（もっと弱く）
アン チン イー ディエン

町歩きの前に足裏マッサージを受けて出発。夜もまた施術してもらったら、疲れ知らずで観光できた。（長野県・はこちゃん）

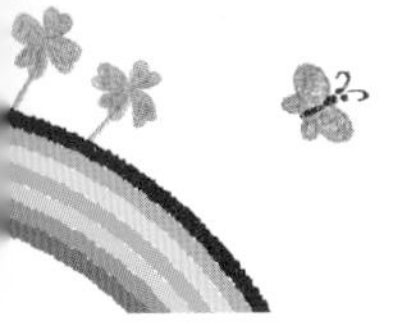

昇天……♥ 足裏マッサージ

台湾にはゴッドハンドのたちがたっくさん！オシサロンをラインアップ！

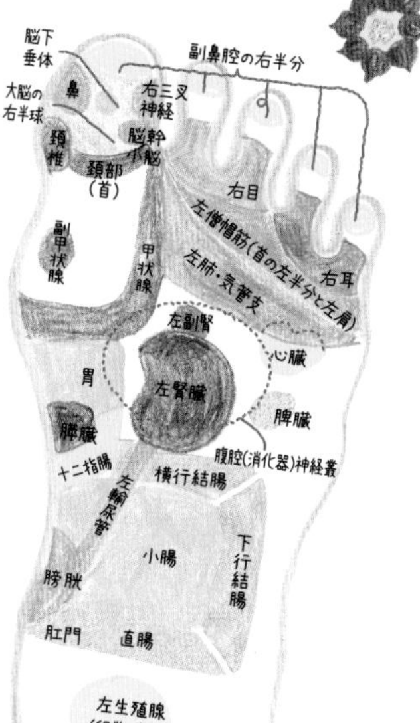

足裏マッサージ 1200元（60分）

眠ってしまうほど気持ちイイ♥

緊張や疲れをほぐしましょう♪

徹底したサービスのチェーン店

6星集足體養身會館

リョウシンジーズーティーヤンションホェイグアン

台北市内に3店舗構える大型店。ハーブの森をテーマにした店内には心地よいアロマが漂い、世界の高級リゾート地をイメージしたフロア構成になっている。マッサージ師の採用やトレーニングに注力しているので、安定したレベルの施術が受けられる。

Map 別冊P.9-C3 松山區

住 松山區南京東路五段76號
電 2762-2166 営 9:00～翌1:00
休 無休 予 予約がベター 料 サ10%
Card A.J.M.V. 《日》 交 MRT松山新店線「南京三民」站2番出口より徒歩約2分 URL www.footmassage.com.tw

1.好みに応じたタッチ 2.足湯+肩のマッサージ300元（10分） 3.ナチュラルテイストな店内

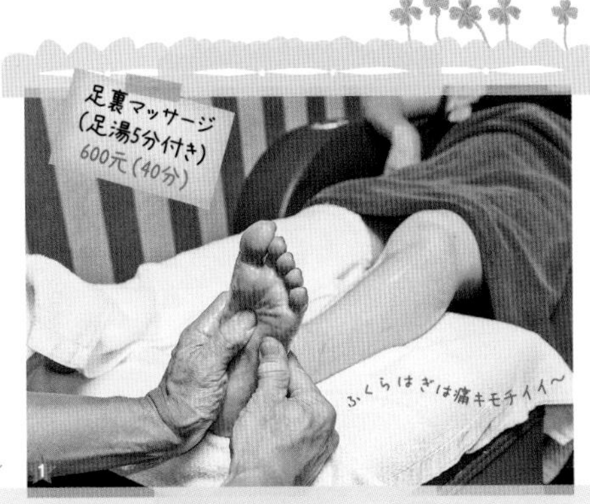

Map 別冊P.9-C3 松山區

住 松山區南京東路五段266號
電 2746-7777 営 11:00～22:00 休 旧正月4日間 料 サ10% Card J.M.V. 予 予約がベター 英 《日》少し 交 MRT松山新店線「南京三民」站3番出口より徒歩約3分 URL www.jingmassage.com.tw

很舒服（キモチイイ）!! ヘンシュウフ

オリジナルブレンド茶でリラックス

靜足體養生館

ジンズーティーヤンショングワン

松山區にあるマッサージ店。足湯には台湾南部で取れる天日干しの塩を使い、足からじんわりと温めてから施術をスタート。タイワンヒノキから抽出された精油入りマッサージオイルの香りに癒やされる。※2024年5月現在、クローズ。

1.全22席でアットホームな雰囲気 2.1階の足湯スペース

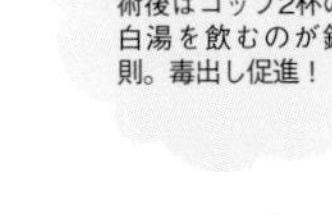

足裏心得 2

施術によって新陳代謝がアップし血行がよくなるので、術後はコップ2杯の白湯を飲むのが鉄則。毒出し促進！

マッサージは、食後1時間以内、空腹時、飲酒後、生理中、妊娠中は避けること！

ぜいたくスパ&変身写真館で 私の"キレイ"をぐ〜んとアップ

旅先の「極上ホテルスパ」で
キレイに磨きをかけて、
非日常体験「変身写真館」で
自分も知らなかったキレイなワタシを引き出して。
仕上げは薬膳スープでデトックス。
いつも頑張ってる自分を台北でたっぷりケア、
最高の"キレイ"を手に入れよう。

ゆったり癒されて

5つ星ホテルでごほうび

THE SPA AT MANDARIN ORIENTAL TAIPEI

ザ・スパ・アット・マンダリン・オリエンタル・タイペイ

極上ホテル系

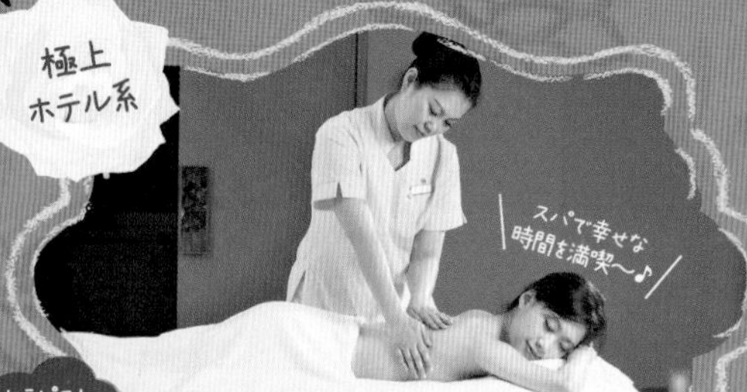

スパで幸せな時間を満喫〜♪

1. 五行と西洋のクインテッセンスを融合させた施術は脊髄からスタート。施術前にセラピストによるカウンセリングがある
2. VIPダブルスイートルーム
3. プライバシーが確保されたバスルーム

2フロアを使ったラグジュアリーな空間で、究極のスパトリートメントが受けられる。なかでも台湾だけのオリジナルメニュー「フォルモサ（福爾摩沙）」が有名で、ケイ酸塩を多く含む台南の「七股鹽山」の塩を使ったりと、台湾の特色を出している。

セラピストのAlbeeです

Map 別冊P.8-A2 松山區

松山區敦化北路158號 マンダリンオリエンタル台北6F ☎2715-6880 10:00〜20:00 休無休 Card A.D.J.M.V. 予要予約 日 室12室 交MRT松山新店線・文湖線「南京復興」站7番出口より徒歩約10分 URL www.mandarinoriental.com/ja/taipei/songshan/spa ✉motpe-spa@mohg.com

メニュー	時間/料金
フォルモサ "台湾"の要素を取り入れた全身トリートメント	150分 1万3800元
オリエンタルQi シグネイチャートリートメントで全身のリラックス	90分 7880元
オリエンタルフットセラピー 足裏マッサージと角質除去	60分 4980元

上記の他、多彩なメニューがある。ウェブサイトのコース内容説明を参考に。

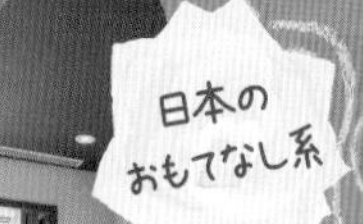

日本のおもてなし系

日本にいる感覚でリラックス〜

メニュー	時間/料金
全身ストレス発散 オイルトリートメント	60分 4500元
JR東日本特典 全身オイルトリートメント&フェイシャル	110分 6000元
日本式指圧マッサージコース	60分 4000元

施術内容は URL taipei.metropolitan.tw からスパメニューを参考に。

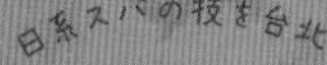

日系スパの技を台北で

庵SPA TAIPEI

アンスパ タイペイ

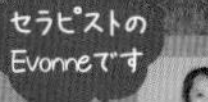

セラピストのEvonneです

「日本のおもてなし」をコンセプトに、日本国内外のラグジュアリーホテルに展開する「庵SPA」が台湾に初出店。日本式技法を用いたオリジナルメニューを用意。併設のサウナの利用もスパメニューに含まれる。

Map 別冊P.7-D3 台北車站北部

中山區南京東路三段133號 JR東日本大飯店 台北 9F ☎7750-0900（内線5811） 10:00〜22:00 休無休 Card A.D.J.M.V. 予要予約 日 《日》 室4 交MRT松山新店線・文湖線「南京復興」站2番出口より徒歩約1分

薬膳料理を「正一堂養生膳食坊」で初体験。十全加味をセレクト、体がポカポカして癒やされた。（群馬県・心春）

写真選びはカメラマン任せ。Aコースの場合修正済みの写真10枚もらえるの。写真館を比較検討して決めてね

ドールな気分でたたずんで

※衣装は一例です。

衣裳やポーズ、表情が違えばその数だけキレイなワタシが現れる。これぞ快感！

日本人を熟知した変身写真館

Magic・s

マジックス

日本人の好みを知り尽くしたプロ集団の写真館。スタジオはゴシック風、ロマンティック、レトロチャイナなどのセットを用意。衣装は約100着、衣装の持込は相談を。

Map 別冊P.17-C1 台北車站周辺

大同區延平北路一段77號3F-1 2568-3132、日本語専用0910-683-132 9:00〜18:00 旧正月 7700元〜 Card M.V. 完全予約制（希望日の約1カ月前までに） 日 MRT松山新店線「北門」站3番出口より徒歩約5分 URL www.instagram.com/magicstw magicstw@gmail.com

ぜいたくスパ＆変身写真館

撮影の流れ

1 受付

当日は受付から終了まで最低でも4時間はみておく。予約時間厳守で受付へ。コース内容や料金をしっかり再確認してから受付票に記入を。

2 衣装選び

荷物をロッカーに入れたら衣裳選び開始。2着のコースなら和服とドレスを選ぶ人が多い。スタッフと相談しながら20分ほどで選びたい。

3 メイク＆ヘア＆スタイリング

衣裳を着てから変身開始。プロにまかせつつ、希望も伝えて。スタッフと相談しながら靴やアクセ、小物を合わせる。配色やバランスをチェックして。

4 変身完了

変身完了後、スタジオへ移動して撮影開始。撮影後、衣装枚数に応じて3番からを繰り返す。トイレや休憩は我慢せずに行けるときに。

予約時＆変身前の注意事項

予約時、料金や衣装の数、納品など詳細内容を確認して納得してから申し込みを。また、撮影前日までにムダ毛を処理し、当日はスッピンで来店を。
【Magic・Sのコース紹介】できあがりまで約37日。個人撮影コースは⑴M1体験コース7700元：衣装1着・メイク(2時間)、修正済み写真データ5枚。⑵M2体験コース1万1000元：衣装2着・メイク(3時間)、修正済み写真データ10枚のほか、(A)1万3800元(現金払い優待料金)：衣装・メイク2セット、写真撮影80枚。うち10枚をウェブ上でセレクト、無料でアルバム作成など。写真はすべてデジタルデータで提供。詳細はウェブサイトで確認を。

美しさを引き出すプロ集団

I-photo Studio

愛時尚攝影 アイシーシャンシャーイン

思い出に残る美しさを、カジュアルに提供する写真館。花をちりばめたセットなどのほか、隣接の公園での撮影も可。衣装は約150着。

Map 別冊P.7-D2 台北車站北部

中山區遼寧街226號B1 2502-0300、0979-120-191 9:30〜17:30 不定休 1万1999元（衣装メイク2セット、写真15枚、CD1枚）など Card J.M.V. 完全予約制 日 MRT松山新店線・文湖線「南京復興」站1番出口より徒歩約6分 URL www.i-photo7.com iphoto2019@gmail.com

フェアリーの降臨！

薬膳スープで内側からデトックス♪

漢方薬店併設の薬膳レストラン

正一堂養生膳食坊

チョンイータンヤンションシャンシーファン

60年近い歴史のある漢方薬店併設の薬膳スープ専門店。店内は漢方薬特有の香りで満たされて、癒やされる。各種スープは単品と定食があり、定食には野菜と麺線か五穀飯がつく。

Map 別冊P.7-C1 圓山

大同區哈密街118號・122號 2591-9631 11:00〜14:00、17:00〜20:00 日、旧正月5日間 230元〜 Card 不可 85 MRT淡水信義線「圓山」站2番出口より徒歩約9分 URL www.facebook.com/Herbalkitchen0225919631

薬膳スープ 230元〜

身近な食材と手軽に摂取できる漢方を組み合わせた薬膳スープ。各スープには効能別に4種類の味付けが用意されおり、体調に応じて選ぶことができる。手軽に飲める薬膳スープで体調を整えてみてはいかが。

鮮雞肉（トリ肉）：十全加味＋五穀飯 300元

猴頭菇（ヤマブシダケ）：四物加味＋香椿（チャンチン）麺線、300元

スープの効能

四物加味
補血効果が期待でき、貧血気味の人に◎。生理後に飲むのもオススメ

十全加味
補血＋補気で体を温める効果が期待できる。冷え性や胃の疲れに◎

人参加味
補気の効果をアップさせ、体内の循環を助ける。おもだるく疲れている人に◎

涼補元氣
体温や多すぎる補気を下げる効果が期待できる。暑がり、イライラしている人に◎

注意：風邪をひいているときや生理中の人は、上記いずれの薬膳スープも飲まないように

占い天国・台湾で"当たる！"占い師を捜せ！

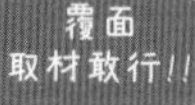

占いが生活に密着している台北。もって生まれた星を見るなら紫微斗數、近い将来なら亀甲占いなど、目的別に占い師や占いの種類を使い分けるのが台湾スタイル。当たると評判の占い師に的確なアドバイスをもらうため、aruco女子が訪ねてみました！

七葉（張雲萌）先生 チーイエ ジャンユィンモン

人生に迷ったら私を訪ねて

ガラガラは魔除け♪

脈はその人の人生を示すパーソナルデータ

中国語　日本語 翻訳別料金

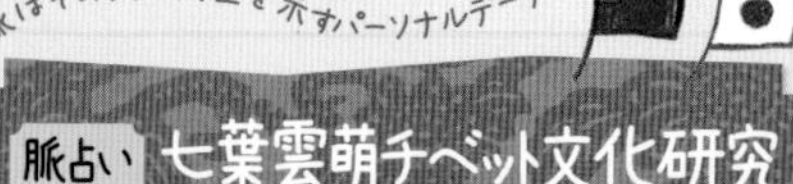

脈占い 七葉雲萌チベット文化研究
ななはももちべっとぶんかけんきゅう

手首の拍動から体の状態を診る脈診は、中国医学やアーユルヴェーダにおける診断法の一つ。七葉先生が手首の脈に指3本を軽く当てるだけで、その人の体の状態だけでなく、人生や性格、過去の出来事、悩み事、近い将来が読み取れるそう。右手は愛情運、左手は財運と事業運、両手で全体をみてくれる。個人情報を伝えずにピタリと言い当てられる。

予約時に場所を要確認　休不定休　料日本語翻訳付き30分3000元（一例）、風水図面鑑定 5000元　Card不可　予完全予約制　日可（通訳を手配）
URL www.facebook.com/Nanahatibet

Ⓐ 疑い深い人に行ってみてほしい！

台湾で占いの時に必ず必要になるのが氏名、生年月日、出生時刻。七葉先生には名前以外一切伝えていないのに左手首に触れた途端、先生の口から言葉が溢れ出したのにはビックリ。私の今、過去、将来のことなど脈から何でも読み取れるといった感じ。こういうことってあるんだ！

Ⓣ 希望がみえて心が落ち着いた

先生の指が手首に触れる時は緊張したけど、気がついたら脈から読み取って解釈してくれるその言葉に集中して、なんだか涙ぐんじゃった。心が落ち着ける先生の前向きなアドバイスを、何年かしたらまた聞きたい気分に。これほど信用できる先生に台湾で出会えるって幸せだと思った。

予約はコチラ
nanahatibet@yahoo.co.jp
※予約のe-mailは日本語可

ココがスゴ技
チベットで修行を重ねた七葉先生が手首の脈からその人の人生をみて解釈。スピリチュアル体験に驚く

気軽に占い体験！ 台北名物 占いスポットへGO！

占い師のブースが集まる2大スポットで気軽に占い体験をしてみよう。

町角占いなら占い横町へ

行天宮 シンティエンゴン

行天宮前の交差点地下街に占いブースが並び、占い横町と呼ばれている。日本語OKの看板に惑わされずに占い師を選んで。

Map 別冊P.7-C2　台北車站北部

詳しくは→P.50

中山區行天宮地下商場　行天宮算命街　10:00〜20:00頃（店舗により異なる）　休店舗により異なる　日通じる占い師もいる
交MRT中和新蘆線「行天宮」站3番出口より徒歩約3分

地下街に占いブースが並ぶ

龍山寺 ロンシャンスー

艋舺公園下の地下街に、30ほどの占いブースが並ぶ。日本語OKの看板も多くなってきたので吟味して占い師を決めよう。

詳しくは→P.49

Map 別冊P.16-B1　萬華

萬華區龍山寺地下街　龍山寺算命街　11:00〜21:00頃（店舗により異なる）　休店舗により異なる　日通じる占い師もいる
交MRT板南線「龍山寺」站に直結

 念願の神鳥占いを受けました。悟明先生と小鳥の真剣な様子から信じられる結果だと確信。オススメです。（山形県・祭）

神鳥占いに加えてタロットも読める四代目

タロット占い 玄元閣命理 シュアンユアングーミンリー

中国語　日本語翻訳付き

神鳥占いの悟明先生から鑑定の技を受け継ぐ陳先生。タロット鑑定に定評があり、あたたかいまなざしでやさしく語ってくれる。

Ⓣ カードが示す私の未来♪
自分で選んだ3枚が過去、現在、未来を示す。自分の選択にドッキドキ！

チェン
陳先生

カードが教えてくれるよ

ココがスゴ技
鑑定内容と名前を念じながらカードをシャッフル。選んだカードを先生が解説してくれる

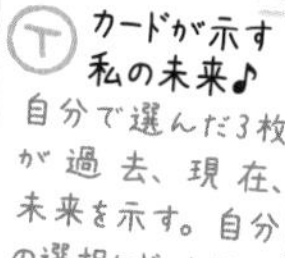

予約はコチラ
☎0926-327-092（中国語対応）

Map 別冊P.9-D3 松山區

松山區饒河街220號（饒河街観光夜市）17:30～22:00 休不定休 料1件300元 Card不可 予予約がベター 日ネット通話で専属通訳あり 交MRT松山新店線「松山」站5番出口より徒歩約2分、台鐵「松山」車站より徒歩約4分 URL www.facebook.com/abc0930763546

ココがスゴ技
代々繁殖させている神使の鳥が願い事を聞いてお告げを選び、それを先生が詳細に解釈

ウーミン
悟明先生

神使の鳥のお告げを信じて

祖父より続く三代目占術家の神秘のパワーを体感

神鳥占い 易屋軒命理 イーウーシュアンミンリー

中国語　日本語翻訳付き

一子相伝の占術奥義を受け継ぐ悟明先生。神使の鳥のお告げを先生が解釈してくれる。紫微斗数などの占術にも精通する人気の占い師だ。

Ⓐ 人生設計に役立つ！
3枚のお告げから今後の過ごし方が見える。いいお告げを信じて進めそう。

予約はコチラ
☎0930-763-546（中国語対応）

データは→左の玄元閣命理と同じ

"当たる！"占い師を捜せ！

四柱推命に基づくパーソナルデータに霊感をプラス

四柱推命、手相、面相 日月命理館 リーユエミンリーグアン

中国語　日本語翻訳付き

福々しいお顔の魏老師は霊感があり、四柱推命と合わせて手相や面相からも総合的にみてもらえる。鑑定には生年月日と出生時刻が必要になる。風水師でもあり、図面や写真から風水鑑定も行う。

ウェイジアイン
魏嘉誾先生

ココがスゴ技
神様の前で運の好転祈願やお清めをしてくれる。祈願成就までロウソクを灯す儀式（有料）も可能

Ⓐ 親身に聞いてもらえる！
やさしそうなお顔の先生の前では、すべてをさらけ出してしまう感じ。リラックスして素直にアドバイスを聞けた。最後は一緒に神様にお参りしておしまい。

Ⓣ もっと深く知りたい～
手相や面相（人相）からも総合的に判断してもらい、今後の生活に役立つ具体的なアドバイスがもらえて、うれしかった。また行き詰まったらみてほしい。

Map 別冊P.12-A2 信義イースト

大安區大安路一段82號5F ☎2773-6177 10:00～12:00、14:30～18:30（1日5名まで） 休火 料四柱推命＋手相、面相（2項目、30分）2600元など Card J.M.V. 予要予約 日少し（無料通訳あり） 交MRT板南線・文湖線「忠孝復興」站3番出口より徒歩約3分 URL www.sunmoonuranai.com

予約はコチラ
sunmoonuranai@gmail.com
※予約のe-mailは日本語可

トライしてみる？

チエンヂュー 籤竹占い

氏名、生年月日、住所、悩みや願望を念じつつ籤竹を1本引いて番号を見る

筊杯を3回投げて、引いた番号（籤號）でいいかを神様に問う。表&裏の組合せが3回出ればその籤號でOKの意。

表&裏の組合せが3回出なければまだ時機ではないので、日を改めて再トライ

一般的な参拝方法は→P.49

OKが出たら籤號のおみくじ（中国語）をもらう。解説は占い師に（有料）

籤竹占いで得たおみくじは、占い師や寺廟にいるボランティアに解釈してもらわないと意味不明。解釈不要なら持ち帰ればよい

開運スポット特集は…→P.48

占いに行くときには、誕生日だけでなく生まれた時刻（何時何分）や場所を調べておこう。また、占いの結果は参考程度に受け止めて。

左：パッと目に飛び込んでくるピンクに白い文字が目印　右上：通路が広くて見やすい店内

MITコスメの宝庫
POYA 寶雅
ポーヤー バオヤー

台南発祥の生活雑貨店。「ピンクの看板といえばPOYA」とも。品揃えの多さ、店内の見やすさ、MITコスメの充実ぶりは圧巻。おみやげ選びで困ったらPOYAへ。

中山

住中山區南京西路1號（台北南西店）☎2521-7575 ⏰10:00～22:30 休無休 Card J.M.V. 交MRT淡水信義線・松山新店線「中山」站3番出口より徒歩約1分 URL www.poyabuy.com.tw

最旬プチプラ台湾コスメなら POYA 寶雅(バオヤー)でキマリ！

台湾プチプラコスメのセレクトショップ的な存在で、トレンドチェック＆買いまくり。コスメのワンダーランドへようこそ。

CHECK POYA限定に注目

社員による
レビュー動画
配信も見てね
319
100
988

POYAの広報 Arielさん

目印はこのPOP

POYA 限定

1. POYAとコスメメーカーの共同開発商品が並ぶ。ブランドごとに棚があって見やすい　2. カートも完備、大量買いにうれしいサービス

CHECK テスターがある

テスター専用ごみ箱常備で衛生的

1. メイクに興味をもった人に積極的に利用してほしいとの思いからテスターを充実　2. 棚ごとにテスターがある

CHECK MITコスメが充実

台湾製コスメブランドを多数取り扱う。台湾コスメのトレンドがわかり、自分用におみやげ用に重宝する

CHECK 広くて見やすい

1. カテゴライズされた陳列　2. 台湾製の靴下売り場（→P.135）も必見。靴下王国を実感できる

「POYA 寶雅」大好き。雨の日はここで買い物して過ごした。見ているだけでハッピー気分に。（滋賀県・夢）

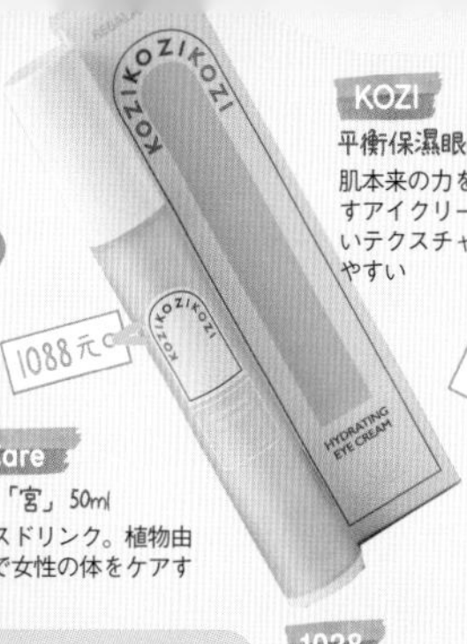

KOZI

平衡保濕眼霜 15ml

肌本来の力を引き出すアイクリーム。軽いテクスチャで使いやすい

1088元

POYA Care

大漢酵素「宮」50ml

ウェルネスドリンク。植物由来の酵素で女性の体をケアアする

TIPS 台湾産の果物や野菜を発酵させて酵素を作る大漢酵素とPOYAが共同開発。タイプ別で5種類。手軽さが受けてヒット商品に。

59元

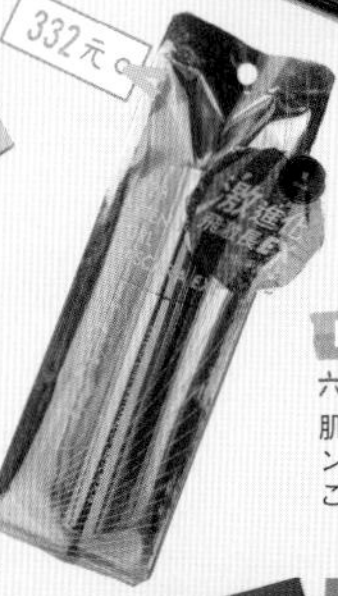

332元

1028

飛激濃瞬翹防水睫毛膏

POYAで激売れのマスカラ。目ヂカラを最大限に引き出し、キープ力も◎

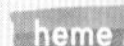

各306元

heme

六色眼影盤（赤梨／霧棕）

肌なじみがよく、思いどおりのニュアンスに仕上がるアイシャドー。飽きのこない色と質感で目元美人に

680元

Labelle拉蓓

膠原亮妍飲 15ml×10本

植物由来のコラーゲンドリンク。体の内側からヘルシー＆ビューティ

TIPS 漢方薬と科学のコラボで体をサポートするニューブランド。美のインフルエンサー兼医師の「77老大」との共同開発でも話題。

221元

1028 野罌粟絨霧嫩頬彩

ナチュラルでピュアな印象を演出してくれるチーク。自然な発色で年代を問わず人気

255元

heme 三色眉粉盤

ふんわり美眉をキープしてくれるアイブロー。ノーズシャドウとしても使える

日本へ逆輸入！

資生堂

璞玉膚洗面皂(S) 130g 180元

台湾人なら一度は使ったことがあるという愛され洗顔フォーム

花王 Biore深層卸粧乳180ml 159元

アロエ成分入りメイク落とし。手軽さとブランドへの信頼は永遠

大人コスメ♡ おみやげにもGood!

129元

木槿花

草本暖宮貼3枚入り

生薬成分入りの温熱シート。6種類のラインアップでポカポカをキープ

299元

我的美麗日記

台湾阿里山控油精粹面膜 4枚入り

台湾茶抽出成分入りシートマスク。阿里山茶と東方美人茶（→P.129）の2バージョン

\要チェック！/ POYA限定続々誕生♪

iBEAUTY奢光雪姫亮妍飲 50ml 65元／夜の美姫膠原飲 50ml 65元

ウェルネスドリンク。肌にいいコラーゲンを飲みやすい味に

BB 10%煙醯胺+發光藻嫩白精華 30ml 380元

ナイアシンアミド（ビタミンB3）と海藻成分入りの美白用セラム

PEZRI 派翠 舒顏柔護精華油 30ml 559元

肌なじみのいいフェイシャルオイル。ワントーン明るい肌を目指して

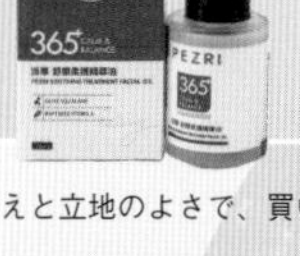

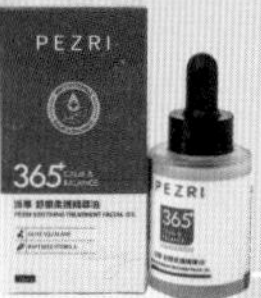

提提研超級纖維面膜 2枚入り 各99元

高密度な繊維のシートマスク。肌に密着、美容液の浸透を高める

台湾美人が愛用する気になるコスメを総チェック！

Natural cosme ナチュラルコスメ

for Hair

肖楠葉淨化洗髮露（左）、金盞花滋養護髮素 各330ml Ⓒ 各780元

左のシャンプーはショウナンボク成分、右のコンディショナーはキンセンカエキス入り

for Body

肖楠葉修護護手霜 30ml 480元

台湾の植物由来成分配合、香りも人気のハンドクリーム Ⓒ

水芙蓉嫩白護手霜 30ml 480元

9種類の植物抽出エキス配合のハンドクリーム。肌なじみ◎ Ⓒ

茶籽堂小鹿袋旅行組 50ml×4本 600元

シャンプー、コンディショナー、ボディソープ、ローションのミニセット Ⓒ

薑暖護手霜 50ml Ⓑ 430元

ショウガエキス入りハンドクリーム。じんわりあたたかい

華美 絲瓜去角質手工皂 140g 300元

嘉義の農作物を使い、嘉義縣中埔鄉農會が手がけるヘチマ入り石けん

希望廣場→P.53

for Face

華美 絲瓜洗面乳 100g 109元

嘉義縣中埔鄉農會のヘチマエキス入り洗顔料。洗い上がりさっぱり

希望廣場→P.53

橙花水潤煥采護唇膏 5g Ⓐ 349元

ロイヤルゼリーのほかネロリエキスなど配合のリップバーム

初乳玫瑰煥采水潤化妝水 140ml Ⓐ 1280元

蜂蜜や各種ハーブを贅沢に使った保湿化粧水

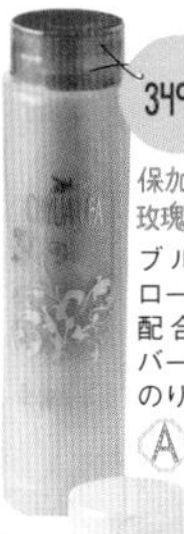

保加利亞玫瑰無痕護唇膏 5g Ⓐ 349元

ブルガリアローズエキス配合リップバーム。ほんのり色づく

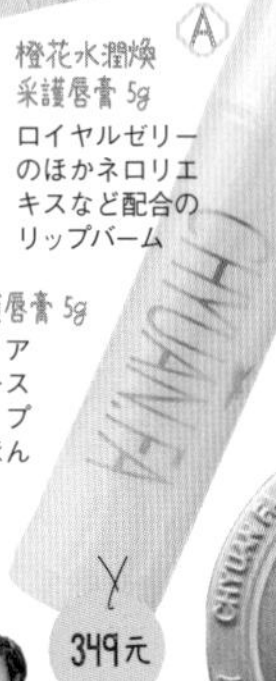

初乳玫瑰敷面泥 65g Ⓐ 480元

ロイヤルゼリー配合スクラブ。肌の白さが蘇る

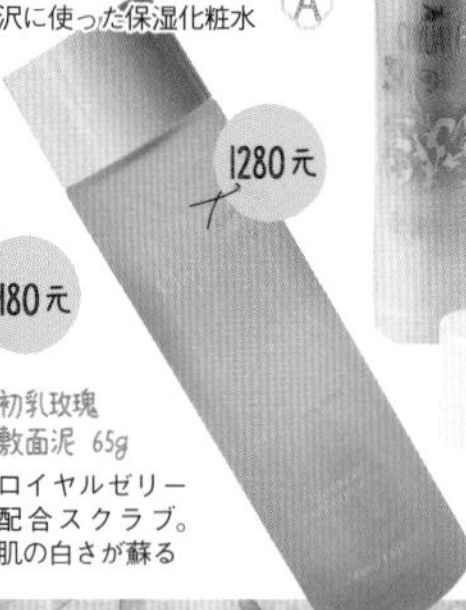

茉莉花蜜手足滋養霜 15g Ⓐ 580元

手足の肌荒れ用シアバター。ジャスミンの香りが強いが癒やし効果のハーブエキスも配合

薑心比心のオーナーの朱です。ショウガで健康！

台湾蜂蜜のパワーをもらおう
Ⓐ 泉發蜂蜜 チュアンファーフォンミー

1919年創業の養蜂場が、蜂蜜やロイヤルゼリーを使った自然派コスメや健康食品を販売。化学薬品不使用。「天然の美容液」を手軽に取り入れてみて。

Map 別冊P.12-A2 信義イースト

住 大安區忠孝東路三段196號 ☎2711-6797 営11:00～21:00 休旧正月3日間 Card A.J.M.V. 交MRT板南線・文湖線「忠孝復興」站2番出口より徒歩約5分 URL www.cfhoney.com 他 本店 Map 別冊P.7-C1 住 民族西路218號 他 民生店 Map 別冊P.8-B2 住 民生東路四段104號

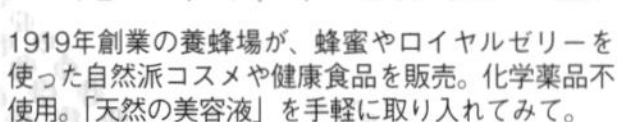

天然のショウガパワーで健康に！
Ⓑ 薑心比心 ジアンシンビーシン

冷え性解消などの効能があるショウガを使ったオリジナルコスメ。台東産のショウガと各種ハーブを組み合わせた商品が並ぶ。

Map 別冊P.17-D2 永康街

住 大安區永康街28號 ☎2351-4778 営12:00～20:00 休無休 Card J.M.V. 日 少し 交MRT中和新蘆線・淡水信義線「東門」站5番出口より徒歩約7分 URL www.ginger800.com.tw 他 西門店 Map 別冊P.16-A2 他 京站時尚廣場B1 Map 別冊P.17-C1

茶の実オイル配合のナチュラルコスメ
Ⓒ 茶籽堂 チャーヅータン

台湾で昔から使われていた茶の実オイル。現代の需要に合わせて、自家農園で無農薬栽培した茶の実などを使った商品を展開するブランド。

Map 別冊P.13-C1 信義イースト

住 信義區菸廠路88號 誠品生活松菸店2F ☎6636-5888（内線1653） 営11:00～22:00 休無休 Card A.J.M.V. 交MRT板南線「市政府」站1番出口より徒歩約10分 URL www.chatzutang.com 他 永康街概念店 Map 別冊P.17-C2

 「1028」はシンプル＆かわいいパッケージだし、発色もキレイだし、値段も手頃。私的には大ヒットコスメ！（広島県・桜）

美容医学や医療コスメの研究が進み、今や美容大国ともいえる台湾。植物や天然素材の持つパワーも上手に取り入れて、目的別に使って効果を実感。アジアンビューティを目指せ！

体の中からキレイに

Doctor's cosme ドクターズコスメ

Neogence

敏感肌のミカタ！

杏仁酸透亮煥膚身體乳 40ml
アーモンド由来マンデル酸など配合のサラッとしたボディローション

199元

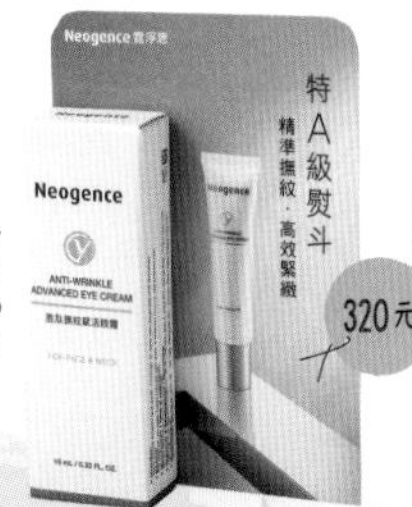

胜肽撫紋賦活眼霜 10ml
ペプチド配合のアイクリーム。エイジングケア成分のバクチオールで目元のケアを

320元

DR.WU

台湾ドクターズコスメの先駆け

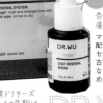

杏仁酸溫和煥膚精華8% 15ml
マンデル酸8%配合の角質ケアセラム。毛穴や古い角質が気になる人におすすめ

588元

気になるコスメを総チェック！

NARUKO

コスパの良さが急成長の理由

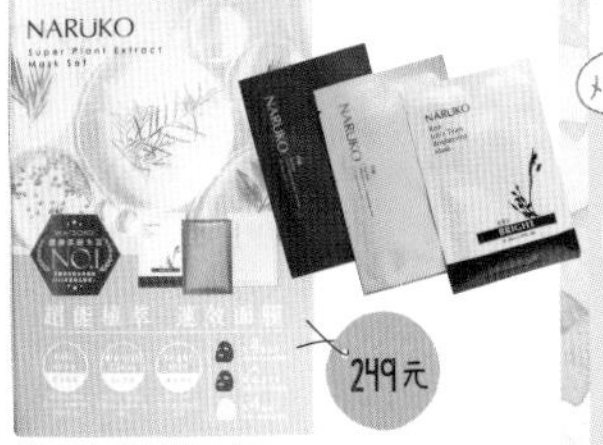

249元

超能植萃速效面膜10枚入（屈臣氏オリジナル）
人気の3種類、合計10枚入りのお得なシートマスク。使い分けてみて

MITなフェイスブラシ

＼台湾美人ご用達！／
メイドイン台湾

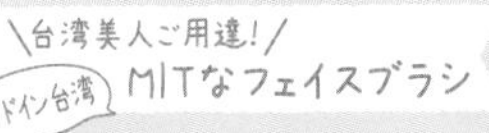

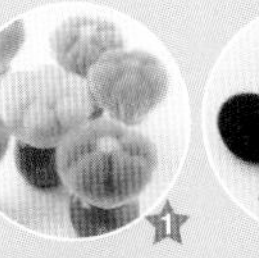

1. 羊毛製の頰用ブラシ（大2800元～、小1580元～）。毛は植物由来で染色　2. プロも指名買いするブラシ各種。リス毛（4000元～）　3. 洗顔用ブラシ淨顏刷（ナイロン製）650元～。誠品生活南西店4階 Map 別冊P.15-C2 などにも店鋪あり

毛筆専門店が手がけるフェイスブラシ

1917年創業の毛筆専門店が手がける、フェイスブラシブランド「LSY」。繊細なタッチと使いやすさで、愛されブランドに成長している。

林三益 リンサンイー
Map 別冊P.14-B2 大稻埕
住 大同區重慶北路二段58號　電 2556-6433
営 9:00～18:00　休 旧正月　C J.M.V.
交 MRT淡水信義線・松山新店線「中山」站5番出口より徒歩約10分

ドラッグストアの掘り出し物♪

＼まだある！／

1028 Oil Block!
超吸油蜘蜜粉 247元
テカリを抑えるフェイスパウダー。携帯に便利

ARTiS di voce
香氛保濕護手霜
甜梨麝香 40g 220元
ラグジュアリーな香りを楽しむハンドクリーム

NAILTONE 持久引力指甲油
大甲媽祖聯名款 各10ml
各199元（屈臣氏オリジナル）
海の女神「媽祖」のイラスト容器のネイル

我的心機

自由な心をコスメでバックアップ

10%杏仁酸淨透煥膚精華 30ml
マンデル酸10%にカキドオシエキス配合のセラム。毛穴を引き締めて肌のキメを整えてくれる効果に期待

490元

ドクターズコスメが買えるSHOP

フトコロにやさしい商品が満載

屈臣氏 Watsons

チューチェンシー（ワトソンズ）

香港系の大手ドラッグストア。台湾色の強いアイテムも多く、自社ブランドのオリジナル商品を多数展開。ほぼ毎日セールしているので、おみやげ探しにもうれしい。

URL www.watsons.com.tw
Map 別冊P.8-A3 など

メイドイン台湾アイテムが豊富

康是美 COSMED

カンシーメイ（コスメド）

台湾発のドラッグストアで、市内の至るところに店舗を展開。24時間営業の店が多いのでいざという時に心強い。特にコスメが充実しており、値段のわりに高級感がある。

URL www.cosmed.com.tw
Map 別冊P.8-A3 など

コスメ選びの知っ得中国語講座

化粧水	石けん	ヒアルロン酸
▲化妝水 ホアジュアンシュエイ	▲肥皂／香皂 フェイザオ／シアンザオ	▲玻尿酸 ボーニアオスアン
クリーム	クレンジング	日焼け防止
▲乳霜／霜 ルゥシュアン／シュアン	▲潔顏露／洗面露 ジエイエン ルゥ／シィミエンルゥ	▲防曬 ファンシャイ
セラム（美容液）	アンチエイジング	ビタミン
▲精華液 ジンホアイエ	▲抗老 カンラオ	▲維他命 ウェイターシ
シートマスク	保湿	弾力アップ
▲面膜 ミエンモー	▲保濕 バオシィ	▲活彈 フオタン

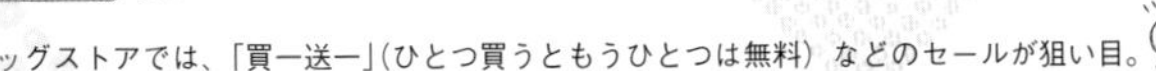
ドラッグストアでは、「買一送一」（ひとつ買うともうひとつは無料）などのセールが狙い目。

「私たちの密かなお気に入りはコレ！」

aruco編集スタッフが取材の合間に立ち寄るレストランや
入手したおみやげなど密かなお気に入りを公開！

人気店のパイナップルケーキ小箱入りでおみやげに最適

評判の塩漬け卵黄入りパイナップルケーキが小箱で登場。素朴な味わいで人気の新北市にある「小潘蛋糕坊」の鳳凰酥（2個入り）79元。コンビニで手に入るなんてうれしすぎる！（編集T）

ほどよい甘さ

7-11　セブンイレブン

Map 別冊P.4-B1 台北近郊図

台湾桃園国際空港　第2ターミナル5F北側　24時間　無休　Card J.M.V

台湾産素材にこだわる濃厚なラーメン

濃い！ なのに完食できるラーメンは、台湾人オーナーが研究を重ねて見つけた味。台湾産の各食材の見事なバランスがくせになる。雙倍叉燒・酒香糖心玉子・烏骨雞白拉麵340元。（編集A）　©citiesmemory

こってり系

Hanekin 麵屋・羽金
ハネキン ミエンウー・ユィージン

Map 別冊P.17-D2 永康街

大安區麗水街13巷2號　2341-6767　11:00～21:00　休旧正月　料220元～　Card不可　席12　MRT淡水信義線・中和新蘆線「東門」站5番出口より徒歩約5分

ひとりご飯にぴったり春水堂のヌードル

「春水堂」の椒麻豆漿擔擔麵（ピリ辛豆乳担々麺）120元は、ゴマが香るスープとラー油の辛味が絶妙。（ライターN）

春水堂　チュンシュウイタン

Map 別冊P.13-D2 信義イースト

信義區松仁路58號 遠百信義A13 4F　8786-3356　11:00～21:30、金・土・祝前日～22:00　休無休　Card J.M.V.　MRT板南線「市政府」站3番出口より徒歩約7分　URL www.chunshuitang.com.tw

カリっと食感で食べ始めたら止まらないスナック

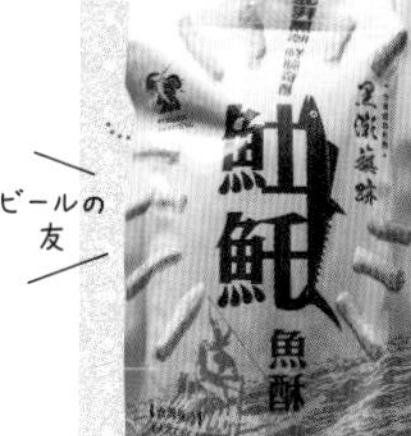

ビールの友

台湾東部最大の漁港がある台東成功鎮のスナック、魚酥。日本のエビせんに似た味わいであとを引く。「無印良品」で125元。（ライターN）

無印良品 美麗華旗艦店 →P.133

ご利益ありそう!? 浮き出る土地公様カード

「福和観光市集」で発見。雑貨の中に埋もれていた神さまカードは、「土地公」(トゥーディーゴン：それぞれの土地を守護する神様)だそう。角度によって立体的に見える3D立體佛卡20元。（編集T）

福和觀光市集 →P.52

台湾女子に大人気の調味料「基隆三寶」

基隆みやげの調味料「辣椒醬（70元）」。屋号から「馬露醬」と呼ばれ、甘酸っぱい味が麺などに◎。あとは黒酢とゴマ油がある。（編集A）

華豐號　ホアフォンハオ

Map 別冊P.18-B2 基隆

基隆市中正區義二路187號　2422-3815　10:00～20:30　休日、旧正月　Card不可　台鐵「基隆車站」南站より徒歩約17分

町の空気を感じながらてくてく元気に歩こ！エリア別おさんぽコース

オシャレな台北女子たちに徹底リサーチした、
いま、行きドキのおすすめエリア＆みちくさスポットをご紹介。
町それぞれの匂いやそこに暮らす人々の活気を感じながら歩けば、
台北をもっともっと好き♥になってしまうはず！

“かわいい&楽しい”が集まる 永康街(ヨンカンジエ)でお買い物&ブレイク♪

小籠包の名店をはじめ、キュートな雑貨店やカフェなど粒揃いのスポットが集まるオシャレタウン永康街。路地にたたずむ小さなショップもチェックして！

おさんぽが楽しい町

TOTAL 3時間

永康街おさんぽ

TIME TABLE

13:00 金石堂書店
↓ 徒歩2分
13:30 天津蔥抓餅
↓ 徒歩2分
14:00 小茶栽堂永康旗艦店
↓ 徒歩3分
14:30 二吉軒豆乳麗水店
↓ 徒歩1分
15:00 LiMA 旗艦店
↓ 徒歩4分
15:40 Angel Café

台湾雑貨が充実した書店

金石堂書店 13:00

ジンシータンシューディエン

台湾を代表する有名書店のひとつ。文具や雑貨なども扱っており、おみやげ探しにもぴったり。永康街さんぽの前後にチェックしたい。
※2024年5月現在、クローズ。

Map 別冊P.17-C2

住大安區信義路二段196號 ☎2322-3361 営11:30～21:30 休旧正月 Card A.J.M.V. 交MRT淡水信義線・中和新蘆線「東門」站5番出口より徒歩約1分 URL www.kingstone.com.tw

1.台湾製の猫やドリンクのシール各35元 2.ノート各30元 3.文房具売り場は4階

1 13:30

台湾スナックの行列店

天津蔥抓餅

ティエンジンツォンジュアビン

並んでも食べたい人気スナック

ネギ入りの小麦粉の生地を鉄板で焼いた蔥抓餅。8種あり、卵、チーズ、ハム、台湾バジル入りの總匯（ミックス）60元がおすすめ。

Map 別冊P.17-C2

住大安區永康街6-1號 ☎2321-3768 営9:00～22:00 休旧正月 Card 不可 交MRT淡水信義線・中和新蘆線「東門」站5番出口より徒歩約2分

2 有機栽培茶とお菓子

小茶栽堂 永康旗艦店 14:00

シアオチャーツァイタンヨンカンチージエンディエン

無農薬・化学肥料不使用・無添加などにこだわって栽培された台湾茶とお菓子を販売する小茶栽堂の旗艦店。手軽に楽しめるティーバッグも各種揃っている。

1.ヌガーをサクサクのマカロンでサンド。2個入りでオリジナル（ミルク）&ストロベリー90元、ベリー紅茶&抹茶100元 2.台湾紅茶のティーバッグ220元

Map 別冊P.17-C2

住大安區永康街7-1號 ☎3393-2198 営10:30～20:30 休旧正月4日間 Card A.J.M.V. 日▶少し 交MRT淡水信義線・中和新蘆線「東門」站5番出口より徒歩約1分 URL www.zenique.net

3 アレンジ豆乳とスイーツ 14:30

二吉軒豆乳 麗水店

アージーシュエンドウルー リーシュゥイディエン

台湾伝統スタイル♪

豆を挽いてていねいに作る自家製豆乳は、黒ゴマやタロイモなど11種とバリエ豊富。S（380ml）とL（830ml）がある。豆腐花は、固めの台湾伝統式とソフトな日本式の2種。ソフトクリームも美味。

Map 別冊P.17-C2

住大安區麗水街8號 ☎2358-1198 営7:00～22:00 休旧正月5日間 Card J.M.V. 日▶少し 交MRT淡水信義線・中和新蘆線「東門」站4番出口より徒歩約2分 URL www.beyondmilktw.com

1.原味豆乳豆花 綠豆+堅果75元 2.ソフト60元 3.豆乳S原味（プレーン）50元

さんぽ途中ヘルシーな豆乳をごくり

お気軽にどうぞ！

「天津蔥抓餅」でチーズと卵入りの起司加蛋を買い、永康公園でパクリ。（福岡県・粉ものLOVE）

4 15:00 台湾先住民に特化したショップ
LiMA 旗艦店
リマチージエンディエン

Map 別冊P.17-C~D2

台湾16先住民族のデザイングッズや食品を扱うアンテナショップとして2022年10月オープン。先住民の文化・伝統技術を伝える多彩な商品が揃っている。

Map 別冊P.17-C2

大安區永康街2巷5號 ☎2395-4782 11:00～21:00 休旧正月3日間 Card J.M.V. 図MRT淡水信義線・中和新蘆線「東門」站5番出口より徒歩約2分 URL www.lima.com.tw/

お気に入り見つけてね

1.「花生騷」のTシャツ980元～は人気商品 2.ブレスレット590元～1500元

5 15:30 グリーンに彩られたなごめるカフェ
Angel Café
エンジェルカフェ

永康街のオアシス的存在

永康街で40年近い歴史をもつビルに新しい命を与えようとカフェにリノベーションした。看板メニューはシングルオリジンコーヒー。トリュフのリゾットやパスタ各種など、フードも人気。カクテルもあり、夜カフェとしても楽しめる。

Map 別冊P.17-D2

大安區永康街18號 ☎3343-3533 11:30～21:00、金・土～22:00 休旧暦大晦日 料120元～、サ10% Card A.J.M.V. 席80 図MRT淡水信義線・中和新蘆線「東門」站5番出口より徒歩約5分

1.ANTIQUA FLORA200元に付くクッキーは自家製。人気スイーツのレモンタルト150元(右) 2.オーナーが愛するハーブなどグリーンが彩る 3.60坪の広々とした空間にゆったりとテーブルをレイアウト

ゆっくりとブレイクしてね

永康街さんぽのあとは話題のリノベスポット「榕錦時光生活園區」(→P.14)へ足を延ばしてみて。「Angel Café」から徒歩7分ほど。

にぎやかタウン西門町（シーメンディン） 寄り道しながら食べて買って♪

“台北の渋谷”ともいわれるパワフルタウン西門町。カジュアルファッションやキャラクターグッズの店が多く、いつもにぎやか。地元っ子気分で町歩きを楽しんで。

TOTAL 4時間30分

西門町おさんぽ

TIME TABLE

13:30 蜂大咖啡
↓ 徒歩5分
14:30 中山堂
↓ 徒歩5分
15:30 西門紅樓
↓ 徒歩3分
16:30 小格格鞋坊
↓ 徒歩5分
17:30 阿宗麵線

にぎやかな夜も楽しい西門町歩き

1 老舗カフェでコーヒーブレイク 蜂大咖啡 13:30

フォンダーカーフェイ

昔ながらの喫茶店です。ごゆっくり

1956年創立の老舗カフェ。7種の豆をブレンドした蜂大總合咖啡（100元）は、コクがあり味わい深いが苦みが少なく、飲みやすい。珍しい阿里山産の台湾コーヒーも提供している。コーヒー器材の専門店でもあり、店頭ではコーヒーミルやコーヒー豆も販売。自社工場で作るクッキーや各種菓子類もバラエティ豊か。

Map 別冊P.16-A2

萬華區成都路42號　☎2331-6110
8:00～22:00　㊡無休　㊎100元～　Card不可　《日》少し　席100　交MRT板南線・松山新店線「西門」站1番出口より徒歩約3分

1.クッキー手工合桃酥1枚（20元）は、1日に1000枚以上は売れるという人気商品。飲み物だけで60種以上、ケーキもある　2.ドリップコーヒー（掛耳式濾泡包）10パック入り220元

映画行く？

福星国小　梁山泊小籠湯包 →P.80　昆明街　漢中街　中華路一段　ジャストスリープ西門町館　ウイークエンドマーケットもおすすめ！　誠品生活武昌店 amba台北西門町　冰封仙果 →P.113、114　西門国小　成都楊桃冰　成都路　MRT板南線松山新店線西門站　于記杏仁豆腐 →P.112、115　湯包樂 →P.80

日本人建築家の井出薫が設計重厚な外観

2 前身は1936年築の「台北公会堂」 中山堂 14:30

チョンシャンタン

日本統治時代の1936年に建造された「台北公会堂」が前身。昭和天皇の即位を記念して1928年に造営が発起された。建設当時は台湾随一の規模を誇るといわれ、さまざまな行事がこのホールで行われている。2019年に国定古跡に指定された。

Map 別冊P.16-A2

中正區延平南路98號　☎2381-3137
9:30～17:00　㊡無休　交MRT板南線・松山新店線「西門」站5番出口より徒歩約4分　URL www.zsh.gov.taipei

「蜂大咖啡」でモーニングセットを食べた。卵2個のハムエッグとトースト2枚&コーヒーで130元。大満足！（神奈川県・レトロ好き）

松山空港
中山站
台北車站
東門站
台北101

Map 別冊P.16-A2

3 西門町のランドマーク
西門紅樓 15:30
シーメンホンロウ

1908年、日本統治時代に建てられた歴史的建造物を使った複合施設。「16工房」には、Tシャツやバッグなど台湾の若手クリエイターによる個性的なショップが並ぶ。

Map 別冊P.16-A2

萬華區成都路10號 ☎2311-9380
11:00～20:00、金・日～21:00、土～22:00
休月・旧暦大晦日から4日間 Card店舗により異なる 日▶少し 交MRT板南線・松山新店線「西門」站1番出口より徒歩約3分
URL www.redhouse.taipei

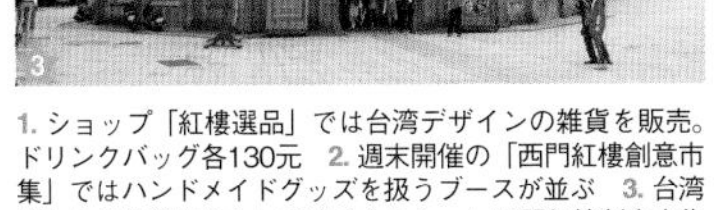

1. ショップ「紅樓選品」では台湾デザインの雑貨を販売。ドリンクバッグ各130元 2. 週末開催の「西門紅樓創意市集」ではハンドメイドグッズを扱うブースが並ぶ 3. 台湾初となる公営市場として建てられた 4. 西門紅樓創意市集は夜までにぎわう

4 手作りのチャイナシューズ
小格格鞋坊 16:30
シアオグゥーグゥーシエファン

西門町のシンボル紅樓近くにあるチャイナシューズの専門店。壁一面にディスプレイされたシューズとサンダルは、やわらかく履きやすいと大好評。いまも、台湾の職人さんが作っている。色やデザインが豊富なので、何足も欲しくなってしまう。試し履きしてジャストサイズを選ぼう。

Map 別冊P.16-A2

萬華區西寧南路96號
☎2370-9063 12:00～18:00 休無休 Card J.M.V. 日▶少し 交MRT板南線・松山新店線「西門」站1番出口より徒歩約5分

1.シューズ450元
2.サンダル850元

5 立ち食いで味わう大人気麺
阿宗麵線 17:30
アーヅォンミエンシエン

屋台の人気メニュー「麵線」は、日本のそうめんに似たヌードル。大腸麵線（大75元、小60元）は、とろみのあるスープでピリ辛。ホルモン入り。好みで香菜とニンニクをプラスして。立ち食いだから店の前には麺をかきこむ人がいっぱい。夜食にもおすすめ。

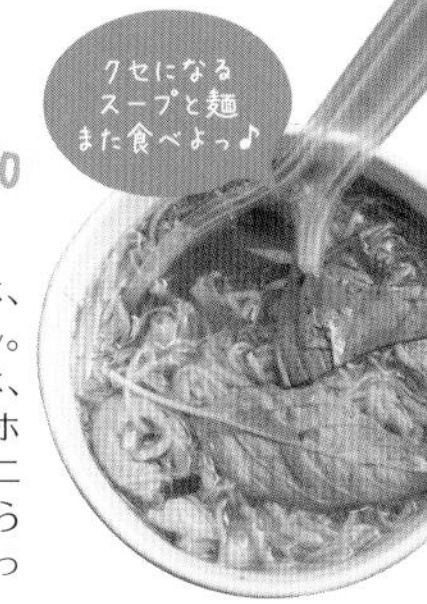

カツオダシが効いていてあっさりテイスト

Map 別冊P.16-A2

萬華區峨眉街8-1號 ☎2388-8808 8:30～22:30、金・土・日～23:00 休無休 料60元～ Card不可 交MRT板南線・松山新店線「西門」站6番出口より徒歩約4分

6 猫好きに大人気のスイーツ
一條貓貓燒
イーティアオマオマオシャオ

抱き上げたときの猫をかたどった人形焼がかわいいと評判を呼び、大人気に。中に餡が入っていない原味（プレーン）、チョコレート、チーズ、練乳の4種があり、ひとつ35元、3個で100元。冷めてもおいしい。
（※2024年7月再開予定・インスタで告知）

Map 別冊P.16-A2

萬華區武昌街二段77號 ☎0933-420-126
13:00～20:00（予定） 休旧正月 Card不可 交MRT板南線・松山新店線「西門」站6番出口より徒歩約6分
URL www.instagram.com/mao_mao_shao/

1. バンザイしているような猫型が愛らしい 2. 注文を受けてから作るため行列ができるが焼きたてが食べられる 3. 紙袋から半身を出して撮影するとかわいい写真が撮れます！

西門町にある「成都楊桃冰」Map 別冊P.16-A2は、1966年創業。スターフルーツを使ったかき氷が名物。

台北101を眺めつつ新旧がMIXする注目エリア信義區(シンイーチュイ)をぶらぶら♪

デパートや大型施設が立ち並ぶ新しい町、信義區。
ランドマークの台北101をパートナーにおさんぽ。
観光＆ショッピング、そしてグルメもと欲張りなプラン。

TOTAL 7時間

信義區おさんぽ

TIME TABLE

11:30 好,丘
↓ 徒歩すぐ
12:30 四四南村
↓ 徒歩16分
13:00 台北101
↓ 徒歩7分
16:00 遠百信義A13
↓ 徒歩10分
17:30 餃子樂信義店

1.台湾全土のナチュラルフードやコスメ、雑貨をラインアップ。奥のカフェはフード充実 2.土日には、「Simple Market 簡單市集」が開かれる

1 台湾名産品をラインアップ 好,丘 11:30

ハオ、チォウ

台湾の地方で手作りされている調味料や食品、茶葉、自然派のコスメ、ハンドメイドの雑貨など、こだわりの品揃え。名物は手作りのベーグル。店内のキッチンで手作りされている。カフェではベーグルとデリを盛り合わせたプレートが人気。

Map 別冊P.13-C3

信義區松勤街54號 ☎2758-2609 11:00～20:30（カフェ～18:00） 休旧正月 料130元～、サ10% Card J.M.V. 日少し 席80 交MRT淡水信義線「台北101／世貿」站2番出口より徒歩約3分 URL www.goodchos.com.tw

2 「眷村」文化と歴史に触れる 四四南村 12:30

スースーナンツゥン

かつて軍人とその家族が暮らした「眷村」である四四南村は、台北初の眷村だった。「眷村文物館」では、昔の写真や資料を展示。当時の生活空間を再現した展示もあり、眷村文化に触れることができる。

Map 別冊P.13-C3

信義區松勤街50號 ☎2723-7937 24時間（眷村文物館9:00～17:00） 休月・祝 料入場無料 交MRT淡水信義線「台北101／世貿」站2番出口より徒歩約3分

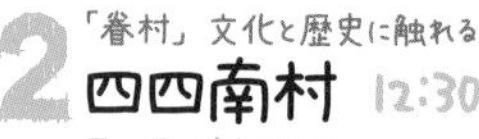

1.台北のシンボル的存在 2.展望台からのビューは最高！ 3,4.B1の「101紀念品店」はオリジナルグッズがバラエティ豊富 5.地下のスーパー「Mia C'bon」はおみやげも入手可能

3 台北のランドマーク 台北101 13:00

タイベイ イーリンイー

高さ508m。地下1階から5階まではショッピングモール。地下1階にフードコート（→P.92）がある。展望台へは5階から専用エレベーターで89階へ。91階の屋外展望台へは階段で。101階には屋外展望台「Skyline460」も（チケット3000元）。

Map 別冊P.13-C2

台北101のベスト撮影スポットは→P.42

信義區信義路五段7號 ☎8101-8800 11:00～21:30、金・土・祝前日～22:00、観景台10:00～21:00 ※チケット購入と入場は～20:30、日時を指定したチケットをオンラインで購入可能（1週間以内）。休無休 料観景台600元、優先入場ができるクイックゲート専用チケット1200元 交MRT淡水信義線「台北101／世貿」站4番出口より徒歩約1分 URL www.taipei-101.com.tw

「好,丘」の前庭で週末に開催されている「Simple Market」で布バッグを購入。台湾旅行のいい記念に。（兵庫県・優香）

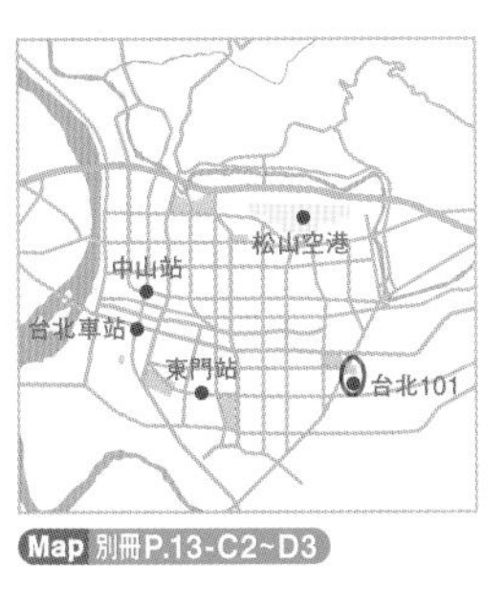

Map 別冊P.13-C2~D3

MRT板南線 市政府站
統一時代百貨
W台北
微風信義
無印良品 松高旗艦店
→P.17
A4館
BELLAVITA
松高路
市府路
松智路
A8館
ルメリディアン台北
台北市政府
新光三越信義新天地
A9館
A11館
松仁路
忠青商行
→P.90
市府廣場
松寿路
グランドハイアット台北
世界中心展覧三館
台北101
台北世界貿易中心
MRT淡水信義線 台北101／世貿站
信義路五段
莊敬路
好、丘
四四南村

微風南山もチェック

週末市も開かれるよ

お買い物楽しんでね★

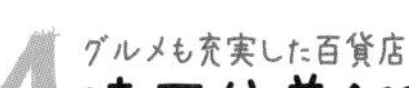

4 グルメも充実した百貨店 遠百信義A13 16:00

ユエンバイシンイー

1階から4階、4階から7階、7階から10階へ一気に登れる直通ロングエスカレーターがある大型デパート。まずは、フロア全体に大稻埕(→P.36)の街並みが再現されている4階レストラン街へ。「春水堂」や「朱記餡餅粥店」、「四川呉抄手」など、気軽に立ち寄れる飲食店が揃っている。

Map 別冊P.13-D2

信義區松仁路58號 ☎7750-0888 ⏰11:00～21:30、金・土・祝前日～22:00 休無休 Card A,J,V,M 交MRT板南線「市政府」站3番出口より徒歩約7分 URL www.feds.com.tw/tw/55

1. ランタンとレトロな看板がフォトジェニック 2. 大型商業施設が集まるエリアにある

クラシックな町並みを再現してます

市政府站4番出口からすぐだよ！

5 手作り餃子＆ビールで乾杯 餃子樂 信義店 17:30

ジアオヅルー シンイーディエン

手作りの餃子だよ！

他店にはないメニューを開発して提供するモダンな餃子店。食材は提携農家などから仕入れ、化学調味料など添加物は不使用。水餃子や焼餃子＆ビールでおさんぽ疲れを癒やせる。

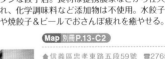

Map 別冊P.13-C2

信義區忠孝東路五段59號 ☎2765-7721 ⏰11:30～14:30、16:30～20:30、土11:30～20:00 休日、旧正月 料100元～ Card 不可 日少し 席33 交MRT板南線「市政府」站4番出口より徒歩約1分

三鮮餃子135元（手前）、什麼都想要煎餃155元（中央）、高麗菜餃子60元（奥）など

「遠百信義A13」の地下3階には、権威ある北欧のバリスタ大会で優勝したオーナーが営む人気カフェ「Fika Fika Café」がある。

ローカルな雰囲気が楽しめる台北最古の問屋街 迪化街(ディーホアジエ)でお宝探し☆

漢方薬店や乾物店など老舗が軒を連ねる迪化街。地元の人たちに愛されるローカルグルメやお店をぐるり。新しく誕生したスポット&ショップもチェック！

恋愛の神様よろしくね

TOTAL 4時間

迪化街おさんぽ

TIME TABLE

11:00 永久號
↓ 徒歩1分
11:30 介良裡布行
↓ 徒歩1分
12:00 永樂担仔麵
↓ 徒歩1分
12:30 大稻埕遊客中心
↓ 徒歩4分
13:30 金桔檸檬汁
↓ 徒歩2分
14:00 林豐益商行
↓ 徒歩3分
14:30 永興農具工廠

1 台湾名物カラスミをGET！ 永久號 11:00

ヨンジォウハオ

お酒の肴にぴったりよ

台湾海峡で獲った天然ボラの卵を自社工場で塩漬けしている。手頃な価格で良質なカラスミを販売する老舗として知られる。カラスミの食べ方のアドバイスも日本語でしてくれる。パスタにもおすすめ。

Map 別冊P.14-B3

大同區延平北路二段36巷10號 ☎2555-7581 ◎9:00～18:00 休日不定休・旧正月3日間 Card不可 《日》 図MRT松山新店線「北門」站3番出口より徒歩約10分

1.創業は1915年。現在は4代目が引き継いでいる 2.カラスミ150g650元 3.カラスミのみを扱う専門店

霞海城隍廟は恋愛成就の御利益あり

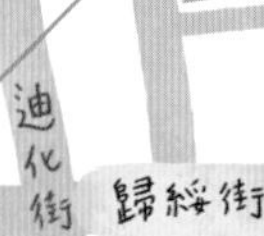
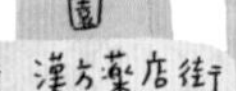

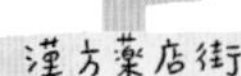
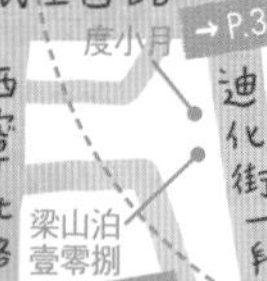

2 愛らしい台湾製チロリアンテープ 介良裡布行 11:30

ジエリヤンリーブーハン

たくさん欲しくなっちゃうかわいさ♪

永樂市場のすぐ近くにある手芸店。ボタンや糸などバラエティ豊富な商品を扱っているが、日本人女子に大人気なのが台湾製チロリアンテープ。原住民や花をモチーフにしたテープは1ヤード15～40元(細)と激安で大人買いしたくなる。

Map 別冊P.14-A3

大同區民樂街11號 ☎2558-0718 ◎9:30～18:00 休日・旧正月9日間 Card不可 《日》少し 図MRT松山新店線「北門」站3番出口より徒歩約9分

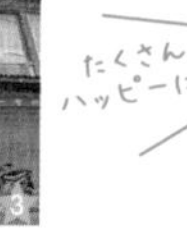

たくさんハッピーに！

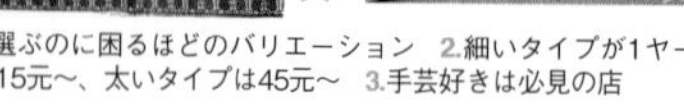

1.選ぶのに困るほどのバリエーション 2.細いタイプが1ヤード15元～、太いタイプは45元～ 3.手芸好きは必見の店

永樂市場の生地屋では、尺（約30cm）やヤード（約91cm）が使われている。購入時は単位を確認して。(奈良県・ミカ)

Map 別冊P.14

1.五郎特餐（五郎セット）110元　2.永樂市場の前。店頭にも席がある

3 台湾名物の定食でランチ 永樂担仔麵 12:00

ヨンルータンヅーミエン

人気TV番組「孤独のグルメ」に登場した食堂。五郎が台北を訪れた際に食べた5種類のおかず（滷白菜、油豆腐、滷蛋、嘴邊肉、大陸妹など）の盛り合わせと鶏肉飯がセットになった五郎特餐（雞肉飯便當）が大人気。

Map 別冊P.14-A3

大同區南京西路233巷20號　☎2556-2736　11:00～19:30　休木　Card不可　交MRT松山新店線「北門」站3番出口より徒歩約7分

迪化街

ドライフルーツやハーブ各種買ってね！

4 迪化街の観光案内所 大稻埕遊客中心 12:30

ダーダオチェンヨウクーヂョンシン

観光案内やパンフレットの提供だけでなく、チャイナドレスの無料レンタル（要事前予約）があり、迪化街で記念撮影ができる。レンタル予約 URL travel.taipei/vintage-clothing/ja（日本語）

データは→P.37

5 おさんぽ途中にゴクリ 金桔檸檬汁 13:30

ジンジュウニンモンヂー

創業70年以上というキンカンレモンジュースの屋台。注文を受けてから絞るジュース50元はフレッシュそのもの。迪化街さんぽには欠かせない一杯として観光客からも大人気。

Map 別冊P.14-A2

大同區迪化街一段166號　☎0922-294-998　9:30～20:30、日～19:00　休旧正月　Card不可　交MRT中和新蘆線「大橋頭」站1A番出口より徒歩約11分

民生西路
→MRT淡水信義線雙連站へ

昔ながらの生活用品がいろいろ♪
林豊益商行

商品は100種以上

6 バリエ豊富な竹製品 林豐益商行 14:00

リンフォンイーシャンハン

50年以上にわたって竹製品を扱う専門店。今は作れる職人も少なくなっている。インテリアとして使えるカゴや手作業で編んだセイロなど、バラエティに富んだ竹製品がリーズナブル。

Map 別冊P.14-A2

大同區迪化街一段214號　☎2557-8734　9:00～19:00　休旧正月6日間　Card不可　交MRT中和新蘆線「大橋頭」站1番出口より徒歩約9分

小春園でビールの友を買ってこ！

小春園滷味
→MRT淡水信義線・松山新店線中山站へ

7 料理好き必見の品揃え 永興農具工廠 14:30

ヨンシンノンジューゴンチャン

3代、65年続く老舗農具店。店頭に農機具が吊るされ、老舗らしい雰囲気を醸し出している。少し重いが台湾製のスキレットは実用的でおみやげにいい。台湾東部のヒノキを使った箸やしゃもじは希少。

Map 別冊P.14-A1

大同區迪化街一段288號　☎2553-6545　8:30～18:30　休旧正月3日間　Card不可　交MRT中和新蘆線「大橋頭」站1番出口より徒歩約7分

セイロなど料理ツールも揃ってます

2代目と3代目です

1.店奥までチェック　2.台湾製箸250元　3.台湾製しゃもじ200元　4.台湾製スキレット300元

大稻埕遊客中心の2階は、漢方薬店「客安中薬行」と1920年代の喫茶店をイメージした「春生喫茶店」の空間デザインになっている。

台北の文化発祥の地！
“古きよき”が残る
萬華(ワンホア)で下町人情に触れる

清代に中国福建省からの移民が淡水河をさかのぼり、開墾した台北発祥の地。戦前に建てられた古い建物を残し、レトロ感が満載で下町情緒もたっぷり！

TOTAL 5時間

萬華おさんぽ TIME TABLE

11:30 順春堂
↓ 徒歩3分
12:00 新富町文化市場
↓ 徒歩5分
13:00 西園橋下營養號蚵仔湯
↓ 徒歩5分
13:30 龍都冰菓專業家
↓ 徒歩3分
14:30 兩喜號
↓ 徒歩5分
15:00 龍山寺
↓ 徒歩10分
16:00 永富冰淇淋

1 順春堂 11:30

飲み口スッキリの薬草茶にトライ

シュンチュンタン

無農薬、化学肥料不使用の天然薬草を使い、独自のブレンドで煎じた薬草茶専門店。なかでも青草茶は爽快感ある飲み口でおすすめ。疲れた体にはほんのり甘い冬瓜茶を。

Map 別冊P.16-B1

萬華區廣州街187號 ☎2306-5898
11:00～21:00 休不定休 料40元～
Card不可 予なし 交MRT板南線「龍山寺」站1番出口より徒歩約3分

飲みやすく調整された味はクセになる。便秘からくる肌荒れなどにも効果があるので要チェック！

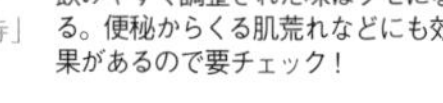

2 新富町文化市場 12:00

旧市場をリノベーション

シンフーディンウェンホアシーチャン

1935年落成の市場は珍しい馬蹄形。リノベーション後はカフェやアートスペースとして公開され、交流の場所に生まれ変わった。中庭の曲線美を撮影しようと多くの人が訪れる、新しい観光名所だ。

Map 別冊P.16-B1

三水街70號 ☎2308-1092
10:00～18:00 休月 料無料 予 交MRT板南線「龍山寺」站3番出口より徒歩約3分
URL umkt.jutfoundation.org.tw

木造建築の名残りが！

1. 昼飲みでにぎわう「萬華世界下午酒場」(生ビール150元～)
2. 当時の建材を残している 3. アーチが美しい馬蹄形の中庭

吉利字畫 →P.118
龍山寺は台北きってのパワースポット
→P.49、118、161
華西街観光夜市 華西街 桂林路 西園路一段 廣州街 艋舺夜市 →P.103 艋舺公園
龍山寺地下占い街 →P.144
MRT板南線 龍山寺站

3 西園橋下營養號蚵仔湯 13:00

大粒のカキがたっぷり

シーユエンチアオシアインヤンハオクーザイタン

嘉義・東石産の肉厚で大粒のカキを使用し、昔ながらの蚵仔麵線を提供する小さな食堂。食べごたえのあるカキがたっぷり入った蚵仔麵線（80元）や壽司（30元）で下町ランチを満喫。

Map 別冊P.5-C3

萬華區西園路一段258-5號
☎2302-5974 8:00～18:00
休日・旧正月 料30元～ Card不可 予35 交MRT板南線「龍山寺」站2番出口より徒歩約4分

針生姜と食べるカキ炒め、乾蚵（90元）も人気。カキ好きも納得の大きさだ

散策の途中で寄った「萬華世界下午酒場」でちょい飲み、最高！ 昼飲みできる貴重なお店。お酒もおつまみも充実でオススメ。（埼玉県・郁江）

13:30

暑いと行列必至の老舗かき氷店

4 龍都冰菓專業家

ロンドゥビングオヂュワンイエジア

1920年、屋台からスタートしたかき氷専門店。自家製のトッピングを約30種類を用意、甘みや火加減など研究を重ねてできたこだわりの味に定評がある。氷はふんわりと削られて、舌の上でやんわり溶ける。

Map 別冊P.16-B1

萬華區和平西路三段192號 ☎2308-3223 11:30～22:00 休水、旧正月 料50元～ Card不可 席40 日 図MRT板南線「龍山寺」站1番出口より徒歩約3分

冰菓專業家
クールダウン！
トッピングが8種類！食べ応え十分

1.創業103年の老舗 2.八寶冰80元。8種類のトッピングがボリューミーな豪華版

萬華

Map 別冊P.10-A2、P.16-B1

貴陽街　西昌街　老松公園　昆明街　康定路　老松國小　青草巷（青草市場）　川業肉圓 → P.87　剝皮寮　三水街　三水街菜市場　三六食粑 → P.51　福州元祖胡椒餅 → P.85　和平西路三段

古い町屋を修復した剝皮寮エリア

萬華の人たちの台所を支える三水街市場

萬華の公園は高齢者が多い

アズキや龍眼など素朴なおいしさ♪

14:30

102年続く伝統のイカスープ

5 兩喜號

リアンシーハオ

1921年創業、3代にわたりイカの旨みを追求し続ける老舗。魚介ダシを使い、イカやカジキのすり身団子がたっぷり入ったとろみスープが名物。

兩喜魷魚焿（小）70元。これぞファストフード、少量を手軽に召し上がれ

Map 別冊P.16-B1

萬華區西園路一段194號（西園店） ☎2336-1129 10:00～23:30 休無休 料40元～ Card不可 席50 日 図MRT板南線「龍山寺」站1番出口より徒歩約5分

6 龍山寺

15:00

極彩色に彩られた絢爛な台北最古の寺院

ロンシャンスー

Map 別冊P.16-B1

開運スポット特集&データは… → P.48、49

16:00

1945年創業アイスの老舗

7 永富冰淇淋

ヨンフービンチリン

8～9種類の自家製アイスが郷愁を誘うと人気のアイス店。鮮度と天然の素材にこだわり、毎日手作りしている。3種類50元。口の中でふわーっと溶けていく。

Map 別冊P.10-A2

萬華區貴陽街二段68號 ☎2314-0306 10:00～22:00 休クリスマスから元宵節までの約2カ月間 料50元～ Card不可 席10 図MRT板南線・松山新店線「西門」站1番出口より徒歩約10分

「剝皮寮」Map 別冊P.16-B1は中洋折衷の古い町屋を保存して、無料開放しているエリア。レトロな雰囲気を満喫してみてはいかが？

ハイソとカジュアルが交差する おしゃれな中山（チョンシャン）&赤峰街（チーフォンジエ）で 気分がアガル夜さんぽ

高級ホテルやデパートが並ぶ中山站周辺エリア。近接する赤峰街は個性的なショップやカフェが並び歩くだけでもワクワク、ときめきがいっぱい！

TOTAL 5時間

中山&赤峰街おさんぽ

TIME TABLE

17:00 春秋書店
↓ 徒歩3分
18:00 PAR STORE
↓ 徒歩3分
18:40 vieso
↓ 徒歩1分
19:30 永心鳳茶 新光南西店
↓ 徒歩6分
21:00 Nep.Lounge Bar

図書館のようなアカデミックな雰囲気

1 ブックカフェで静かなひととき 17:00
春秋書店 チュンチォウシューディエン

古い建物をリノベーションしたインディペンデント書店はカフェ併設で、静かで落ち着く空気感。ここではおもに文学・哲学・映画・アートジャンルなどの本を取り扱っている。浮光書店、風景書店という系列店もあり。

Map 別冊P.15-C1

大同區赤峰街41巷7號1～4F（4Fは休日のみ開放）☎2559-1988 🕘12:00～22:00 休無休 料150元（最低消費）Card M.V. 席100 交MRT淡水信義線・松山新店線「中山」站4番出口より徒歩約4分 URL www.facebook.com/AthenaBooks.Taipei/

1．本棚のある1階の様子。2～3階は開放的なスペース 2．焼き菓子もある

2 18:00 音楽と雑貨の秘密基地！
PAR STORE パーストア

地下に下りる階段の壁面もオシャレ♪

バンド「透明雑誌」のフロントマンであり、ソロでも活躍する洪申豪氏が手がけたショップ。個性あふれる商品や店内の雰囲気は、音楽好きでもそうでなくても十分楽しい！

Map 別冊P.15-C2

大同區赤峰街3巷1號B1F ☎なし 🕘14:00～20:00、金・土・日～21:00 休無休 Card A.J.M.V 日 交MRT淡水信義線・松山新店線「中山」站5番出口より徒歩約2分 URL www.instagram.com/par_store/

1．思わず欲しくなるパンチの効いたオリジナルグッズたち。オリジナルコンピレーションアルバムにも注目 2．入口のネオンがキュート 3．カセット、レコード、CDにZINEなど宝探しのようなワクワク感

3 シンプルな着こなしにも個性を
Vieso 18:40 ヴィエソ

デザイナーらが台湾製の生地を探してデザインから手がけ、シンプルながらも着心地のよい仕上がりにファンも多い。リーズナブルな価格設定なのも人気の理由。

1．カットソーなど480元～ 2．スタッフの着こなしも参考に 3．路面店で入りやすい

Map 別冊P.15-C2

大同區南京西路23巷1-3號 ☎なし 🕘11:30～22:30 休旧正月 Card 不可 交MRT淡水信義線・松山新店線「中山」站4番出口より徒歩約1分 URL facebook.com/Vieso-255809617780868

レトロな内装に胸キュン

1．酥炸雙喜地瓜球（サツマイモボール）150元 2・3．おしゃれな店内 4．香り高い花蓮蜜香紅茶180元 5．人気の剝皮辣椒雞湯麵（唐辛子漬鶏肉麺）380元

4 お茶の香りに包まれて美食を 19:30
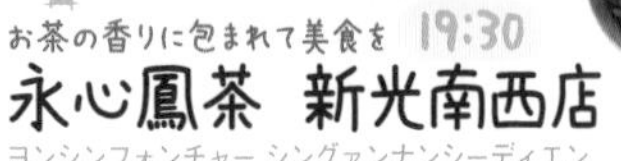

永心鳳茶 新光南西店 ヨンシンフォンチャー シングァンナンシーディエン

高雄が拠点のティーサロンで、店に入るとお茶のよい香りが漂う。料理は本格的な台湾の味ながらカジュアルな定食スタイルで注文しやすいのも◎。

Map 別冊P.15-C2

中山區南京西路15號 新光三越3館3F ☎2581-9909 🕘日～水11:00～21:30（L.O.20:30）、木～土11:00～22:00（L.O.21:00）休無休 料500元～、サ10% Card A.D.J.M.V 席100 日 交MRT淡水信義線・松山新店線「中山」站4番出口より徒歩約1分 URL www.facebook.com/yonshintea/

中山駅周辺は徒歩で回りやすく夜もにぎやかで、台北に行ったら必ず寄るエリアです！（和歌山県・S）

Map 別冊P.15

5 ディープブルー色の隠れ家バー 21:00
Nep. Lounge Bar ネプ・ラウンジ・バー

女性が気軽に立ち寄れるバー。店のシンボルはカウンター上部の細長い水槽。ディープブルーのライトで幻想的な空間が演出されている。バーテンダーは好みに応じたカクテルやモクテルを作ってくれる上に、いろんな技で楽しませてくれる。

Map 別冊P.15-D2

中正區天津街63號B1F ☎2521-0069 19:30～翌3:00 休無休 料ミニマムチャージ300元（金・土500元）、サ10% Card A.J.M.V. 席60 交MRT淡水信義線・松山新店線「中山」站2番出口より徒歩約3分 URL www.nep6363.com

1.バーテンダーによるドライアイスを使った演出に女性客が大喜び 2.ソファ席もある店内 3.イケメンのIkerさん 4.Pisco sour400元 5.ティファニーブルーが人気のYes,I do350元などのカクテル

夜でも明るくてにぎやかな林森北路周辺だが、細い路地は暗いのでひったくりなどに注意して歩こう。

グルメもショップもギュギュッ！台湾イチの ターミナル駅 台北車站周辺をてくてく

タイペイチューチャン

台北のメインステーション「台北車站」(台北駅)。MRT桃園機場線の開通に伴ってリニューアルが進行中。一段とにぎやか＆楽しくなったエリアをご案内♪

TOTAL 3時間

台北車站周辺おさんぽ

TIME TABLE

13:00 便當本舗
↓ 徒歩すぐ
13:30 臺鐵夢工場
↓ 徒歩2分
14:00 台北地下街（Y區）
↓ 徒歩5分
14:30 寶舖 TREASURE SHOP
↓ 徒歩3分
15:30 Soft Drink TTI

1 安うま駅弁でランチ 便當本舗 13:00

ビエンダンベンプー

ボリューム満点の台湾版駅弁。ごはんの上に味付けした肉をのせ、野菜炒めや漬物をおかずに。テイクアウトして公園ランチに◎。

台北車站構内には4店舗あるよ

Map 別冊P.17-C1

中正區北平西路3號 西3門 ☎2361-9309 9:00～17:00（売り切れまで）休無休 Card J.M.V. 日少し 交台鐵台北車站西3門付近

人気No.1の排骨便當60元

2 13:30 鉄道グッズ店でおみやげGET 臺鐵夢工場

タイティエモンゴンチャン

マニアックな鉄道グッズのほか、台鐵キャラクターやハローキティとのコラボ商品など、かわいい雑貨も扱う。ポストカードや記念切手などもある。

旅の記念にしてね

台鐵とハローキティのコラボ弁当箱795元

Map 別冊P.17-C1

中正區北平西路3號 西3門 ☎2383-0367 10:00～18:00 休無休 Card A.D.J.M.V. 日少し 交台鐵台北車站西3門付近 URL www.facebook.com/TaiwanRailwayShop

紫色が目印、MRT桃園機場線の台北車站

洋服や雑貨など小売にも対応する「台北後站商圏」は一大問屋街

北門（承恩門）は歴史的建造物。日本統治時代の水準点も残る

交差点の歩道橋の上は台北101や町を眺められる好地点

 台北バスターミナル隣接のショッピングモール「京站」地下3階のスーパー「Mia C'bon」はおみやげ購入に便利！（岩手県・マミ）

松山空港
台北車站
台北101

Map 別冊P.17-C～D1

3 プチプラショッピングが楽しめる 台北地下街(Y區)

14:00

タイペイディーシアジエ

台北車站直結の地下街で、市民大道の下をMRT松山新店線「北門」站までY區は続く。美食、服飾、百貨、電子の4エリアで構成され、プチプラショッピングが楽しめる。

台北車站とY區を結ぶエスカレーター

格安靴店が点在

11:00過ぎ～営業開始

Map 別冊P.17-C1

🏠中正區市民大道一段100號B1F（事務所）☎2559-4566 🕘11:00～21:30、土・日・祝～22:00（店舗により異なる）㊡無休（店舗により異なる）Card店舗により異なる ㊋MRT淡水信義線・板南線「台北車站」M1出口より直結

4 安カワアクセの宝庫 寶舖 TREASURE SHOP

14:30

バオプー トレジャーショップ

台湾でデザイン、韓国で製造した安カワアクセサリーを販売する問屋の店舗。アクセサリーのほか、ベビー用品などを扱う店舗も近くで3店舗展開中。

Map 別冊P.17-C1

🏠大同區華陰街189號 ☎2559-3685 🕘11:00～19:00 ㊡旧正月 Card M.V. ㊋MRT淡水信義線・板南線「台北車站」台北地下街Y13出口より徒歩約1分

Treasure Shop

イヤリングもあるにゃ

安カワアクセ揃ってます♪

1.キュートな揺れるピアス190元。ほかのピアスも190元前後～ 2.どんぐりのピアス 3.ネコのピアス。水色もある 4.シュシュは140元前後～ 5.スタッフのMinaさんと看板ネコのシャシャ

台湾産フルーツと野菜のヘルシードリンクをどうぞ
BEST WISHES FOR YOU

5 搾りたてフルーツジュースをゴクリ Soft Drink TTI

15:30

ソフト・ドリンク・ティーティーアイ 昇興食品坊

台北地下街Y19とY21の間にあるドリンクスタンド。新鮮な台湾産フルーツや野菜を使い、その場で搾ってジュースに。散策の途中で立ち寄って小休止にぴったり。

1.台湾産ブドウジュース（葡萄汁70元、奥）と台湾産スイカフルーツジュース（西瓜汁60元）2.多多檸檬汁（ヤクルト＋台湾産レモン＋ハチミツ70元）

Map 別冊P.17-C1

🏠台北地下街美食廣場Y34（Y19とY21の間）☎2559-2052 🕘12:00～21:30、土・日・祝～22:00 ㊡無休 ㊎20元～ Card不可 🅔 ㊋MRT松山新店線「北門」站2番出口より徒歩約3分

大きなスイカをたっぷり使ってジュースに

台北車站直結の地下街は、台北地下街Y區のほか、K區、M區、Z區、中山地下街R區がある。

台北を120%楽しめる♪　厳選ホテル案内

arucoチョイス

どうぞ ごゆっくり

ひとり旅、女子旅、仲よし母娘旅。初めて台北を訪れた人からリピーターさんまで、すべての女子トラベラーにおすすめできるホテルをarucoがチョイス。快適・安全・便利、台北を120%楽しめて女子ゴコロをくすぐるホテルへご案内♪

New Open! 頼れる日系ホテル

ゆっくり味わってね

ココがお値打ち！
★MRT「忠孝新生」駅からすぐ
★華山文創産業園區に近い！
★台湾南部の果物とアイス

TM&©TOHO CO.,LTD.

1

客室は程よいサイズ感。テレビ横はデスク、窓際にはロングソファで使い勝手もばっちり

細やかな気遣いがいっぱい

ホテルグレイスリー台北

格拉斯麗台北飯店

「ホテル椿山荘東京」などを手がける藤田観光株式会社によるホテルブランドが、2021年9月台北にオープンした。スタッフは日本語堪能でホスピタリティにあふれ、客室もくつろぎ度抜群。高雄市旗山のアイスの老舗「枝仔冰城」とコラボレーションしたレストラン「KI-A-BIN-SAN」(キアビンサン) も美味。旅の疲れを芯から癒やしてくれる。

Map 別冊P.11-D1 台北車站南部

住 中正區忠孝東路二段89號　☎2322-0111
料 W・T5000元～(朝食付き)、サ10%込み
Card A.J.M.V.　(日)　室 248　交 MRT中和新蘆線・板南線「忠孝新生」站 1番出口より徒歩約1分
URL gracery.com/taipei/

のんびりステイを

2

3

1.ホテルのために制作されたゴジラ像。外壁(→P.15) にもゴジラ!
2.3.朝食ビュッフェは美味揃い。使い損ねた朝食券をおみやげと引き換えてくれるサービスも
4.すっきりとしたロビー
5.コインランドリーがあるのも心強い。24時間使用可

4

5

「崎陽軒」とのコラボルーム。ほかにもさまざまな企業とのコラボルームがある

「ホテルグレイスリー台北」の朝食ビュッフェは和洋＆台湾料理があり、フルーツも豊富。3泊したけど毎朝楽しみだった。(香川県・KEI)

ラグジュアリーなひとときを♪

ホテルメトロポリタン プレミア 台北

JR東日本大飯店 台北

メトロポリタン系列の上級ブランドとして2021年8月に開業。中国語名「JR東日本大飯店 台北」と記載し、海外初進出の気合いがうかがえる。室内プールなどを完備、ラグジュアリーな大型ホテルならではの快適ステイを満喫できる。また、日系ホテル最大規模（210席）の朝食ビュッフェは圧巻。元気をチャージしよう。

Map 別冊P.7-D3 台北車站北部

中山區南京東路三段133號　☎7750-0900
料D・W・T6600元～（朝食付き）、サ10%込み
Card A.D.J.M.V.　休日　室288　交MRT松山新店線・文湖線、「南京復興」站 2番出口より徒歩約1分
URL taipei.metropolitan.tw

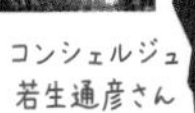

何でもご相談ください

コンシェルジュ
若生通彦さん

作りたて卵料理をどうぞ♪

1.多様な卵料理を提供するB1F「ブリリアント」の朝食　2.1Fロビーラウンジ「プラットフォーム」のアフタヌーンティー（14:00～17:00、2人1480元＋10%）。テーマと内容は3ヵ月ごとに変更　3.「ブリリアント」の人気はモーニングステーキとスムージー　4.館内　5.アメニティは豪の「APPELLES」

ココがお値打ち！
★MRT「南京復興」駅からすぐ
★ハイクオリティな朝食
★広々したゲストルーム

吹き抜けのロビーは開放感いっぱい！

デラックスプレミアキングは43㎡の広さ
ワンランク上のステイを堪能できる

Sweets
Retro
Nostalgic
タオルなどを大浴場へ持参するためのバッグ
ココがお値打ち!
★MRT「忠孝新生」駅すぐ
★最上階に大浴場完備
★映えるコンセプトルーム
内装や家具には台湾の伝統工芸を採用している
台湾ラバーに超おすすめ
寝湯は女子だけです

古都台南の古民家をイメージしたNostalgicルーム。台湾スイーツをテーマにしたSweets（上左）、九份がテーマのRetro（上右）、コンセプトルームは3室限定

1.朝食ビュッフェはジャパニーズスタイルのカジュアルイタリアンレストラン「JAPOLI」で　2.焼きたてのピザも　3.台湾産ブランド豚の滷肉飯　4.鰹だしと海老の担仔麺はオーダー制　5.台北を一望できる大浴場　6.女性用のみ寝湯を完備

三井ガーデンホテル台北忠孝

和苑三井花園飯店　台北忠孝

コンセプトは、「Taiwan Character × Japan Quality」。館内各所に台湾の魅力を散りばめ、最上階には台湾では希少な大浴場も。客室は「TAIWAN NATURE」をテーマに、都会のオアシスのようにくつろげる空間。13階にあるコンセプトルーム3室ではスペシャルなステイを体験できる。

Map 別冊P.11-D1 台北車站南部

住大安區忠孝東路三段30號　☎2781-1131　料W・T5000元～、コンセプトルーム6000元、サ10%込み　Card A.J.M.V.　日　室297　交MRT中和新蘆線・板南線「忠孝新生」站3番出口より徒歩約1分　URL www.gardenhotels.co.jp/taipei-zhongxiao/

「三井ガーデンホテル台北忠孝」に宿泊した際、ラウンジでコーヒーを飲みながら観光プランを考えた。緑を望む明るいラウンジでした。（千葉県・栞）

Premium hotel

スタイリッシュ&遊び心あふれるホテル

ココがお値打ち!
★特注家具などスタイリッシュなインテリア
★にぎやかなエリアで食事も買い物も満喫
★ドリンクなど無料サービスあり

デザインスタジオ「Neri&Hu」が手がけるオシャレなインテリア。ペットOKのフロアもある

12階のレストラン・バー「THE TAVERNIST」。朝食はここで

アジア初オープンのアメリカン・ブティックホテル

KIMPTON DA AN HOTEL

金普頓大安酒店/キンプトン・ダーアン・ホテル

高品質なホテルライフを提供するIHGグループが手がける高級ブティックホテル「キンプトン」が、アジア地域では初めて台北で開業。流行に敏感な人たちの間で話題のホテル。大胆で有名なスターシェフ、James Sharman がプロデュースするレストラン「THE TAVERNIST」もある。

1.1階ロビーの宿泊客用ドリンクコーナー 2.玄関先をイメージした客室入口のオリジナル家具 3.客室には大同電鍋型の菓子入れも

Map 別冊P.12-A2 信義イースト

住 大安區仁愛路四段27巷25號 ☎2173-7999 料W・T8500元~(朝食付き)、サ15.5% Card A.D.J.M.V. 日 少し 室129 交MRT板南線・文湖線「忠孝復興」站3番出口より徒歩約2分 URL www.ihg.com/kimptonhotels

aruco チョイス 厳選ホテル案内

銀行の倉庫の名残を生かしたインテリアとオリジナルデザインを組み合わせた客室

銀行の倉庫がホテルに変身

天成文旅-華山町

コスモスクリエーション-華山町

「デザインコンセプトを取り入れ、ローカライズしたホテル」を理念に、1952年建造の第一銀行倉庫をホテルとして再生。中開きの鉄板扉や鉄格子、梁のない建築構造など、随所に銀行の歴史を感じるほか、キャッシュカード型ルームキーや金庫のレバー型取手など、銀行要素を楽しむ演出も。「華山1914文創産業園區(→P.136)」にほど近い。

朝食券代わりの金貨♪

ココがお値打ち!
★テンションあがるデザイン
★駅近&1914華山文創産業園區そば
★オリジナルグッズが買える

1.3人旅に便利なスタンダードトリプルルーム 2.天井のイラストなど遊び心満載の館内 3.オリジナルキャラクター「バオビー(寶比)」

Map 別冊P.11-D1 台北車站南部

住 中正區忠孝東路二段79號 ☎2351-5188 料W・T3000元~(朝食付き)、サ10% Card A.D.J.M.V. 日 少し 室72 交MRT中和新蘆線・板南線「忠孝新生」站1番出口より徒歩約4分 URL www.huashandin.com.tw

city hotel

快適ステイを満喫☆シティホテル

女子ふたり旅にぴったりのツインルームは28㎡。バスタブは付いていない

ココがお値打ち!
★テンション↑↑のデザイン
★4種から選べる朝食
★ドリンクなど無料サービスあり

オシャレな純白のデザインホテル

SWIIO HOTEL DAAN

スイーオホテル大安館

朝食はこちら

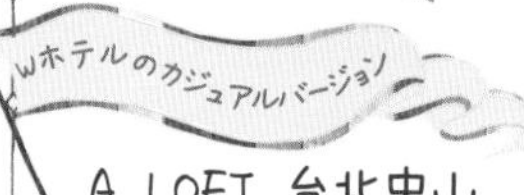

ひときわ目を引く白亜の外観。内部のデザインは、映画美術を得意とする郭志達氏が手がけ、モダンな空間。客室も白を基調にしたシンプルなインテリア。各部屋に置かれたスナック類とミニバー内のドリンクも無料で楽しめる。1Fのレストラン「LE BLANC」でいただく朝食も美味。

Map 別冊P.12-A2 信義イースト

住 大安區大安路一段185號
☎2703-2220 FAX2707-1017
料W・T5000元～（朝食付き）、サ10%
Card A.J.M.V. 日▶少し 室36
交MRT淡水信義線・文湖線「大安」站R7番出口より徒歩約7分
URL www.swiio.com/hotels/daan

Wホテルのカジュアルバージョン

A LOFT 台北中山

ア ロフト タイペイ チョンシャン

ステキなバーで乾杯

マリオット系のカジュアルホテル。高級ホテルWのコンセプトを受け継ぎつつ、カジュアルなプライスで宿泊可能。MRT「中山國小」站からすぐとアクセス便利。最上階にはおしゃれなバー「W XYZ（SM）」がある。

Map 別冊P.7-C2 台北車站北部

住 中山區雙城街1號 ☎7743-9999 FAX7743-9998
料W・T1万3000元～、サ15.5%
Card A.J.M.V. 日▶少し 室88
交MRT中和新蘆線「中山國小」站1番出口より徒歩約2分
URL www.alofttaipeizhongshan.com

ココがお値打ち!
★Wの雰囲気をお手頃価格で満喫♪
★駅近でアクセス便利な立地

ココがお値打ち!
★ショッピングや観光に便利
★ていねい&親切対応のスタッフ陣
★遊び心のあるインテリア

スタイリッシュなリノベホテル

amba台北中山

アンバタイペイチョンシャン

朝食もおいしい!

台湾の老舗ホテルとして知られる國賓大飯店が新たなブランド「amba」を立ち上げ、1号店のamba台北西門町に次いで2号店としてオープン。台湾人建築家、郭英釗氏の設計で、70年代のオフィスビルをモダンなホテルにリノベーションした。

Map 別冊P.15-D1 中山

住 中山區中山北路二段57-1號
☎2565-2828、2525-2828
料4000元～（朝食付き）、サ10%
Card A.D.J.M.V. 日▶少し 室90 交MRT淡水信義線・松山新店線「中山」站3番出口より徒歩約7分 URL www.amba-hotels.com/jp/zhongshan/

松山站直結のデザインホテル

amba台北松山

アンバタイペイソンシャン

台鐵松山車站に直結しており、MRT松山站にもすぐ。台北市内だけでなく、台湾各地に出かけるのも便利なロケーション。客室の50%から台北101を望むことができる。レストラン「Que」の朝食もおいしい。

Map 別冊P.8-A3 松山區

住 南港區市民大道七段8號
☎2653-2828 料W・T4000元～（朝食付き）、サ10%
Card A.J.M.V. 日▶ 室189
交MRT松山新店線「松山」站4番出口より徒歩約5分
URL www.amba-hotels.com/jp/songshan/

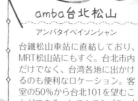

ココがお値打ち!
★駅直結でアクセス便利
★使い勝手のよい客室
★バリエ豊富な朝食

台北101を望むダブルルームはバスタブなし。台北101の見えない客室はバスタブあり

お部屋にあります♪

ロビーには台湾の職人による照明が

饒河街観光夜市が近い「amba 台北松山」に宿泊。大好きな夜市グルメを堪能しました。（茨城県・麻恵）

オシャレなデザインホテル

ココがお値打ち！
★台北車站まで徒歩圏内
★シンプルで使い勝手が◎
★長期滞在に便利

くつろいで♪

フレンドリーな接客で女子旅に◎

Bee House 蜂巣

ビーハウス／フォンチャオ

台北車站に近く、周辺は化粧品、雑貨などの問屋街で下町風情が残る。快適でシンプルな滞在をコンセプトに、蜂の巣をイメージした黄色を基調にしたインテリア。長期&リーズナブルに滞在したい人に配慮して、大型ロッカーやコインランドリーなども完備。

Map 別冊P.17-C1 台北車站周辺

大同區太原路57號 ☎2559-9000 料W5200元～（朝食付き）、サ10% Card A.J.M.V. 室32 交MRT淡水信義線・板南線・台鐵「台北車站」地下街出口Y9より徒歩約3分 URL www.b-house.com.tw/ja

公園の緑を望むロケーション

丹迪旅店 大安森林公園店

ダンディホテルダーアン センリン ゴンユエンディエン

大安森林公園站からすぐと便利なロケーション。公園の前にあり、パークビュールームからは豊かな緑が眺められる。人気の永康街まで徒歩約5分。洗濯機完備のランドリールームもあり、長旅にはうれしいサービス。

朝ご飯もグッド！

Map 別冊P.11-D2 台北車站南部

大安區信義路三段33號 ☎2707-6899 料W4200元～（朝食付き、税サ込み） Card A.J.M.V. 日▶少し 室73 交MRT淡水信義線「大安森林公園」站1番出口よりすぐ URL www.dandyhotel.com.tw

ココがお値打ち！
★大安森林公園站からすぐ
★フレンドリーなスタッフ

ココがお値打ち！
★南京復興站に近い
★洗濯室と屋上テラス完備

全室バスタブ完備がうれしい

眺めのいい屋上庭園♪

Simple+ HOTEL

シンプルプラスホテル

ホテル名には、「シンプル」におもてなしの心を「プラス」という意味が込められている。客室もシンプルですっきりしたインテリア。全室バスタブとTOTOのウォシュレットを完備。MRT南京復興站がすぐ。

Map 別冊P.8-A3 松山區

松山區敦化北路4巷52號 ☎6613-1300 料5200元～（朝食付き）、サ10% Card A.J.M.V. 日▶少し 室73 交MRT文湖線・松山新店線「南京復興」站5番出口より徒歩約2分 URL www.simplehotel.com.tw

女子ひとり旅にぴったり♪

捷絲旅 台北林森館

ジャストスリープ リンセングアン

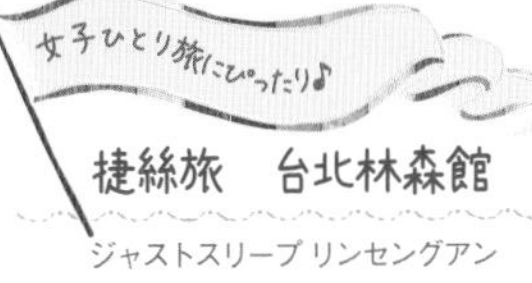

MRT中山站から9分ほどのにぎやかなエリアにある。シングルルームが多く、女子ひとり旅に最適。朝食をいただく11階のカフェスペースは、10:00以降はラウンジとして宿泊客に開放。ドリンクが用意されており、くつろげる。

Map 別冊P.15-D3 中山

中山區林森北路117號3樓 ☎2568-4567 料W・T3000元～（朝食付き）、サ10% Card A.J.M.V. 日▶ 室63 交MRT松山新店線・淡水信義線「中山」站2番出口より徒歩約9分 URL www.justsleep.com.tw/linsen/jp

ココがお値打ち！
★にぎやかなエリアで食事も買い物も満喫
★コンパクトだけど使いやすい客室

ぐっすり眠れます

台北のホテルのチェックインは基本的に15:00、チェックアウトは12:00。荷物は入室前・退室後でも預かってくれる。

最後まで楽しみ尽くそう
空港でエンジョイ&リラックスしない？

あとは帰るだけ……と言わずにラストミニッツまで満喫しちゃおう。

台湾桃園国際空港 Terminal2 5F

Map 別冊P.4-B1

2019年リニューアルの「ターミナル2」5階。南北に分かれ、それぞれ行き来できない独立したエリアになっている。その見どころをプチ紹介。

5F 南北共通

リフレッシュ

無料シャワーブース

予約不要、空いていれば即使える。開放時間は8:00～20:00

広い休憩エリア

イスもテーブルも多くゆったり。少しだが飲食店もある

台湾アート&絶景を楽しむ

5F 南側

LCC組にうれしいカプセルホテルも

町・草休行館

ディン ツァオシゥシングァン

2020年1月オープン。おしゃれで清潔、個室のようなドミトリーでまったり過ごしたい。

詳細や予約はHP（日本語あり）を。URL www.chostay.com/ja/

アート

レトロ台北を感じるイラストが圧巻

コンビニ

ファミリーマート。24時間営業

展望台

広くて飛行機の離陸もよく見える

5F 北側

南国感!? サボテンオブジェの群生

セブンイレブン。こちらも24時間

南北とも開放時間は6:30～22:30

北側には飛行場が見えるスターバックスが。共有スペースには時期により展示なども

北側展望台は台湾海峡を望み夕日がキレイ

グルメ&おみやげ

Terminal2 4F 美食廣場

3階出発ロビーを囲むようにあるフードエリア。ひと休みに。

2F おみやげ街

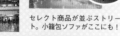

セレクト商品が並ぶストリート。小籠包ソファがここにも！

B2 フードコート

ささっと小腹を満たすならこちらへ。

Terminal1 B1 フードコート

ターミナル1の地下1階は狭いながらも熊厚呷（台湾風軽食）などが入っていてなかなか楽しい。

台北松山空港

Map 別冊P.8-B1～2

Terminal1 1F

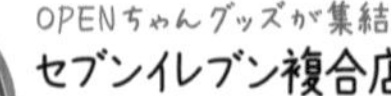

OPENちゃんグッズが集結

セブンイレブン複合店

セブンイレブンと同グループの康是美、OPEN! STOREが連結。バラマキみやげ探しにも便利。

目印のOPENちゃんだよ！

セブンイレブンのキャラ、OPENちゃんのフィギュア

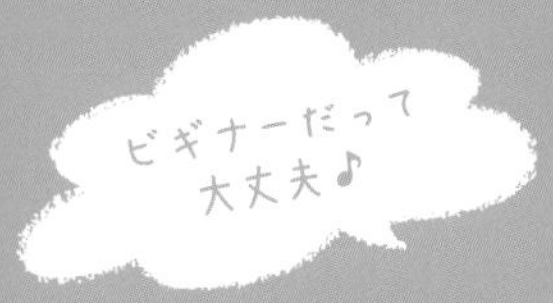

安全・快適
旅の基本情報

台北近しといえども、やっぱり海外。
あれもこれも持ってかなきゃだし、お金も台湾元に換えなきゃだし、
思いがけないアクシデントもあるかも、と心配や不安は尽きないもの。
台北デビューの人はもちろんリピーターも、
基本情報をおさらいしてから旅立って！

INFORMATION

aruco的

おすすめ旅グッズ

台北にはどんなものを持っていくとよいのかな？　台湾ツウのスタッフがオススメ旅グッズをご紹介。こんなものがあると台北女子旅がグッと快適になる。愛用のバッグに入れて、さぁ、旅立とう！

旅のお役立ちアイテム

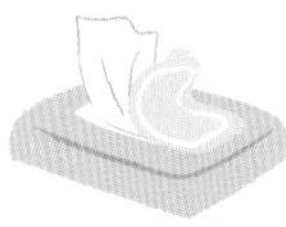

□ウエットティッシュ＆ポケットティッシュ

ティッシュは、夜市の屋台で食事をするときに便利。ウエットティッシュは揚げ物系スナックなどを食べて、手がベタついたときに大活躍

□タッパー＆ジッパー付透明プラスチック袋

タッパーはつぶれたり、こわれたりしては困るものを持ち帰る際に重宝する。ジッパー付透明プラスチック袋は、食べかけの袋菓子を保存したり、大袋入りの食品を同行の友だちと分け合ったりするのに便利

□メモ帳と筆記具

中国語が話せなくてもそこは同じ漢字文化圏の強み。筆談でコミュニーションがとれる。タクシーに乗るときには目的地の住所を書いて見せれば連れて行ってもらえる

□エコバッグ

台湾のコンビニやスーパーはレジ袋が有料なのでエコバッグは必需品。また、おみやげで荷物が増えたときのサブバッグとしても活用できる

□ペタンコシューズ

街歩きには、歩きやすい靴がイチバン。新しいものではなく、足になじんだペタンコシューズやスニーカーで出かけよう

□折りたたみ傘

季節によっては突然雨に見舞われる台北。冬も雨が多い。コンパクトで軽い折りたたみ傘をバッグに入れておくと安心

機内手荷物のアドバイス

台北までは短時間のフライトだけど、乾燥対策用の乳液（1〜2回分のサンプルがベスト）、肌寒いときに必要なはおり物やストールがあれば安心。また、台北線にはにぎやかな乗客が多いので耳栓、そしてつい忘れがちな入出国カード記入のためのボールペンなどをバッグに入れておきたい。

機内持ち込み制限についての詳細はP.176をチェック！

基本の持ち物チェックリスト

貴重品

□パスポート
残存有効期間は要チェック！
→P.11
□航空券（e-チケット）
□ホテル予約確認書
□海外旅行保険証書
□現金（円）
□クレジットカード

洗面用具など

□シャンプー類
□化粧品
□歯磨きセット
□タオル
□マスク
□除菌シート

衣類

□カジュアルな服
□靴下　□下着
□パジャマ
□水着（温泉に行くなら）

その他

□カメラ　□スマホ
□常備薬　□雨具
□虫除けスプレー
□生理用品
□電池・充電器

 真夏に台北を旅するときは、サングラスと帽子を必ず持参します。暑さと日ざし対策は万全に。（長野県・みよこ）

知って楽しい！台湾の雑学

アジアの大都会、台北。一見すると東京とそれほど違わない印象をもつかも。
でも、訪れる前に少しだけ勉強していくと、台北の町をより深く楽しめる！
基礎知識を仕入れておいて、現地の人とコミュニケーションをとれば、
距離もぐっと縮まるはず。

台湾の基礎知識メモ

正式国名	中華民國(台湾) Republic of China (Taiwan)	人口	2337万人（台北市 250万人）
国旗	赤地に青、白の太陽と「青天白日満地紅旗」		
国花	梅	面積	約3万6000k㎡（台北市 約271.8k㎡）
国歌	中華民國国歌		
首都	台北	政体	民主共和国
元首	賴清德（ライ チントー） 総統		
民族	漢民族98%、原住民16族2% ※本書では、台湾の少数民族を尊重し、台湾で呼称されている「原住民」という言葉を使用しています。		
宗教	仏教、道教、キリスト教など		

台湾の太陰暦祝日

台湾は太陽暦（新暦）と太陰暦（旧暦、農歴）を併用。
太陰暦による祝日は毎年日にちが変わるので要注意！

台北Sale情報
ターゲットは「週年慶」！

台北のデパートでは、毎月のようにバーゲンセールを開催。母の日、バレンタイン、端午節、中元、中秋節……、各行事や記念日などが近づくとデパートに限らず、スーパーや路面店の店頭にも「Sale！」の文字が躍る。中でも見逃せないのが「週年慶（開店記念日セール）」。台湾にある全デパートで9〜12月の間に10日間ほど開かれるバーゲンで、割引率は10〜50%オフ。デパート内の全商品がセール対象になり、オマケ付きだったり、買い物額に応じて商品券がもらえたり、と特典も付くので店内は激込み、試着室やレジには長い行列ができる。このセールを皮切りに、台湾は長期バーゲンシーズンに突入。年末バーゲン、年始バーゲン、旧正月バーゲンへと続いていく。

3大節って何？

春節（旧正月）

旧暦の1月1日から3日。この期間は、公共機関をはじめ、店もほとんどが休業。大晦日は「除夕」と呼ばれ、家族が集まって夕食を食べる習慣がある。

端午節

旧暦5月5日。中国古代の詩人、屈原が入水自殺した日。ちまきを食べて、屈原の魂を鎮める。毎年開催されるドラゴンボートレースが見もの。

中秋節

旧暦8月15日。1年で最も美しい月が見られるといわれる。月餅を食べ、月を観賞する。

このほか、お正月のお祝いシーズンをしめくくる「元宵節」、家族全員で祖先をお祀りする「清明節」、中華民国の建国記念日「国慶節（雙十節）」などがある。

毎年元宵節に平溪で開かれる天燈祭

「8折」ってどういう意味？

バーゲンセール時期になると店頭に「8折」、「5折」などと書いた紙がはりだされる。これは割引率を表示したもので、例えば、通常価格より1割引なら「9折」、2割引なら「8折」、3割引なら「7折」となる。バーゲンの最終時期には、「3折」（7割引）なんていう商品が登場することも。「折」の字に注目です！

台湾のレシートは宝くじ付き！

台湾で発行されるレシート（統一發票）には8桁の宝くじ番号が書かれていて、奇数月の2日に当選番号が発表される。当選最大金額は1000万元。当選した場合はパスポートとレシートを郵便局に持参して換金する（外国人でもOK）。最近は「電子發票證明聯（電子レシート）」を発行するところが増加。レシート右側のQRコードで買い物明細、左側のQRコードで宝くじ番号などの情報が見られる。
URL invoice.etax.nat.gov.tw

暑い時期、袖なし＆サンダルで町歩きをすると蚊に刺される危険性が高まるので要注意。虫除けグッズやかゆみ止めを持ち歩こう。

台湾入出国かんたんナビ

日本から3〜4時間のフライトでふわりと台北にランディング。
ドキドキ、ワクワク、いよいよ台北旅がスタート！空港でのアレコレをご紹介します。

1 台北到着

飛行機で台北に到着したら、まずは検疫カウンターを通り、入国審査（入國審査／IMMIGRATION）のブースへ向かおう。

↓

2 台湾入国審査

日本人は「持非中華民國護照旅客」という表示がある外国人専用カウンターへ進む。パスポートと機内で記入した入国カードを審査官に提示。指紋採取と顔写真撮影をし、入国スタンプを押してもらう。

↓

3 荷物受け取り

案内板で搭乗便の表示があるターンテーブルへ向かう。搭乗時に預けた荷物を受け取る。

↓

4 税関審査

申告するものがない場合は緑のカウンター、ある人は赤のカウンターで申告。免税で持ち込めるものは右記の表でチェックを。

↓

5 到着ロビー

ツアーの場合、現地ガイドが名前を書いたボードを持って待っている。個人旅行者は、交通手段を確認し、市内へ。

台湾元への両替

桃園国際空港のターミナル1と2には、いずれも入国審査エリアと到着ロビーに両替業務を行う銀行がある。手数料は、1回につき30元としている銀行が多い。クレジットカードをメインに支払いに使う予定の人も、とりあえず市内までの交通費程度は両替しておこう。

入国カードの記入例

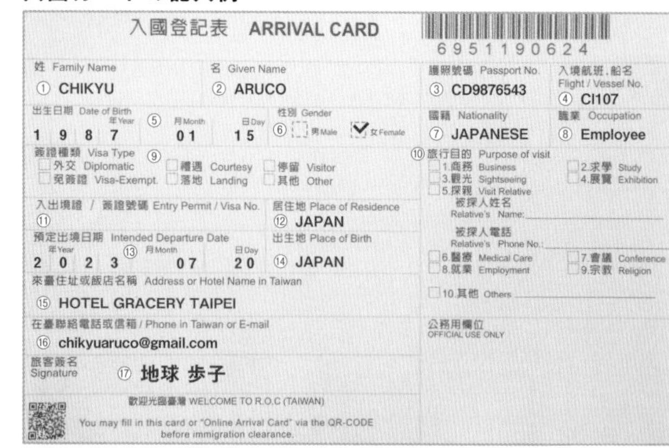

入國登記表 ARRIVAL CARD

6951190624

姓 Family Name ① CHIKYU
名 Given Name ② ARUCO
護照號碼 Passport No. ③ CD9876543
入境航班.船名 Flight / Vessel No. ④ CI107
出生日期 Date of Birth ⑤ 年Year 1987 月Month 01 日Day 15
性別 Gender ⑥ 男Male ☐ 女Female ☑
國籍 Nationality ⑦ JAPANESE
職業 Occupation ⑧ Employee
簽證種類 Visa Type ⑨ ☐外交 Diplomatic ☐禮遇 Courtesy ☐停留 Visitor ☐免簽證 Visa-Exempt. ☐落地 Landing ☐其他 Other
⑩旅行目的 Purpose of visit ☐1.商務 Business ☐2.求學 Study ☐3.觀光 Sightseeing ☐4.展覽 Exhibition ☐5.探親 Visit Relative 被探人姓名 Relative's Name: 被探人電話 Relative's Phone No.: ☐6.醫療 Medical Care ☐7.會議 Conference ☐8.就業 Employment ☐9.宗教 Religion ☐10.其他 Others
入出境證 / 簽證號碼 Entry Permit / Visa No. ⑪
居住地 Place of Residence ⑫ JAPAN
預定出境日期 Intended Departure Date ⑬ 年Year 2023 月Month 07 日Day 20
出生地 Place of Birth ⑭ JAPAN
來臺住址或飯店名稱 Address or Hotel Name in Taiwan ⑮ HOTEL GRACERY TAIPEI
在臺聯絡電話或信箱 / Phone in Taiwan or E-mail ⑯ chikyuaruco@gmail.com
旅客簽名 Signature ⑰ 地球 歩子
公務用欄位 OFFICIAL USE ONLY
歡迎光臨臺灣 WELCOME TO R.O.C (TAIWAN)
You may fill in this card or "Online Arrival Card" via the QR-CODE before immigration clearance.

①姓（ローマ字） ②名（ローマ字） ③パスポートNo. ④航空便名 ⑤生年月日 ⑥性別 ⑦国籍 ⑧職業（会社員：Employee など） ⑨ビザのタイプ ⑩旅行の目的 ⑪ビザNo.（⑨、⑪はビザを取得した場合のみ） ⑫居住地 ⑬台湾出国予定日 ⑭出生地 ⑮台湾滞在中の住所（ホテル名など） ⑯台湾での電話番号かメールアドレス ⑰パスポートと同じサイン
※2023年6月現在、入国カードは縦型から横型に移行中です。

オンラインで入国カードを提出

事前にオンラインで入国カードを提出すれば、機内で記入する手間が省ける。
URL niaspeedy.immigration.gov.tw/webacard/
入国の際は審査官にパスポートを渡し、「オンライン」と伝えればOK。

リチウムイオン電池について

スマホ用充電バッテリーやパソコン、カメラなどの予備バッテリー「リチウムイオン電池」は機内預け荷物に入れるのは禁止。機内持ち込みにしよう。ただし、160Whを超える電池は機内預け・持ち込みとも不可。

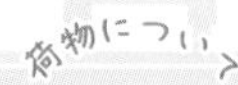

荷物について 機内持ち込み制限

チャイナエアラインの場合、W36cmxH56cmxD23cm以内、重さが7kg以内。ひとり1個のみ持ち込みが可能。100mℓ以上の液体物は持ち込み禁止（出国手続き後の免税店で購入されたものを除く）。液体物は事前に機内預け荷物の中に入れて、カウンターに預けること。薬など必需品はジッパー付きの1ℓ以下の透明プラスチック袋に入れられている場合のみ持ち込みOK。刃物類の持ち込みは不可。機内預け荷物については利用する航空会社の公式サイトで確認を。

台湾入国時の免税範囲

品名	内容
たばこ	20歳以上1人紙巻たばこ200本、葉巻25本またはたばこ製品1ポンド（454g）まで
酒	18歳以上1人1ℓ以内
外貨	1万US$相当以下
台湾元	10万元以下
有価証券	1万US$相当以下

※肉製品の持ち込みは禁止。最高100万元の罰金が科せられる

台北へのフライト

日本各地からチャイナエアライン、エバー航空、スターラックス航空、キャセイパシフィック航空、日本航空、全日空、スクート航空、ジェットスター・アジア航空、ジェットスター・ジャパン、ピーチ・アビエーション、タイガーエア台湾などが運航。所要約1時間30分〜4時間。

 LCCの多くは機内持ち込み荷物が7kgだけどタイガーエアは10kg。3kgの差は大きく、おみやげ買っても大丈夫だった！（静岡県・羽奈）

台北から日本へ

1 税金還付制度（TRS）手続き

税金還付制度を利用する人は、「海關及外籍旅客退税服務台 Foreign Passenger VAT Refund Service Counter」へ行き、パスポート、航空券（e-チケット控え）、申請表、購入品、レシートを提示して還付を受ける。

↓

2 搭乗手続き（チェックイン）

航空会社のカウンターで航空券（e-チケット控え）とパスポートを提示し、機内預け荷物を託す。クレームタグと搭乗券を受け取る。

↓

3 セキュリティチェック

機内持込荷物の検査とボディチェックを受ける。ドリンクなど液体のものは没収される。

↓

4 台湾出国審査

出国審査のカウンターへ向かい、係官にパスポートと搭乗券を提示し、パスポートに出国スタンプを押してもらう。

↓

5 搭乗

出国エリアには免税店やレストラン、カフェなどがある。台湾元が残っている場合は、銀行で再両替が可能。買い物や食事をしていて、搭乗時間に遅れないように。早めにゲートに向かおう。

↓

6 帰国

機内で配布される「携帯品・別送品申告書」を記入。別送品がある場合は2枚必要。日本の空港の税関審査で提出した後、到着ロビーへ。入国手続オンラインサービス（Visit Japan Web）で事前に税関申告をウェブで行うことができる。

URL vjw-lp.digital.go.jp

出国するときはおみやげに注意！

国外持ち出し許可書のない骨董品や違法コピーのCD、DVD、本などは台湾からの持ち出し禁止。気をつけたいのは、肉類。小籠包や肉まんといった肉加工製品は、台湾から持ち出せても日本へ持ち込むことはできない。また、ほとんどのナマの果実も日本への持ち込み禁止。おいしいものはお腹と写真に収めてガマン。

携帯品・別送品申告書記入例

A面

（A面）

日本国税関
税関様式C第5360号

携帯品・別送品申告書

下記及び裏面の事項について記入し、税関職員へ提出してください。
家族が同時に検査を受ける場合は、代表者が1枚提出してください。

搭乗機（船）名	CI106	出発地	台北
入国日	2024年04月01日		
氏名	フリガナ チキュウ　アルコ 地球　歩子		
現住所（日本での滞在先）	〒141-8425 東京都品川区西五反田2-11-8 電話 03（1234）5678		
職業	会社員		
生年月日	1987年01月15日		
旅券番号	CD9876543		
同伴家族	20歳以上 0名	6歳以上20歳未満 0名	6歳未満 0名

※ 以下の質問について、該当する□に"✓"でチェックしてください。

1. 下記に掲げるものを持っていますか？ はい いいえ
① 麻薬、銃砲、爆発物等の日本への持込みが禁止又は制限されているもの（B面1. 及び2. を参照） □ ✓
② 金地金又は金製品 □ □
③ 免税範囲（B面3. を参照）を超える購入品・お土産品・贈答品など ✓ □
④ 商業貨物・商品サンプル □ ✓
⑤ 他人から預かったもの □ ✓
＊上記のいずれかで「はい」を選択した方は、B面に入国時に携帯して持ち込むものを記入してください。

2. 100万円相当額を超える現金、有価証券又は1kgを超える貴金属などを持っていますか？ はい □ いいえ ✓
＊「はい」を選択した方は、別途「支払手段等の携帯輸出・輸入申告書」を提出してください。

3. 別送品　入国の際に携帯せず、郵送などの方法により別に送った荷物（引越荷物を含む。）がありますか？
✓はい（　1　個）　□いいえ
＊「はい」を選択した方は、入国時に携帯して持ち込むものをB面に記入したこの申告書を2部、税関に提出して、税関の確認を受けてください。（入国後6か月以内に輸入するものに限る。）
確認を受けた申告書は、別送品を通関する際に必要となります。

《注意事項》
海外又は日本出国時及び到着時に免税店で購入したもの、預かってきたものなど日本に持ち込む携帯品・別送品については、法令に基づき、税関に申告し、必要な検査を受ける必要があります。申告漏れ、偽りの申告などの不正な行為がある場合は、処罰されることがあります。

この申告書に記載したとおりである旨申告します。
署名　地球　歩子

B面

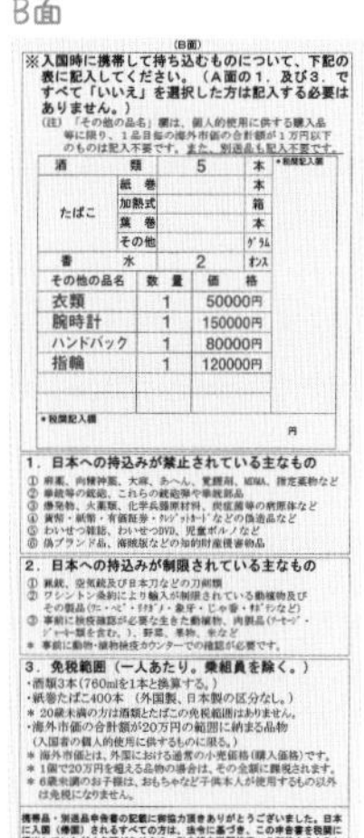

（B面）

※入国時に携帯して持ち込むものについて、下記の表に記入してください。（A面の1. 及び3. ですべて「いいえ」を選択した方は記入する必要はありません。）
（注）「その他の品名」欄は、個人的使用に供する購入品等に限り、1品目毎の海外市価の合計額が1万円以下のものは記入不要です。また、別送品も記入不要です。

酒類		5	本
たばこ	紙巻		本
	加熱式		箱
	葉巻		本
	その他		グラム
香水		2	オンス

＊税関記入欄

その他の品名	数量	価格
衣類	1	50000円
腕時計	1	150000円
ハンドバック	1	80000円
指輪	1	120000円

＊税関記入欄　円

1. 日本への持込みが禁止されている主なもの
① 麻薬、向精神薬、大麻、あへん、覚醒剤、MDMA、指定薬物など
② 拳銃等の銃砲、これらの銃砲弾や拳銃部品
③ 爆発物、火薬類、化学兵器原材料、炭疽菌等の病原体など
④ 貨幣・紙幣・有価証券・クレジットカードなどの偽造品など
⑤ わいせつ雑誌、わいせつDVD、児童ポルノなど
⑥ 偽ブランド品、海賊版などの知的財産侵害物品

2. 日本への持込みが制限されている主なもの
① 猟銃、空気銃及び日本刀などの刀剣類
② ワシントン条約により輸入が制限されている動植物及びその製品（ワニ・ヘビ・リクガメ・象牙・じゃ香・サボテンなど）
③ 事前に検疫確認が必要な生きた動植物、肉製品（ソーセージ・ジャーキー類を含む。）、野菜、果物、米など
＊ 事前に動物・植物検疫カウンターでの確認が必要です。

3. 免税範囲（一人あたり。乗組員を除く。）
・酒類3本（760mlを1本と換算する。）
・紙巻たばこ400本（外国製、日本製の区分なし。）
＊ 20歳未満の方は酒類とたばこの免税範囲はありません。
・海外市価の合計額が20万円の範囲に納まる品物（入国者の個人的使用に供するものに限る。）
＊ 海外市価とは、外国における通常の小売価格（購入価格）です。
＊ 1個で20万円を超える品物の場合は、その全額に課税されます。
＊ 6歳未満のお子様は、おもちゃなど子供本人が使用するもの以外は免税になりません。

携帯品・別送品申告書の記載に御協力頂きありがとうございました。日本に入国（帰国）されるすべての方は、法令に基づき、この申告書を税関に提出していただく必要があります。引き続き税関検査への御協力をよろしくお願いします。

税金還付制度（TRS）とは？

外国籍の旅行者を対象にデパートなどTRS認定店の同一店舗で1日2000元以上買い物をし、90日以内に購入した商品を持って出国する場合、還付金額から手数料14%を差し引いた額が払い戻される。ただし、食品や台湾滞在中に使用する品物は対象外。一般的に購入金額が4万8000元以下なら購入当日に店で受け取れる（要パスポート）。それ以上の場合は、帰国時に空港の税金還付カウンターに出向き、購入店で発行してもらった「還付明細申請表」と品物を提示して手続きを行う。空港に設置されている自動払い戻し機（KIOSK）でも申請が可能。また、税金還付マークが店頭にある認定店では、当日少額の税金還付ができる。

URL www.taxrefund.net.tw　☎0800-880-288

KIOSK ▶

日本入国時の免税範囲

税関 URL www.customs.go.jp

品名	内容
酒類	3本（1本760mℓのもの）
たばこ	紙巻たばこのみ…200本、加熱式たばこのみ…個装等10個、葉巻たばこのみは100本、その他の場合250g
香水	2オンス（1オンスは約28mℓ。オーデコロン、オードトワレは含まれない）
その他	20万円以内のもの（海外市価の合計額）
おもな輸入禁止品目	・麻薬、向精神薬、大麻、あへん、覚せい剤、MDMA ・けん銃等の鉄砲　・爆発物、火薬類 ・貨幣、有価証券、クレジットカード等の偽造品、偽ブランド品、海賊版等

※免税範囲を超える場合は追加料金が必要。海外から自分宛に送った荷物は別送品扱いになるので税関に申告する。

旭川から沖縄まで日本の16空港と台北／高雄を結ぶタイガーエア台湾が開催するセールがお得。メルマガ購読を登録しておこう。

空港から台北市内へ

いよいよ台北に到着。旅がスタートする。
台北の空の玄関口は台湾桃園国際空港と台北松山空港のふたつ。
各空港からのアクセスは所要時間や料金を確認してチョイスしよう。

その1 台湾桃園国際空港に到着

URL www.taoyuan-airport.com

台北から約40km離れた桃園市に位置する。台北市内へのアクセスは、リムジンバスとMRT桃園機場線が便利。リムジンバスは有名ホテル近くに停車するなど利便性が高い。
一方、MRT桃園機場線は、台北車站から直達車で約39分とスピーディに到着できるメリットがある。

1 まずは、両替

台湾桃園国際空港の銀行は、航空便の発着がある限り１年中開いており、24時間対応の窓口やATMもある。市内までの交通費と食事代程度は両替しておくと便利。

↓

2 市内へのアクセスを確認

台北市内へは、①リムジンバス②MRT桃園機場線③タクシー④ホテルリムジンを利用する。各交通手段の特徴（→P.179～）を頭に入れた上で利用するアクセス手段を決めよう。リムジンバスは、宿泊するホテルのロケーションによって利用するバス会社が異なる。ルート図（→P.180）で自分が利用するバスをチェックしよう。

航空会社によってターミナルが違うよ！

●第１ターミナル発着
チャイナエアライン（東南アジア・欧州の各線）、キャセイパシフィック航空、ジェットスター・ジャパン、ジェットスター・アジア航空、スクート航空、スターフライヤー（2024年10月26日まで運休）、スターラックス航空、タイガーエア台湾、ピーチ・アビエーション、バティックエアマレーシア、タイライオンエア、ベトジェットエア

●第２ターミナル発着
チャイナエアライン（アメリカ・カナダ・日本・オーストラリア・中国の各線）、エバー航空、全日空、日本航空

2つのターミナル間の移動

第１と第２、２つのターミナル間の移動手段は３つ。
①スカイトレイン（無料）：6:00～22:00は２～４分間隔、22:00～24:00は４～８分間隔で運行。夜間は利用者が乗車ボタンを押して電車を呼び出す。② MRT 桃園機場線：交通系 IC 利用は無料。運行時間は5:57～24:26。③シャトルバス（無料）：23:01～5:59まで1時間に１～３本運行。

台湾桃園国際空港 第1ターミナル

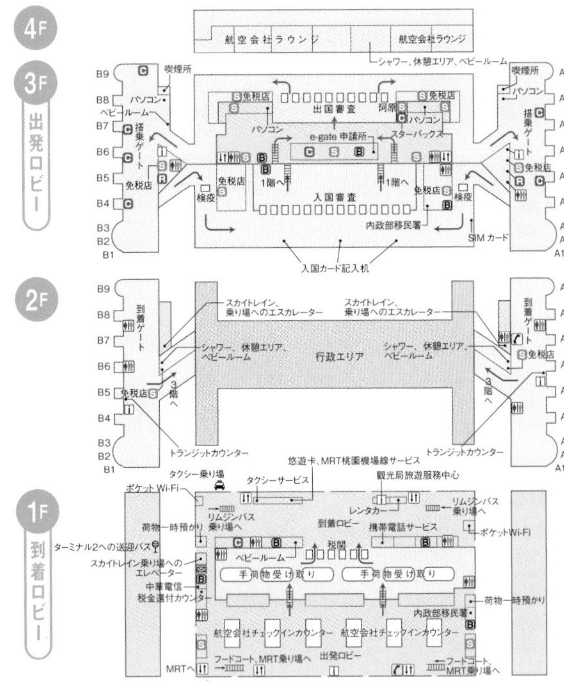

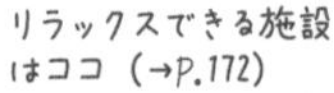

無料で利用できる「休憩エリア」にはソファや充電用コンセントが完備。また、無料のシャワー室も点在。気軽にリフレッシュ！

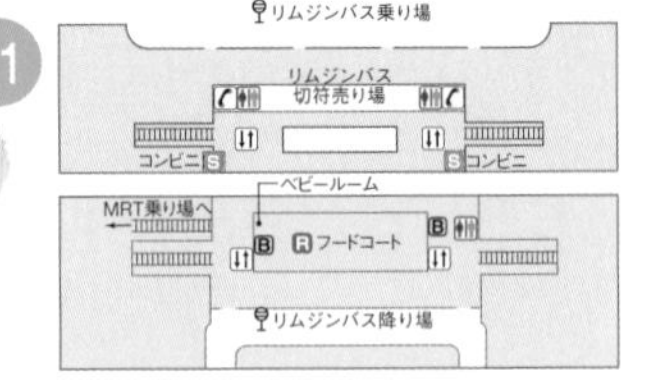

 桃園空港第２ターミナル５階（北側）にはスタバやコンビニがあって楽しく過ごせた。（岐阜県・syuya）

第2ターミナル

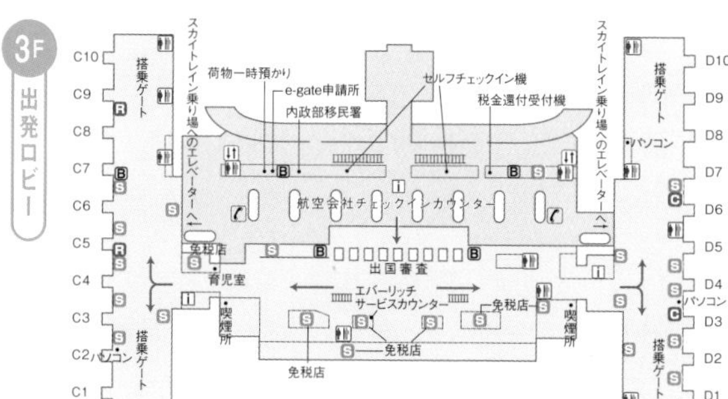

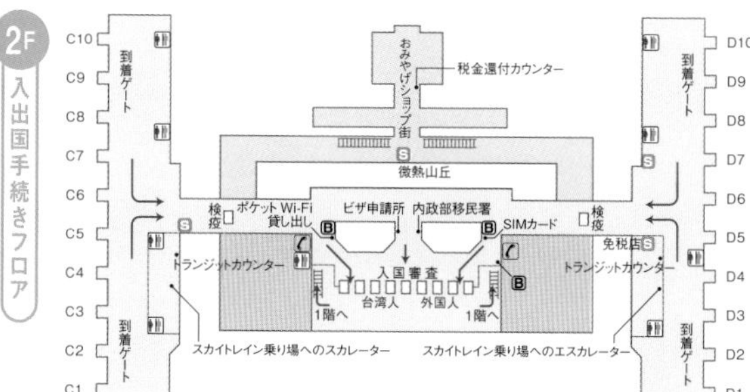

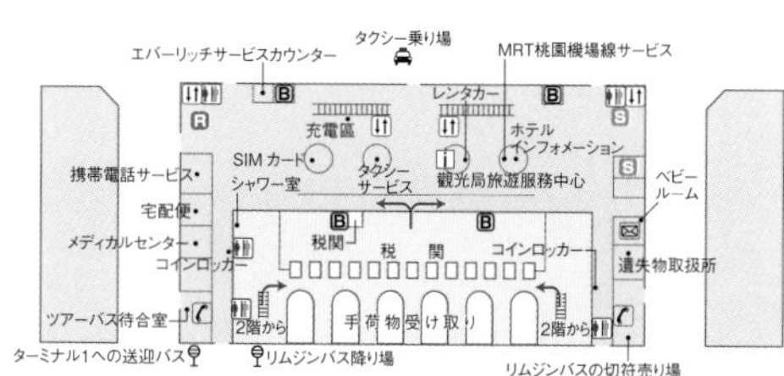

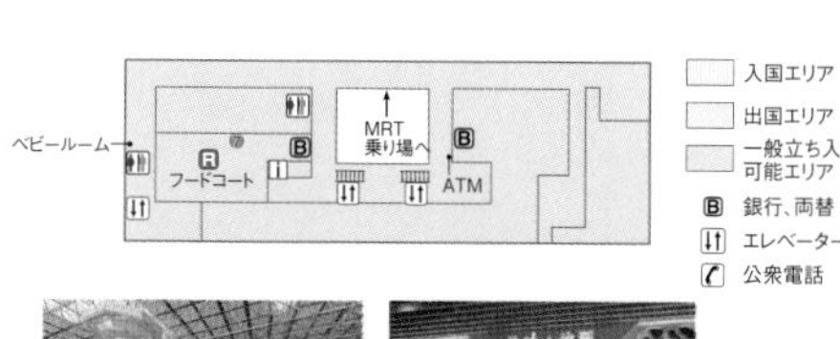

ANA、JALなどが発着する第2ターミナル

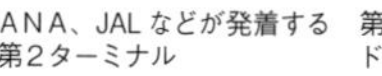
第２ターミナルＢ２のフードコート（→P.172）

＼市内中心部への／

各交通手段の特徴

MRT桃園機場線

桃園国際空港と台北車站を結ぶMRT桃園機場線は、直達車（快速）と普通車（各駅停車）があり、料金は同じ150元。台北車站までの所要時間は、直達車が約39分、普通車は約53分。5:55～23:35の間、いずれも15分間隔で運行。

路線図→別冊P.2

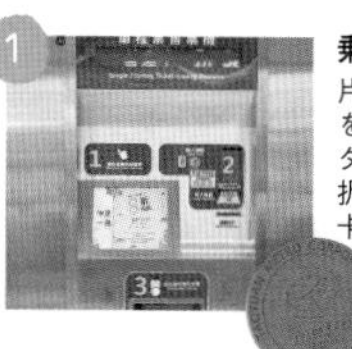

トークンを入手して！

1 乗車券（トークン）購入
片道乗車券（トークン）を自販機で購入。画面をタッチして日本語を選択。自動改札機では悠遊卡も利用可。

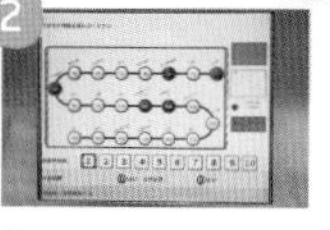

2 日本語対応の自販機
画面をタッチして、目的の駅と枚数を選び、硬貨かお札を入れる。トークンとお釣りが出てくるので受け取る。

3 トークンの使用方法
自動改札機のセンサーにトークンをかざして入場。出場の際は、トークンを自動改札機の投入口に入れる。

インタウン・チェックイン

MRT桃園機場線の台北車站と新北産業園區站では、搭乗当日の6:00～21:30（新北産業園區站は9:00～16:00）、フライトの3時間前までチェックインが可能。2024年5月現在チェックインできるのは、チャイナエアライン、エバー航空、マンダリン航空、ユニー航空、キャセイパシフィック航空（台北車站のみ）、スターラックス航空（台北車站のみ）、タイガーエア台湾（新北産業園區站のみ）。

駅構内と車内は飲食禁止！

直達車の車内には、荷物置場や充電サービスが。直達車・普通車とも無料Wi-Fiを提供
URL www.tymetro.com.tw

空港から台北市内へ

MRT桃園機場線のサービスセンター☎03-286-8789（6:00～24:00）、遺失物センター☎03-324-1810（12:00～20:00）

各交通手段の特徴

リムジンバス

2024年5月現在、2社が運行している。市内までの所要時間は50～80分。乗車前に下記「リムジンバスルート図」で運行経路を確認し、利用するホテルや駅にアクセスしやすいバスを選ぼう。乗車の際は、空港1階のバス会社カウンターでチケットを購入。帰国時、深夜～早朝のフライトを利用する場合は、台北車站駅近くの國光客運バスターミナル発、早朝から運行されている「1819」番バスを利用しよう。

● 國光客運 URL www.kingbus.com.tw

1819、1843：台北車站行き、松山空港行き、南港轉運站西站行き。

1840、1841、1842：松山空港行き。チケットは車内で購入。

● 大有巴士 URL www.airbus.com.tw

1960：市府轉運站行き。

1961：聯合醫院和平院區行き。

リムジンバス表

会社	行き先	空港発	台北市街発	運行間隔	運賃（交通系ICカード利用時）
國光客運	國光客運台北車站（1819）	0:10～23:30	0:00～23:40	30～140分	159元（159元）
	松山空港（1840,1841）	4:45～22:40	3:30～23:45	30～180分	129/93元（129/93元）
	松山空港（1842）	11:05（大園発）	9:10	1日1本（平日限定）	108元（95元）
	南港轉運站西站（1843）	9:10～17:20	7:10～15:10	1日3本	158元（154元）
大有巴士	1960（市府轉運站）	6:00～24:15	4:40～23:00	60～120分	160元
	1961/1961A（MRT西門站）	5:55～24:30	4:30～22:50	90～120分	110元

台北車站近く、地下街「M2」出口を出てすぐの國光客運バスターミナル

Map 別冊P.17-C1

タクシー

空港と台北市内間のタクシー代金は、メーター料金×1.5に高速代をプラスした料金になる。目安は1500元程度。

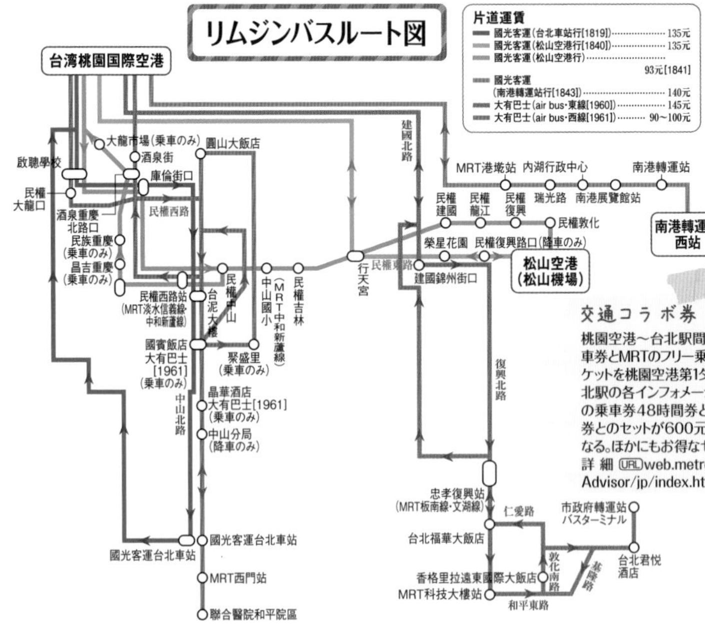

リムジンバスルート図

交通コラボ券

桃園空港～台北駅間のMRT桃園機場線往復乗車券とMRTのフリー乗車券をセットにしたお得なチケットを桃園空港第1ターミナル、第2ターミナル、台北駅の各インフォメーションデスクで販売中。MRTの乗車券48時間券とのセットが520元、72時間券とのセットが600元。別々に購入するより割安になる。ほかにもお得なセット券が用意されている。

詳細 URL web.metro.taipei/QRCode/Ticket_Advisor/jp/index.html#metroOutlink

MRT台北車站からMRT桃園空港線の台北車站までスーツケースを引いて歩くと、10分近くかかるので注意が必要。（埼玉県・香織）

その2 台北松山空港に到着

URL www.tsa.gov.tw

台北市内に位置し、MRTの松山機場站がターミナルビルの前にある。荷物が多い場合はタクシー利用がおすすめ。MRT・タクシーどちらも、町の中心部まで10〜15分程度で出られる便利なロケーション。

1 まずは、両替

荷物をピックアップしたところに銀行の両替窓口がある。また、到着ロビーにも両替窓口が設けられている。また、ロビーには現地通貨をキャッシングできるATMも設置されている。

2 市内中心部へのアクセスを確認

市内へのアクセス手段は、①MRT文湖線（20〜55元）②市内バス（15元〜）③タクシー（85元〜）の3通りある。スーツケースなど大きな荷物がある場合、最も利用しやすいのはタクシー。市内中心部まで10〜15分ほどで出られる。また、桃園国際空港、基隆や新竹など近郊へ向かう長距離バスも運行されている。

台北松山空港

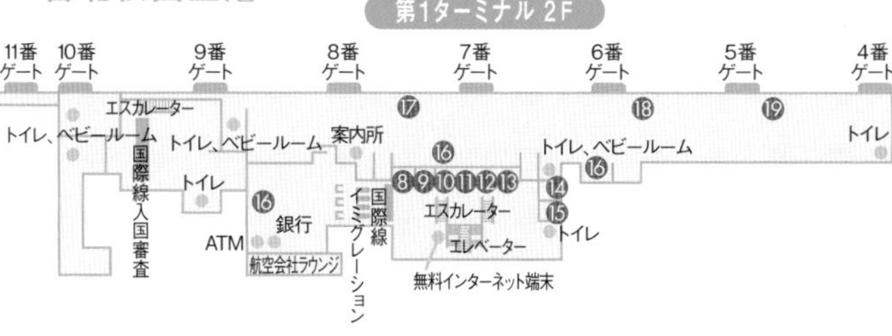

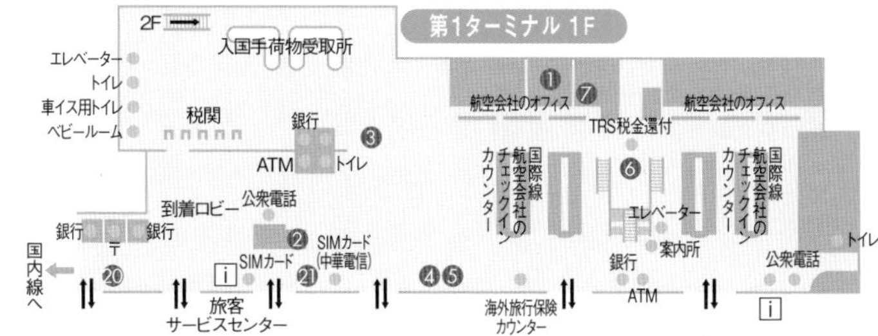

飲食及びショッピング・サービス

①7-11、康是美 ②SUBWAY ③コインロッカー ④手信坊 ⑤新東陽 ⑥麥記正宗港式燒臘 ⑦救護室、動植物検疫カウンター ⑧スターバックス ⑨新東陽 ⑩裕珍馨 ⑪郭元益 ⑫王德傳茶莊 ⑬品川蘭 ⑭大心 ⑮翰林茶館 ⑯昇恆昌免稅商店 ⑰好饗廚房 ⑱松禮舖 ⑲Wing Cafe ⑳C' airshop 飛機場 ㉑荷物宅配（台湾内）

税金還付制度（TRS）手続きはココ！

＼台湾出国時／

空港や港に設置されている「海關出境及外籍旅客退稅服務台（外国人旅客税還付カウンター）」。台北松山空港は第１ターミナル１階出発ロビーに、桃園国際空港は第２ターミナル２階、第１ターミナル１階に設置されている。

利用価値大！ 便利なサービス

松山空港の１階には、コインロッカーがあり、スーツケースなどを預けられる。旅の最終日が午後便の場合、早めに空港へ行ってロッカーに荷物を預けて松山エリアのカフェやショップへ出かけるというプランもおすすめ。また、ドラッグストア「康是美」とセブンイレブンの複合店（→P.172）がある。帰国直前のバラマキみやげ探しにもってこい。市中のセブンイレブンよりおみやげ向け商品が充実。再両替するほどでもない残り少ない台湾元をここで使い切っては？

「悠遊卡」はバスの運賃が自動的に割引になるし、コンビニでチャージもできてホントに便利！

台北市内交通

台北は、MRTとバスが２大公共交通機関。プラス、タクシーを上手に活用すれば、行動半径が大きく広がる。各交通機関の特徴と使い方をご紹介。めざせ、台北街歩きの達人！

MRT　台北捷運

路線図→別冊P.2

台北市を東西南北に路線が走る鉄道交通システム、台北大衆捷運系統（通称「捷運」）＝Mass Rapid Transit、略称MRT）。運行本数も多く、渋滞に巻き込まれることもない。旅行者にとって最も利用しやすい交通手段。運行時間は6:00～24:00頃。平日の7:00～9:00と17:00～19:30は混雑する。１日フリー乗車券やICカードは旅行者も利用価値が高い。MRTを上手に乗りこなせれば行動半径がぐっと広がる。基礎知識をチェックしたら、別冊P.2の路線図をしっかりチェックして乗り込もう！URL www.metro.taipei

MRTのフリーwi-Fi

MRTの全131駅や列車内などで無料Wi-Fiサービスを展開。アクセスポイントの識別名は「TPE-Free」。ログイン画面をクリックして接続し、1回につき30分間利用できる。使用回数の制限はない。中山地下街や東區地下街、猫空ロープウエイでも提供されている。

乗車券

単程票（ダンチェンピアオ）

片道切符。運賃は、乗車区間によって20～65元。改札口付近に並んでいる自動券売機（售票機）で購入する。券売機には、購入手順が１、２、３とNo.で表示されているので、それに従って操作を行う。手順は次のとおり。

1. 券売機上部にある料金表「售票圖」で目的地までの運賃を確認。確認した運賃ボタン「票價選擇」を押す。
2. 「投幣口」にコインまたは紙幣を入れる。
3. 「出幣口」から切符にあたる「トークン」（専用コイン）が出てくる。

▲トークン

プラスチック製のトークンは磁気式で、有効時間が決まっている。乗車駅で改札を通ってから下車駅で回収されるまでは２時間、同じ駅で改札を出入りする際は15分。時間オーバーした場合の追加料金は20元。

夜間婦女候車區

ホームに設けられている「夜間婦女候車區」。足元にこの表示があるあたりには、夜間でも防犯カメラが稼働している。

一日票（イーリィーピアオ）

１日乗り放題券。猫空ロープウェイ以外のMRTの全路線が購入当日にかぎり、乗り降り自由。購入は、駅のインフォメーション「詢問處」で。価格は1枚150元。改札の「悠遊卡」マークがある部分にタッチすれば通過できる。
URL m.metro.taipei/jp/ticketinfo.asp

悠遊卡（ヨウヨウカー）／EASY CARD

JR東日本のSuicaやJR西日本のICOCAなどと同様の交通系ICカード。改札でタッチするだけで乗降ができ、チャージも可能。まず、ICカード（晶片悠遊卡）は1枚100元を購入する。購入時は、チャージ金額が0なので、使う前にチャージが必要。チャージは、駅の加値機、駅のインフォメーションセンター（旅客詢問處）、悠遊卡マークのあるセブンイレブン、ファミマ、ハイライフ、OKマートなどでできる。チャージした残金の払い戻しの手続きは、下記の「悠遊卡公司客服中心」へ。ただし、購入後3ヵ月以内または使用回数5回未満なら返金手数料20元必要。カードは買い取り制のため払い戻しはできない。

【悠遊卡有限公司客服中心】
・市府轉運站1階（MRT板南線「市政府」站2番出口よりすぐ）
火～金11:30～19:30、土・祝10:00～17:00
URL www.easycard.com.tw

悠遊卡はココでGET！

- MRT各駅の自動販売機/加値機
- MRT各駅のインフォメーションセンター（詢問處）
- 「悠遊卡」のステッカーが貼られているコンビニ（セブンイレブン、ファミマ、ハイライフ、OKマート）

MRTの
車内は飲食厳禁。
飴やガムも禁止。水を
ひと口飲むのもダメなので、
うっかり口にして
しまわないよう注意!!

禁止飲食
No Eating or Drinking
注意しよう！

ICカードは「悠遊卡」のほか、「一卡通」「愛金卡」がある。購入＆チャージも悠遊卡と同じ。（東京都・台北通）

バス Bus 公共汽車

台北市内のほとんどを網羅している市バス。路線も多く安くて便利だけど、ちょっと予備知識が必要。「大臺北公車」公式サイトやアプリ「台灣公車通」で事前にルートをチェックしてバス旅にトライ！ URL ebus.gov.taipei

バスの乗り方かんたんナビ

① バス停を探す

同じ停留所であっても、路線によってバス停の位置が違っていることがあるので、要注意。

② 小銭もしくは悠遊卡を用意する。

おつりは出ないので小銭または悠遊卡（→P.182）を用意しておこう。
悠遊卡などのICカードは乗車と降車時にカードリーダーにタッチする。
なお、1時間以内にMRTから路線バスに乗り継ぐと4～8元の割引あり。

③ バスを停めて乗車

乗りたいバスが近づいてきたら、手を挙げて乗車の意思を示す。運賃は、入口付近にある集金箱へ。

④ 降車

目的地に近づいたら降車ボタンを押す。
降車時にも悠遊卡をカードリーダーにタッチする。

運賃システムは？

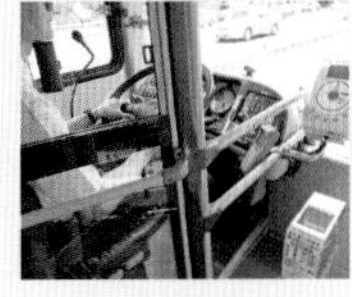

バス路線を大きく3ブロック（段）に分け、段をまたがって乗車すると、2段分または3段分の運賃を適用。1段票で一律15元。距離に応じて2段票30元、3段票45元。

運賃（現金）の支払い方は？

バスにより乗車時に運賃を支払う「上車收票」と降車時に支払う「下車收票」の2通りがある。乗車したらまず運転席後ろの電光掲示板をチェックして、「上車收票」か「下車收票」か表示を確かめて。長距離の場合は、乗車時に支払っていても、途中で「下車收票」と表示が変わる路線がある。この場合は、降車時に15元（1段票）または30元（2段票）支払う。先に段をまたぐことがわかっている場合は、先に30元を支払い、運転手から「段號證」という札を受け取り、降車時に札を運転手に返すシステムを取っている路線もある。

オープントップバスで楽々観光も！

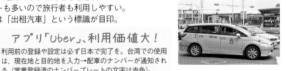

台北の主要観光スポットを回る、乗り降り自由のバス。紅線（7便）、藍線（5便）がある。乗車券330元～。詳細は URL www.taipeisightseeing.com.tw

タクシー Taxi 計程車

MRTの駅から離れているお店へ行くときや荷物が増えてしまったときなど、タクシーが便利。日本より安く、流しのタクシーも多いので旅行者も利用しやすい。
イエローの車体に屋根に載せた「計程車」または「出租汽車」という標識が目印。

アプリ「Uber」、利用価値大！

利用前の登録や設定は必ず日本で完了を。台湾での使用は、現在地と目的地を入力→配車のナンバーが通知される（営業登録済のナンバープレートの文字は赤色）。

タクシーの乗り方かんたんナビ

① 乗車方法

日本と同様、フロントガラス上部に「空車」と表示されたタクシーを見つけたら、手を挙げて乗車の意志を伝える。日本語や英語はあまり通じないため、行き先の名称と住所を漢字で大きく書いて見せるといい。「後部座席のシートベルト着用」が義務化されており、従わなかった場合、一般道路1500元、高速道路3000元以上6000元以下の罰金が乗客に科される。乗車したらすぐシートベルトを着けよう。

② 料金システム

メーター制（台北市）。初乗りは1.25㎞まで85元。以降200mごとに、または時速5㎞以下の場合は60秒ごとに5元ずつ加算。チップは不要。後部トランクに荷物を入れた場合、原則として＋10元。23時から翌6時の間は、夜間料金として＋20元。旧正月期間も＋30元。

③ チャーター利用価値大

1時間500元、7時間で4000元前後が目安。走行距離や待ち時間により金額が変動。料金は事前に交渉し、決めた料金は必ず紙に書いてもらっておこう。

自転車で台北の街をエコ移動「YouBike」

台北市政府交通局と台湾を代表する自転車メーカーのGIANTが協力して開始した自転車シェアリングサービス「YouBike」。会員登録には悠遊卡（→P.182）と台湾の携帯電話番号が必要となるが、旅行者はICチップ付きのクレジットカード（VISA、Master、JCB）で利用できる。いずれも「YouBike2.0」というアプリが必要。アプリの「Login/Register」から「Single Rental」をタップ→認証コード入力→クレジットカード情報を入力する。登録から5日間有効。利用料金は4時間以内なら30分ごとに10元。4時間を超えると毎30分以内に20元が加算される。借用場所と返却場所は自由に選べる。

悠遊卡（→P.182）やクレジットカード、LINE Payで支払いができるタクシーも増えてきている。

旅の便利帳

お金、通信、マナーなど、台北を旅するのに知っておきたいインフォメーションを集めてご紹介。これだけおさえておけば、安心して台北へ旅立てるはず。

お金

台湾の通貨は、国際的に新台幣・NT$（ニュー・タイワン・ドル）と呼ばれている。単位は、「元」だが紙幣や硬貨には「圓」と表示。紙幣は100、200、500、1000、2000元の5種類、硬貨は1、5、10、20、50元の5種類。

100元

200元

500元

1000元

2000元

1元

5元

10元

20元

50元

クレジットカード スマホ決済

VISA、Masterなど国際ブランドのクレジットカードは、ホテルや飲食店、コンビニ、スーパーなどで使え、タッチ決済ができる店も増えている。桃園空港MRTは、タッチ決済可能なクレカで乗車OK（→P.15）多額の現金を持ち歩くのはリスクが高いので、両替は最小限にとどめてクレカで支払うのがベター。台湾で使われているスマホ決済のトップはLINE Pay。LINE Payを国際クレジットカードと連携させ、LINEアプリ内でサービス利用国を「台湾」に変更すると使えるが正式にサポートされていないため、使用できないこともある。また、使用時はネット回線への接続が必要。

両替 ATM

外貨両替は、空港内の銀行で行うと手数料（30元）がかかるのが一般的。市内の銀行は手数料を徴収する銀行としない銀行があり、レートも異なる。なお、台北駅構内など、一部の郵便局も両替を行っている。銀行や郵便局ではパスポートが必要で時間もかかりがちなので、2〜3日の滞在であれば空港で両替しておくのがおすすめ。また、国際ブランドのクレカであれば、空港や駅に設置されているATMで台湾元をキャッシングできる。旅に出る前に海外利用限度額とICカードの場合はPIN（暗証番号）をカード会社に確認しておこう。利用の際は金利には留意を。

電話

台湾の公衆電話は「公共電話」と呼ばれる。硬貨投入式のほか、悠遊卡やiPASSなどのICカードやクレジットカードが使用可能な電話機もあり、国際電話もかけられる。町なかではあまり見かけなくなっているが、空港や駅などには設置されている。

P.185の「スマホ」欄にも記述しているが、SIMフリーのスマートフォンであれば、台湾のSIMカードに入れ替えることで使用可能。SIMカードには台湾の電話番号が付き、台湾内で電話が使用できる。たとえば「ネット3日間＋通話料100元」のSIMカードなら、100元分までは通話が可能。台湾の電話番号があれば、悠遊卡などのICカードをYouBike（→P.183）用に登録して使えるというメリットもある。

日本から台北へ

国際電話会社の番号 **0033/0061** ＋ 国際電話識別番号 **010** ＋ 台湾の国番号 **886** ＋ 相手先の市外局番の **最初の0をとった番号**

※台北の市外局番は（02）

台北から日本へ 東京03-1234-5678にかける場合

国際電話識別番号 **002 009** ＋ 日本の国番号 **81** ＋ 市外局番・携帯電話の最初の「0」は取る **3-1234-5678**

現地での電話のかけ方

- 市内への電話は　そのままプッシュする（市外局番は不要）
- 市外への電話は　（　）内の番号を0を含めてプッシュする

 久しぶりに台北を訪れたらタッチ決済可能な店が増えていて便利だった。（大阪府・詩織）

電源電圧

台湾の電圧は110V・60HZ。100Vの日本製電化製品は多少負担がかかるが、そのまま使えることが多い。心配な人は変圧器を使用すると万全。また、コンセントのプラグの形状も日本と同じ。スマートフォンやデジカメ、パソコンなどのデバイスの充電器は、海外対応の場合が多いので確認を。

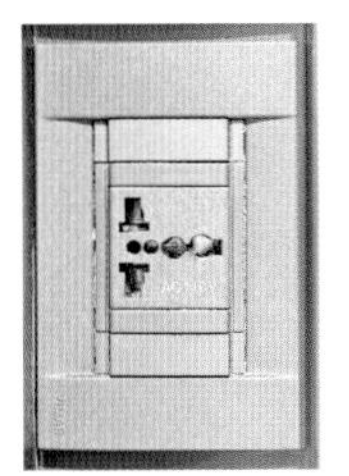

スマホ

旅の必須アイテム、スマホ。Wi-Fiルーターをレンタルするか、SIMフリースマホであれば台湾の空港でSIMを購入すれば、日本と同様に使用できる。台湾の大手通信会社は、「中華電信」「台湾大哥大」「遠傳電信」の3社があり、料金は利用日数で異なり、3日間300元と3社とも変わらない。通信会社のカウンターでSIMの交換も行ってくれる。また、ドコモのahamoと楽天モバイルであれば、SIMの入れ替えなしで国際ローミングが利用できる。ahamoのデータ通信容量は月間20GBで海外滞在時に利用したデータ量も20GB内にカウントされ、追加料金は不要。楽天モバイルは2GBまで無料。

Wi-Fi

台北のホテルやレストランカフェなどは、多くがフリーWi-Fiを提供している。パスワードを教えてもらうだけで接続できるフリーWi-Fiが普及していて便利だ。台湾政府が提供する登録不要の無料Wi-Fiサービス「iTaiwan」は、ネットワークに接続すればすぐ利用可能。詳細は公式サイトで確認。URL itaiwan.gov.tw

禁煙 電子たばこ

台湾は、3人以上いる屋内はすべて禁煙。歩きたばこ、妊婦の喫煙、妊婦や3歳児未満の子どもがいる部屋での喫煙等も法律で禁止されている。屋内で喫煙できるのは、喫煙室など空調が整った施設のみ。また、電子たばこと加熱式たばこの使用も持ち込みも禁止。違反者には、5万～500万元の罰金が科される。

水

台湾の水道水は硬水なので、そのままでは飲めない。飲料用には、ミネラルウォーターがおすすめ。コンビニなどで多種類のミネラルウォーターが販売されている。また、ペットボトル入り無糖台湾茶各種も売られている。ホテルの客室には、湯沸かしポットやティーバッグやコーヒーなどが用意されていることが多い。

郵便

日本への国際郵便は、エアメールの場合、ハガキが10元、封書が10gまで13元（10g増すごとに＋9元）、小包（航空便）は、0.5kgまで425元、1kgまで480元、以下0.5kgまでごとに55元を加算。日本までは5～7日間。郵便局の営業時間は8:30～18:00(月～金)、9:00～12:00(土)。ポストは赤は速達と国際郵便用、緑が台湾国内普通郵便用。EMS（書類）は、250gまで240元、500gまで340元。

トイレ

台湾ではトイレのことを「廁所」「洗手間」、公衆トイレは「公廁」と呼ぶ。最近はトイレットペーパーを流せる公共トイレが増えつつあるが、備え付けのゴミ箱に捨てるトイレもまだ残っている。常時ティッシュ持参が安心。町歩きの際は、ホテルやデパートのトイレがおすすめだが、トイレを利用できるセブンイレブン（看板に表示あり）が増加中。MRTの駅にもトイレがある。

台湾旅行に便利なアプリ

乗換案内台北

日本語対応のMRT乗り換え案内。到着時間や乗車時間、乗り換え回数、運賃を検索可能。

台湾大車隊55688

台湾最大のタクシー会社「台湾大車隊」の配車サービスアプリ。対応言語は中国語と英語。

台鐵e訂道

台湾鉄道のチケットを購入できる。予約から発券（チケットレス）までアプリで可能。

Googleマップ

地図アプリは台北でも大活躍。地図をダウンロードしておけばオフラインでも使える。

Google翻訳

手書きや音声での入力もできる翻訳アプリ。カメラ入力機能を使えばメニュー解読も一瞬。

Carrency

オフライン対応の外国通貨換算アプリ。リアルタイムで台湾元のレートが確認できる。

「LINE」は台湾でユーザーが多く、多くの飲食店がLINEから予約を受け付けている。

旅の安全情報

**台北は治安が良く、女子も不安なく街歩きができる都市。
でも外国であることを忘れずに、少し気をひきしめて。
最後まで楽しく旅を終えるための大事なインフォメーション。**

治安 台北の治安は比較的良好。親日的であるため、日本人にとって安心して旅ができる都市だが、以前より犯罪は増加傾向にある。日本人が台湾で遭遇する事件事故は、毎年平均120件前後。台北で旅行者が遭いやすいトラブルは、スリ、ひったくり、置き引きなど。また、交通量が多くルールも厳守されていないので交通事故にも充分注意。
・外務省 海外安全ホームページ
URL www.anzen.mofa.go.jp

病気・健康管理 グルメシティ台北でつい食べ過ぎて胃腸をこわしたり、衛生状態が万全とはいえない屋台の食べ物で下痢をしたり…。節度のある食べ方をし、胃腸薬や下痢止め、風邪薬など常備薬を忘れずに持っていこう。また、台北は6月から9月頃まで日差しも強く蒸し暑い。日射病や熱射病を防ぐため帽子やサングラスは必需品。疲れたなと感じたらタクシーでホテルへ戻り、休憩をとるようにしたい。

海外旅行保険 旅行中、どんなトラブルに遭遇するかわからないので、出発前に海外旅行保険に加入しておこう。病院やケガで診察を受ける場合、保険に加入していないと高額の医療費が必要となる。また、カメラやスマホの盗難なども補償の対象になるので安心。ウェブで簡単に加入でき、クレジットカード付帯の保険に不足している補償を選択して入れる保険もある。クレカ付帯の保険内容をチェックしておこう。

こんなことにも気をつけて！

エピソード1 夜市はスリ多発地帯！

士林をはじめとする夜市は定番夜遊びスポット。深夜までにぎわっているがスリやひったくりが多いのも事実。持ち物には充分注意を払って。ショルダーバッグは道路側に持たないように。斜めがけがおすすめ。パスポートや不要な現金はホテルのセーフティボックスに。バッグの中は小銭とハンカチ＋ティッシュで充分。

エピソード2 タクシー利用時にはここをチェック！！

①車体に傷が多い、または汚れているタクシーは避ける ②乗車時には車内前部にある運転者登録証を確認し、ない場合は降車 ③運転手が酒臭かったり、服装が乱れていたりする場合は乗車しない ④料金が高いと感じた場合または故意に遠回りされた場合などは、運転手名や車両No.をメモしておき、降車後すぐ警察に通報。

エピソード3 深夜の女子ひとり歩きは×

にぎやかな大通りはまず大丈夫だが、人通りの少ない路地は絶対避けて。治安の良い台北とはいえ、ほとんどの店が閉まった後の街を歩くのは危険。ひとりの時は、深夜まで出歩いて路地に迷い込まないように注意しよう。また、深夜にタクシーにひとりで乗るのも避けよう。時間帯と場所をわきまえて行動をしよう。

エピソード4 知り合ったばかりの人をすぐ信用しない！

当たり前のことだが、町で知り合った人をホテルの部屋に入れたり、ついて行ったりするのはとても危険。同性からの「泊まりに来ない？」といった誘いも断ろう。台湾の人は親日的でやさしく、親切で声をかけてくれることがほとんどだけど、なかには好意を装った詐欺行為もないとはいえないので常識をもって判断を。

エピソード5 食べ過ぎ、食中毒に注意！

台北で起こりがちなのが食べ過ぎによる腹痛や下痢。特に屋台では生ものは避けたい。衛生状態が良いとはいえないので食中毒を起こすこともある。具合が悪くなったら、まずホテルのフロントに相談。ホテルドクターや近くの病院を紹介してくれる。台北には日本語が通じる病院（→P.187）もあるので早めに受診を。

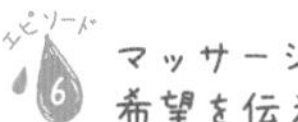

エピソード6 マッサージは希望を伝えよう！

足裏やボディマッサージを受けている際、力が強すぎるときはその場でマッサージ師に伝えよう（中国語ミニ会話→P.140）。男性マッサージ師が不安なときは、入店時（または予約時）に「女性マッサージ師を希望」と明確に伝えること。万一セクハラまがいの施術を受けたときには、店側にきちんとクレームを入れること。

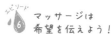

台北は冷房が効いているって友達が教えてくれたので、UV仕様のカーディガンを持参して大正解でした！（埼玉県・ロッタ）

トラブル別 困ったときのイエローページ

トラブル1 パスポートを紛失したら

まずは入出国及移民署と交流協会に届け出て手続きを…

パスポートを紛失した場合は、交流協会で新しいパスポートを発給してもらう手続きをとることになるが、発給まで２週間程度必要。帰国まで時間がない旅行者の場合は、「帰国のための渡航書」（原則として当日発給。有効期限３日、帰国時１回のみ使用できる）を発給してもらう。URL www.koryu.or.jp/visa/taipei/

帰国のための渡航書発給に必要な手順

- □内政部入出国及移民署で発行してもらった「紛失・盗難証明書」（写真2枚必要）
- □紛失一般旅券等届出書１通（写真1枚必要）→提出後、紛失したパスポートは失効。
- □本籍地が記載された住民票、戸籍謄（抄）本（6ヵ月以内）のいずれか1通
- □手数料560元

※詳細は日本台湾交流協会のHPで確認

トラブル2 事件・事故にあったら

警察と交流協会へ連絡

盗難などにあったときはまず警察へ届け出よう。台北市には24時間可能なホットラインもある。事件や事故に巻き込まれた場合は、警察と交流協会へ連絡する。

緊急連絡先

警察
110

台北市警察局外事服務站
（時間により日本語可／24時間対応）
2556-6007

日本台湾交流協会台北事務所 Map 別冊P.8-A3
2713-8000
URL www.koryu.or.jp

内政部入出国及移民署 Map 別冊P.10-A2
Free **1990**（24時間・日本語可）

トラブル3 クレジットカードを紛失したら

至急カードを失効処分に

すぐにカード発行金融機関に連絡し、カードの失効手続きをし、警察で盗難・紛失届証明書を発行してもらう。出発前にクレジットカード裏面の発行金融機関名やカード番号をメモし、カードとは別の安全な場所に保管しよう。

緊急連絡先

カード会社

Visa	0080-1-444-190※
アメリカン・エキスプレス	00801-65-1169※
ダイナース	(81)3-6770-2796
JCB	(00)800-00090009※
MasterCard	00801-10-3400※

※トールフリー（日本語対応）

トラブル4 病気になったら

緊急の場合は救急車、日本語が通じる病院も

熱が下がらない、下痢が続く、ケガをした…といったときは、病院へ。ホテルのフロントでも紹介してくれるし、海外旅行保険の緊急連絡デスクに連絡すると近くの病院を教えてくれる。台北には日本語が通じる病院がある。

緊急連絡先

救急・消防／病院

救急車	119
台大醫院國際醫療中心	2356-2900（日本語・英語可）
馬偕醫院國際醫療中心	2543-3535
臺安醫院特診中心	2776-2654（日本人特別外来）

トラブル5 荷物を忘れたら

遺失物センターに問い合わせる

MRTで忘れ物をしたときは、MRT淡水信義線・松山新店線「中山」站R1出口近く（中山地下街）にある「捷運遺失物中心」Map 別冊P.17-C1（12:00～20:00/日・月・祝休）に出向こう。

緊急連絡先

MRTサービスホットライン

2181-2345（24時間対応）

忘れものが見つかりますように

その他連絡先

保険会社（日本のカスタマーセンター）

損保ジャパン日本興亜	0120-08-1572
東京海上日動	03-6758-2460
AIG損保	0120-04-1779

航空会社

日本航空	00801-81-2727
全日空	2521-1989
エバー航空	2501-1999
チャイナエアライン	412-9000
キャセイパシフィック航空	7752-4883

観光案内所

（財）台湾観光協会	2752-2898
交通部観光局旅遊服務中心	2717-3737
観光局ホットライン	0800-011-765（24時間・日本語可）

URL jp.taiwan.net.tw

クレジットカードは第三者の不正利用には支払い義務ナシ。覚えのない利用明細があったらカード会社にすぐ連絡を！

index

▶：プチぼうけんプランで紹介した物件

見る・遊ぶ

食べる

買う